Discurso sobre las Revoluciones de la superficie del Globo,
de Georges Cuvier, 1825

Con ocasión de los 200 años del *Discours sur les Révolutions du Globe.*
Traducción, presentación y notas de
Leandro Sequeiros
Bubok edic. 2025

Entidades colaboradoras invitadas:
Sociedad Geológica de España
Sociedad Española de Historia de las Ciencias y de las Técnicas (Llull)

Sociedad Española de Paleontología
AEPECT (Asociación Española para la Enseñanza de las Ciencias de la Tierra)
Fundación Paleontológica Emiliano Aguirre
Amigos del Museo de Paleontología – Zaragoza
Asociaciónde Estudiantes de Biociencias
Grupo Argosaurus de Zaragoza
AsociaciónInterdisciplinar José de Acosta (ASINJA)
Asociación de Amigos de Pierre Teilhard de Chardin (Red Mundial, WWT)
Asociación cultural Bajo Jalón

© Leandro Sequeiros
"Discurso sobre las Revoluciones de la superficie del Globo" (1825) de Georges Cuvier
ISBN Libro en papel: 978-84-685-8086-9
ISBN eBook en PDF: 978-84-685-8087-6
Impreso en España
Editado por Bubok Publishing S.L

Discurso sobre las Revoluciones de la superficie del Globo, de Georges Cuvier, 1825

Con ocasión de los 200 años del *Discours*
Traducción, presentación y notas de
Leandro Sequeiros

PRESENTACIÓN

En el año 1825 el naturalista Georges Cuvier cumplió 56 años. Había nacido en 1769 y llevaba a sus espaldas un voluminoso cargamento de saberes y publicaciones científicas en el *Museum National d´Histoire Naturelle* de París, desde 1795. Desde 1809 a 1932 Cuvier fue su Director.

Retrato de Cuvier en su " gabinete de anatomía comparada " de Mathieu-Ignace Van Brée

La gran obra de Cuvier sobre paleontología, que le ha valido ser considerado el fundador de esta disciplina científica a caballo entre las ciencias de la Tierra y las ciencias de la vida es: *Recherches sur les ossements fossiles* y fue publicada en el año 1812.

La parte más conocida de esta obra enciclopédica es el llamado *Discours*. En principio, este texto era la introducción a *Recherches sur les ossements fossiles de quadrupedes.* El título *Discours preliminar* que aparece en la primera edición (1812), cambia a *Discours sur la théorie de la Terre* en la segunda edición (1821-1824). Y posteriormente se denomina *Discours sur les révolutions de globe* en la tercera edición (1825-1826)

Presentemos algunos rasgos biográficos de Cuvier para situar al fundador de la paleontología como ciencia y autor del ***Discours sur les Révolutios du Globe*** del que cumplimos 200 años.

Georges Léopold Chrétien Frédéric Dagobert Cuvier, barón de Cuvier, más conocido como **Georges Cuvier** (Montbéliard, ducado de Wurtemberg, Sacro

Imperio Romano Germánico, 23 de agosto de 1769-
París, Francia, 13 de mayo de 1832), fue
un zoólogo y estadista francés que estableció las bases
de ciencias como la anatomía comparada y
la paleontología.

Georges Cuvier nació el 23 de agosto de 1769 en
Montbéliard, un lugar de habla francesa en el macizo
del Jura que entonces fue parte del ducado de
Wurtemberg. Su madre lo educó en sus primeros años
pero desde la edad de quince años, de 1784 a 1788, fue
a la escuela Karlsschule en Stuttgart, la capital de
Wurtemberg. después de la escuela, de 1788 a 1795,
Cuvier trabajó como profesor particular y escribió
sobre invertebrados marinos.

Vivió en Normandía, donde pudo evitar la peor
violencia de la Revolución francesa. Fue nombrado a un
puesto en el gobierno local y comenzó a ganarse una
reputación como naturalista. Empezó a describir el
mundo natural que le rodeaba y a publicarlos en
periódicos locales.

Sus escritos fueron enviados a Étienne Geoffroy
Saint-Hilaire (con quien tuvo agrias polémicas), que era
catedrático de zoología de vertebrados en el Museo
Nacional de Historia Natural de Francia; y Cuvier
empezó a trabajar en el museo en 1795, convirtiéndose
en el experto de la anatomía de animales más erudito
en todo el mundo.

En 1795, en plena Revolución francesa, Cuvier
fue nombrado asistente de profesor de anatomía de los
animales en el Museo Nacional de Historia Natural de
Francia, institución creada dos años antes a partir
del Real jardín de las plantas medicinales y cuya sede
sigue siendo hoy en día el Jardín de plantas de París.

Ocupó el puesto de profesor en esa misma cátedra en 1802, año a partir del cual se le cambió el nombre de «cátedra de anatomía de los animales» a «cátedra de anatomía comparada».

En el seno de dicho Museo Nacional, fue uno de los pionero de ciencias tales como la anatomía comparada y la paleontología, siendo el primer científico que consiguió que la comunidad científica admitiese los conceptos de extinción de las especies y de correlación de las partes. Hasta el momento de su muerte Cuvier sirvió en el Museo Nacional de Historia Natural de Francia, en la Academia de Ciencias de Francia y en otras instituciones de enseñanza e investigación a lo largo de regímenes políticos tales como la Revolución, el primer Imperio, la Restauración borbónica y la Monarquía de Julio.

Reseñamos aquí algunas de sus publicaciones más importantes:

- *Mémoire sur la structure externe et interne et sur les affinités des animaux auxquels on a donné le nom de ver.* En La Décade philosophique, litteraire et politique 5 (40) (29 de mayo de 1795) 385–396
- *Tableau élémentaire de l'histoire naturelle des animaux.* 1797-1798
- *Leçons d'anatomie comparée.* 5 v. 1800-1805
- *Essais sur la géographie minéralogique des environs de Paris, avec une carte géognostique et des coupes de terrain,* con Alexandre Brongniart. 1811

- *Le Règne animal distribué d'après son organisation, pour servir de base à l'histoire naturelle des animaux et d'introduction à l'anatomie comparée.* 4 v. 1817
- *Recherches sur les ossemens fossiles de quadrupèdes, où l'on rétablit les caractères de plusieurs espèces d'animaux que les révolutions du globe paroissent avoir détruites.* 4 v. 1812 (texto en francés) 2 3 4
- *Mémoires pour servir à l'histoire et à l'anatomie des mollusques.* 1817
- *Éloges historiques des membres de l'Académie royale des sciences, lus dans les séances de l'Institut royal de France par M. Cuvier.* 3 v. 1819-1827 v. 1, v. 2 y v. 3 (texto en francés)
- *Théorie de la terre.* 1821
- ***Discours sur les révolutions de la surface du globe et sur les changements qu'elles ont produits dans le règne animal.* 1825.** Nueva edición: 1830, 1881, Christian Bourgeois, París, 1985
- *Histoire des progrès des sciences naturelles depuis 1789 jusqu'à ce jour.* 5 v. 1826-1836
- *Histoire naturelle des poissons.* 11 v. 1828-1848, continuado por Achille Valenciennes
- *Histoire des sciences naturelles depuis leur origine jusqu'à nos jours, chez tous les peuples connus, professée au Collège de France.* 5 volúmenes, 1841-1845, editado, anotado, y publicado por Magdeleine de Saint-Agit
- Cuvier también colaboró en el *Dictionnaire des sciences naturelles.* 61 volúmenes, 1816-1845 y en la *Biographie universelle.* 45 volúmenes, iniciada en 1843 y no terminada.

Nos vamos a centrar en una de las obras de Cuvier más importantes, y de la que se cumplen 200 años: 1825: *Discours sur les révolutions de la Surface du globe et sur les changements qu´elles on produits dans le règne animal*

Pero esta vez en 1825, Cuvier va a imprimir una edición independiente del *Discours* (París, G. Dufour et d´Ocagne, 1825, vol 1, in 8ª), así como las traducciones al inglés y alemán. Estos son los datos:		1825: *Discours sur les révolutions de la Surface du globe et sur les changements qu´elles on produits dans le règne animal.* 3ª edición, París, G. Dufour et E. d´Ocagne, hay una reedición de 1830 (6ª edición) https://gallica.bnf.fr/ark:/12148/bpt6k110696n 425 páginas. Texto: 1-366 apéndices sobre el IBIS 567-408 + 6 láminas

1840: Séptima edición 423 páginas (con anexo de Ibis)https://gallica.bnf.fr/ark:/12148/bpt6k6226540b

1881: *Discours sur les révolutions de la Surface du globe et sur les changements qu´elles on produits dans le règne animal.* Gallica, 385 páginas. Boris, Noticia histórica: I-XXXIX (40 páginas) + texto 1-217 pág. + Elogios 218-335 pp

Esta tercera edición, primera independiente, suele ser la base para las traducciones posteriores. La séptima edición del *Discours* (París, Dufour et D´Ocagne, 1830, un volumen en 8ª) es una revisión aumentada.

El fundador de la paleontología como ciencia, Georges Cuvier, se encuentra también entre los iniciadores de la anatomía comparada moderna. Cuvier establece el principio de subordinación de órganos y correlación de formas. Propone así una clasificación del reino animal en cuatro "ramas" (articuladas, vertebrados, moluscos, radiados) y ello, estructurando el estudio de la anatomía comparada de los animales y cuestionando la cadena de los seres. El sistema nervioso, el respiratorio y los órganos cada vez más subordinados indican sucesivamente el orden, la familia, el género y finalmente la especie.

Gracias a esta ley, pudo crear, por así decirlo, un mundo nuevo: habiendo establecido mediante numerosas observaciones, como muchos otros antes que él, Leonardo da Vinci, Georges Buffon, Gottfried Leibniz, François-Xavier de Burtin que debe haber En la superficie del globo existieron animales y plantas hoy desaparecidos, logró reconstruir estos seres de los que apenas quedan algunos fragmentos informes y clasificarlos metódicamente.

Por último, dio nuevas bases a la geología, al proporcionar los medios para determinar la edad de las capas sedimentarias por la naturaleza de los fósiles que contienen. Fue él, en particular, quien llamó "jurásico" al período medio de la " era secundaria ", en referencia a las capas del macizo del Jura, que conocía bien.

Cuvier también aplicó sus puntos de vista sobre la correlación de partes a un análisis sistemático del estudio de los fósiles que había excavado. Reconstruyó esqueletos completos de los muchos cuadrúpedos fósiles desconocidos hasta entonces.

Estos constituían una nueva y sorprendente evidencia de que especies enteras de animales se habían extinguido.

Además, distinguió una secuencia notable en las criaturas que exhumó. Los capas más profundos y remotos contenían restos de animales (salamandras gigantes, reptiles voladores y elefantes extintos) que eran mucho menos similares a los animales que viven ahora que los encontrados en las capas más recientes.

Resumió sus conclusiones, primero en 1812 en sus *Recherches sur les ossements fosiles de quadrupèdes* ("Investigaciones sobre los huesos de los vertebrados fósiles"), que incluía el ensayo "Discours préliminaire" ("Discurso preliminar"), así como en la ampliación de este ensayo en forma de libro en 1825, *Discours sur les révolutions de la Surface du Globe* ("Discurso sobre las revoluciones del globo").

Cuvier se opone al *Actualismo* o *Uniformitarismo* (término utilizado por William Whewell en 1832: "Las conmociones actuales son las mismas que las del pasado"), y está de acuerdo con las ideas fijistas (refiriéndose en particular a la creación divina) y catastrofistas. .

No se trata de extinciones masivas , sino de grandes extinciones (que él llama "revoluciones globales") a través de desastres como inundaciones o terremotos, siendo la Tierra luego repoblada por una nueva creación o migraciones después de estos desastres.

Por cautela hacia las autoridades religiosas, excluyó al hombre de esta historia geológica.

En su obra *Recherches sur des ossemens fosssiles des quadrupedes* (1812), cuyo discurso preliminar había sido desmembrado en 1825 y publicado bajo el título *Discurso sobre las revoluciones de la superficie del Globo*, Cuvier defiende la idea de que la desaparición y aparición de varios las especies al mismo tiempo son el resultado de crisis locales. Pero Cuvier fue más adelante: no solo reconoce el *hecho* de las extinciones episódicas (catastróficas) sino que también postula un mecanismo para explicar las *causas* de las mismas. Con la prepotencia del sabio y del jefe, postulaba, defendía y pontificaba que las extinciones eran causadas por gigantescos desastres naturales que se extenderían rápidamente sobre parte del globo, y alterarían profundamente la economía de la naturaleza.

Su antagonista científico en París, Juan B. Lamarck, por su parte, aducía que, en caso de catástrofe, las especies se **"transformaban"** (cambiaban de forma para adaptar su organismo para sobrevivir). Ante la elección entre transformación y extinción, los naturalistas coetáneos de Cuvier, encontraron más sencillo optar por la extinción. A medida que el testimonio fósil se acumulaba, todo coincidía en mostrar la equivocación de Lamarck al rechazar la extinción y el acierto de Cuvier.

Durante los siglos XVIII y XIX se recurrió ampliamente a lo que algunos llaman *"catastrofismo metodológico"*, un paradigma global de explicación de los fenómenos de extinción y aparición de especies sin necesidad de acudir a hipótesis transformistas. La más clásica es la obra de R. Hooykaas (1970) *Catastrophism in Geology*. Nieuwe Reeks, Amsterdam. Y más recientemente, la revisión de Trevor Palmer (1996.)Según los historiadores de la geología y de la paleontología, Cuvier recurrió a más investigaciones en la cuenca de París buscando pruebas de las causas que habían originado la extinción de las sucesivas especies de vertebrados. Algunas de estas formaciones contenían huesos fósiles de vertebrados junto con conchas fósiles pertenecientes a géneros típicos de agua dulce. En medio de estas formaciones había otras que albergaban conchas fósiles de organismos marinos. Parecía que las formaciones de la Cuenca de París representaban depósitos alternos de agua dulce y salada y esto implicaba algún tipo de cambio en los niveles del mar[1].

---

[1] [La teoría de las creaciones sucesivas, es uno de los temas recurrentes a propósito de Georges Cuvier, fue una teoría decimonónica normalmente asociada al catastrofismo que trató de dar cuenta de la aparición brusca en el registro fósil de nuevas especies. Según esta teoría, la Tierra habría estado poblada por toda una sucesión de flora y fauna independientes entre sí, producto de una serie de actos creadores (se llegaron a contabilizar 27) seguidos de aniquilaciones catastróficas. Para algunos autores, como Lyell, las nuevas especies pertenecían al mismo nivel que las especies a las que reemplazaban, mientras que, para otros, como William Buckland, Sedgwick, Hugh Miller o Agassiz, las nuevas creaciones pertenecían a un nivel superior de organización. A lo largo del siglo XIX los sucesivos descubrimientos paleontológicos hicieron innegable tanto la extinción como la aparición de nuevas especies. El fijismo resultaba, pues, científicamente inaceptable, y la teoría de las creaciones sucesivas se formuló como la nueva hipótesis que hacía compatible la evidencia paleontológica con el creacionismo. Aunque a menudo se atribuye a Georges Cuvier la autoría de esta teoría, en realidad el naturalista francés atribuyó a las migraciones los saltos en el registro fósil. Fue el geólogo diluvista Louis Agassiz, uno de los principales opositores del evolucionismo darwinista, el principal representante de esta teoría. El geólogo y paleontólogo alemán Heinrich Georg Bronn fue otro de los grandes defensores de la teoría de las creaciones sucesivas, aunque, a diferencia de

Cuvier concluyó que las inundaciones recurrentes por el mar habrían sido el agente que causó las extinciones de los vertebrados terrestres. La transición de una condición a otra parecía haber ocurrido de manera rápida. Esto condujo a Cuvier a proponer largos períodos de calma interrumpidos por intervalos de cambio súbito. Estos cambios catastróficos, a los que llamó *"revoluciones"*, tenían que producirse por una causa natural. La observación de las rocas dislocadas en los Alpes indujo a Cuvier a proponer que, a lo largo del tiempo, había habido grandes convulsiones en el globo, que dieron lugar a hundimientos, elevaciones de montañas e invasiones del mar. Cuvier estaba dispuesto a admitir que la última de estas violentas revoluciones se correspondía con la inundación descrita en el Génesis.

Discurso sobre las revoluciones de la superficie del globo y sobre los cambios que han producido en el reino animal. 1825. Georges Cuvier

[Victorian Web Inicio —> Ciencia —> Textos científicos en este sitio —> *Discursos sobre las revoluciones de la superficie del globo* —> Siguiente]

Agassiz y como seguidor de Lyell, lo hizo en un marco gradualista. NOTA del traductor]

Discours sur Les Révolutions De La Surface Du Globe, et Sur Les Changemens Qu'elles Ont Produits Dans Le Règne Animal. CUVIER, Georges L.C., Baron. Editorial: Chez G. Dufour et Ed. D'Ocagne, Paris, 1825. Precisamente, en los fondos aún no catalogados de la Biblioteca de la Facultad de Teología de Granada, hay una edición de las obras de Buffon con anotaciones de Cuvier. [Buffon, G.L.L. (1832) *Obras completas, aumentadas por Cuvier y traducidas por P.A.C.L.* Barcelona, 59 tomos en 28 volúmenes]. Este recoge del primero muchos de los elementos que luego reelaborará en su constrastación con los datos empíricos de la investigación de campo.

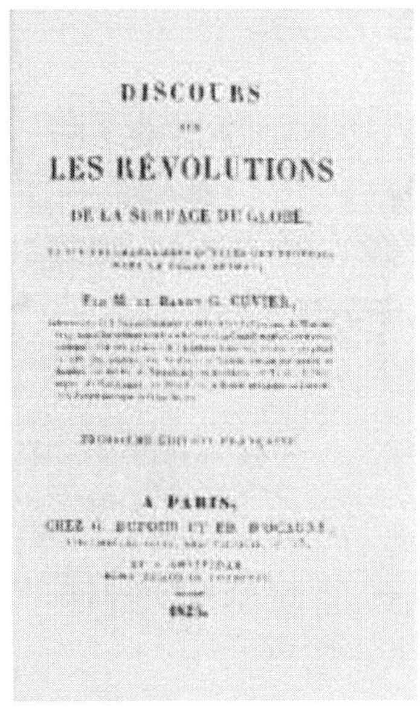

☐ Advertencia
☐ Prefacio
☐ Exposición
☐ Primera aparición de la tierra; Primera evidencia de revoluciones
☐ Evidencia de que estas revoluciones fueron numerosas
☐ Evidencia de que estas revoluciones fueron repentinas
☐ Evidencias de que hubo revoluciones antes de la existencia de los seres vivos

Examen de las causas que todavía actúan hoy en la superficie del globo.

☐ Depósitos bajo el agua

☐ Volcanes; Causas astronómicas constantes.

☐ Sistemas antiguos de geólogos; Sistemas más nuevos; Divergencias de todos los sistemas; Causas de estas discrepancias; Naturaleza y condiciones del problema; Motivo por el cual se descuidaron las condiciones; Avances en geología mineral.

☐ Importancia de los fósiles en geología; Especial importancia de los huesos fósiles de cuadrúpedos; Hay pocas esperanzas de descubrir nuevas especies de grandes cuadrúpedos

☐ Los huesos fósiles de cuadrúpedos son difíciles de determinar; Principio de esta distribución; Tablas de resultados generales de estas investigaciones; Relaciones de especies con ponedoras; Las especies perdidas no son variedades de especies vivas; No hay huesos humanos fósiles

☐ Evidencia física de la novedad del estado actual de los continentes; Aterrizajes; Paseo por las Dunas; Pantanos y deslizamientos de tierra; La historia de los pueblos confirma la novedad de los continentes; La excesiva antigüedad atribuida a determinados pueblos no tiene nada de histórico.

☐ Los monumentos astronómicos dejados por los antiguos no guardan las fechas excesivamente remotas que creíamos ver allí.

☐ El zodíaco está lejos de llevar en sí una fecha determinada y excesivamente lejana; Exageraciones relativas a determinadas obras mineras

Algunos comentarios previos a Cuvier, Georges. *Discurso sobre las revoluciones de la superficie del globo y sobre los cambios que han producido en el reino animal.* 3ª ed. 1825.

Cuvier es considerado el fundador del primer paradigma en la disciplina científica de la paleontología. Su trabajo paleontológico se basó en gran medida en fósiles de la cuenca de París , incluidos los de Montmartre y Buttes Chaumont . Algunos también ven en él al fundador de un nuevo paradigma en las ciencias sociales , que conduce directamente al positivismo de Auguste Comte y a la sociología clásica . Alcide Dessalines d'Orbigny y Pierre-Joseph van Beneden estuvieron entre sus alumnos.

En el año 1825 Georges Cuvier cumplió 56 años. Había nacido en 1769 y llevaba a sus espaldas un voluminoso cargamento de saberes y publicaciones.

La gran obra de Cuvier sobre paleontología, que le ha valido ser considerado el fundador de esta disciplina científica a caballo entre las ciencias de la Tierra y las ciencias de la vida es: *Recherches sur les ossements fossiles* y fue publicada en el año 1812.

La parte más conocida de esta obra enciclopédica es el llamado *Discours.* En principio, este texto era la introducción a *Recherches sur les ossements fossiles de quadrupedes.* El título *Discours preliminar* que aparece en la primera edición (1812), cambia a *Discours sur la théorie de la Terre* en la segunda edición (1821-1824). Y posteriormente se denomina *Discours sur les*

révolutions de globe en la tercera edición (1825-1826).
Esta tercera edición, primera independiente, suele ser la
base para las traducciones posteriores. La séptima
edición del *Discours* (París, Dufour et D´Ocagne, 1830,
un volumen en 8ª) es una revisión aumentada.

El itinerario científico de las ideas de Georges Cuvier

Para seguir con precisión histórica el devenir de
las ideas científicas de Cuvier sobre la vida en el planeta
Tierra, acudimos a un interesante trabajo de 2009 cuyo
autor es Philippe Grandchamp publicado en *Travaux du
Comité Français d´Histoire de la Géologie (COFRIGÉO)*,
troisième serie,   t. XXIII, 2009, n° 2 (séance du 11 mars
2009)

**Des leçons de géologie du Collège de France au
Discours sur les révolutions de la surface du Globe:
quatre étapes successives du cheminement intellectuel
de Cuvier**

Podemos decir, resumidamente, que El ***Discurso
sobre las revoluciones de la superficie del globo*** de
Cuvier[2], publicado en 1825, es la tercera versión de un

---

[2] [La palabra "Révolutions" tiene raigambre política e histórica.
Las *Revoluciones de los Orbes de los Cielos* de Nicolás Copérnico es
el título con el que suele conocerse a la revolución científica que se
produce en Europa Occidental, representada en la astronomía por
el paso del tradicional *sistema ptolemaico* geocéntrico al
innovador *sistema copernicano* heliocéntrico, iniciada en el
siglo XVI por Nicolás Copérnico (cuya obra *De Revolutionibus
Orbium Coelestium*, (1543) no alude al tradicional concepto
de revolución, sino al de ciclo o trayectoria circular de los cuerpos
celestes) y culminada en el siglo XVII por Isaac Newton. En gran
parte como consecuencia de esta revolución, el panorama
intelectual de finales del siglo XVII y comienzos del siglo XVIII se

texto impreso por primera vez en 1812 bajo el título *Discurso preliminar para servir de introducción a los cuatro volúmenes de Recherches sur les ossemens fossiles.*

Hasta ahora, esta primera versión ha sido considerada como la forma más inmediata de expresión de las doctrinas de Cuvier sobre la historia del Globo. Pero el reciente descubrimiento de dos cursos de geología impartidos por Cuvier en el Collège de France en 1805 y 1808 y anotados por el geólogo Jean-Baptiste d'Omalius d'Halloy proporciona nueva información sobre cómo Cuvier reunió los materiales que utilizó para escribir su Discurso.

Si la lectura de estas lecciones manuscritas permaneció inédita permite constatar que la mayoría de las ideas contenidas en el Discurso fueron presentadas varios años antes por Cuvier como parte de

---

considera la crisis de la conciencia europea y abrirá el siglo XVIII como *Siglo de las luces* o de la Ilustración. En el modelo real de Copérnico la órbita de cada planeta, excepto la Tierra, es la resultante de la composición de dos círculos (deferente y epiciclo). La expresión revolución copernicana o giro copernicano ha pasado a ser popularmente sinónimo de «cambio radical» en cualquier ámbito. La transición de la sociedad occidental desde la Edad Media hacia la Edad Moderna, en su aspecto de cambio de mentalidad hacia la modernidad, significó una nueva consideración de la naturaleza desde un nuevo pensamiento científico, permitido por el uso de la razón humana sin sujeción al principio de autoridad. Desde el Renacimiento, el antropocentrismo humanista sustituye al teocentrismo de la escolástica. El Barroco revalorizará los sentidos y la experiencia como fuente de conocimiento. Racionalismo y empirismo serán dos orientaciones filosóficas opuestas, pero complementarias. NOTA del traductor]

la enseñanza de geología que impartió en el *Collège* de France, también muestra que, durante estos mismos años,

Cuvier fue tomando conciencia de la dimensión geo-histórica que podía presentar el estudio de los fósiles y de la tierra que los contiene. Esto le llevó a considerar la geología ya no como una colección de sistemas puramente especulativos que no podían ser tomados en serio, sino como una ciencia positiva cuyo propósito era la construcción de una teoría racional de la Tierra, de la cual el catastrofismo era sólo uno de los atributos.

BIBLIOGRAFIA PARA CUVIER Y EL DISCOURS de 1825

BABIN, C. (2005). En torno al catastrofismo. Desde mitos y leyendas hasta ciencias de la vida y de la tierra. Colección "Inflexiones". Vuibert-Adapt., 167 p.

BUFFETAUT, E. (2000). Cuvier. El descubridor de mundos desaparecidos. Para la ciencia. Colección les génies de la science, n° 5, noviembre de 2000, 98 p. (2ª edición Belin Pour la Science en 2002 en otro formato, 160 p). BUFFON (1749). Histoire naturelle, générale et particulière, avec la description du Cabinet du Roi. Tome premier, Imprimerie royale, Paris, 612 p.

BURKHARDT, R. W. (1977). The Spirit of System. Lamarck and Evolutionary Biology. Harvard University Press, 295 p.

CORSI, P. (2001). Lamarck. Genèse et enjeux du transformisme 1770-1830. CNRS Éditions, Paris, 434 p. Ouvrage traduit de l'italien par Diane MÉNARD. Édition originale en italien parue sous le titre Oltre il mito, Lamarck e le scienze naturali del suo tempo. Il Mulino, Bologna, 1983. Traduction en anglais parue sous le titre The Age of Lamarck. Evolutionary Theories in France 1790-1830. University of California Press, 1988.

CUVIER, G. (1810). Rapport historique sur les progrès des sciences naturelles depuis 1789, et sur leur état actuel, présenté à Sa Majesté l'Empereur et Roi, en son Conseil d'Etat, le 6 février 1808, par la Classe des Sciences physiques et mathématiques de

l'Institut, conformément à l'arrêté du Gouvernement du 13
ventôse an X. Imprimerie impériale, Paris, 298 p.
CUVIER, G. (1812). Recherches sur les ossemens fossiles de
quadrupèdes, où l'on rétablit les caractères de plusieurs espèces
d'animaux que les révolutions du globe paroissent avoir détruites.
Tome premier, contenant le Discours préliminaire et la
Géographie minéralogique des environs de Paris. Déterville, Paris,
278 p. (+ 23 p. d'additions).
CUVIER, G. (1821). Discours sur la théorie de la Terre, servant
d'introduction aux recherches sur les ossemens fossiles. Dufour et
d'Ocagne, Paris et Amsterdam, clxvi p.
**CUVIER, G. (1825). Discours sur les révolutions de la surface du
globe, et sur les changemens qu'elles ont produits dans le règne
animal. Dufour et d'Ocagne, Paris, 400 p.**
 CUVIER, G. [1829 ?]. Analyse des travaux de l'Académie royale
des sciences pendant l'année 1829, 137 p. In Mémoires de
l'Académie royale des sciences de l'Institut de France, tome XII,
FirminDidot, Paris, 1833.
CUVIER, G. (1830). Discours sur les révolutions de la surface du
globe, et sur les changements qu'elles ont produits dans le règne
animal. Sixième édition française revue et augmentée. D'Ocagne,
Paris et Dufour, Amsterdam, 408 p.
CUVIER, G. (1841). Histoire des sciences naturelles, depuis leur
origine jusqu'à nos jours, chez tous les peuples connus,
complétée, rédigée, annotée et publiée par M. Magdeleine de
Saint Agy. Tome premier, Fortin, Masson et Cie, Paris, 441 p. - 63 –
CUVIER, G. et BRONGNIART, A. (1811). Essai sur la Géographie
minéralogique des environs de Paris, avec une carte
géognostique et des coupes de terrains. Baudoin, Paris, 278 p.
CUVIER, G. et BRONGNIART, A. (1822). Description géologique
des environs de Paris, nouvelle édition dans laquelle on a inséré la
description d'un grand nombre de lieux de l'Allemagne, de la
Suisse, de l'Italie, etc., qui présentent des terrains analogues à
ceux du bassin de Paris. Dufour et d'Ocagne, Paris, 428 p.
CUVIER, G., HAÜY, R. J. et LELIÈVRE, C.-H. (1807). Rapport sur un
ouvrage manuscrit de M. André, cidevant connu sous le nom de P.
Chrysologue de Gy, lequel ouvrage est intitulé Théorie de la
surface actuelle de la Terre. Mémoires de la classe des sciences
mathématiques et physiques de l'Institut national de France,
premier semestre de 1807, Baudoin, Paris, p. 128-145. Le texte de

ce rapport est également reproduit dans le Journal des Mines, 21, p. 413-430.

DE LUC, J.-A. (1792). 23e Lettre à Delamétherie in Observations sur la Physique, sur l'Histoire naturelle et sur les Arts et métiers, tome XL (janvier 1792), p. 450-467 ; 28e Lettre, ibid., tome XLI (juillet 1792), p. 414-431.

DE LUC, J.-A. (1798). Lettres sur l'histoire physique de la Terre, adressées à M. le professeur Blumenbach, renfermant de nouvelles Preuves géologiques et historiques de la Mission divine de Moyse. Nyon, Paris, 406 p.

ÉLIE de BEAUMONT, L. (1829-1830). Recherches sur quelques-unes des Révolutions de la surface du globe, présentant différens exemples de coïncidence entre le redressement des couches de certains systèmes de montagnes, et les changemens soudains qui ont produit les lignes de démarcation qu'on observe entre certains étages consécutifs des terrains de sédiment. Annales des Sciences naturelles, XVIII, 1829, p. 5-25 et p. 284-468, et XIX, 1830, p. 5-99 et p. 177-240.

ELLENBERGER, F. (1994). Histoire de la géologie. Tome 2, La grande éclosion et ses prémices 1660- 1810. Paris, Technique et Documentation (Lavoisier), 381 p.

ELLENBERGER, F. et GOHAU, G. (1981). À l'aurore de la stratigraphie paléontologique : Jean-André De Luc, son influence sur Cuvier. Rev. Hist. Sci., XXXIV/3-4, p. 217-257.

GONZÁLEZ FABRE, MIGUEL. *Aportación científica del ingeniero de minas D. Casiano de Prado y Vallo: (1797-1866): en su contexto histórico.* Tesis Doctoral, 2004), 703 pág. http://oa.upm.es/416/1/06200417.pdf

GRANDCHAMP, P. (1994). Deux exposés des doctrines de Cuvier antérieurs au Discours préliminaire : les cours de Géologie professés au Collège de France en 1805 et 1808. Travaux du Comité français d'Histoire de la Géologie, (3), VII, p. 13-26.

GRANDCHAMP, P. (2005). La place faite aux travaux de Dolomieu dans l'enseignement de la Géologie en France au début du XIXe siècle. In GAUDANT, J. (Coord.) : Dolomieu et la géologie de son temps, Presses de l'École des Mines de Paris, p. 139-150.

LACORDAIRE, T. (1833). Mémoires du baron Georges Cuvier, publiés en anglais par Mistress Lee, et en français par M. Théodore Lacordaire, sur les documents fournis par sa famille. Fournier, Paris, 369 p. - 64 –

LAMARCK, J.-B. (1802-1809). Mémoires sur les fossiles des environs de Paris, comprenant la détermination des espèces qui appartiennent aux animaux marins sans vertèbres, et dont la plupart sont figurés dans la collection des vélins du Muséum. Ann. Mus. Hist. Nat., 1-14 (40 parties). LAUNAY, L. de (1940). Une grande famille de savants : les Brongniart. Rapilly, Paris, 208 p.
LAURENT, G. (1985a). Cuvier et le catastrophisme. Travaux du Comité français d'Histoire de la Géologie, (2), III, p. 27-40.
LAURENT, G. (1985b). Postface de la réédition du texte du Discours sur les révolutions de la surface du globe. Christian Bourgois, Paris, p. 311-333. LAURENT, G. (1987). Paléontologie et évolution en France de 1800 à 1860. Une histoire des idées de Cuvier et Lamarck à Darwin. Comité des Travaux historiques et scientifiques, Paris, 553 p.
RUDWICK, M. J. S. (1976). The Meaning of Fossils. Episodes in the History of Palaeontology. 2e édition, Neale Watson Academic Publications, Inc., New York, 287 p.
RUDWICK, M. J. S. (1997a). Georges Cuvier, Fossil Bones, and Geological Catastrophes. New Translations & Interpretations of the Primary Texts. The University of Chicago Press, Chicago and London, 301 p.
RUDWICK, M. J. S. (1997b). Smith, Cuvier et Brongniart, et la reconstitution de la géohistoire. In De la géologie à son histoire, Comité des Travaux historiques et scientifiques, Paris, p. 119-128.
RUDWICK, M. J. S. (2005). Bursting the Limits of Time: the Reconstruction of Geohistory in the Age of Revolution. The University of Chicago Press, Chicago & London, 708 p.
SEQUEIROS, L. (2024) Georges Cuvier y sus aportaciones a la Paleontología 1925. Bubok Ediciones, 74 páginas. https://www.bubok.es/libros/277930/georges-cuvier-y-sus-aportaciones-a-la-paleontologia-1825
SMITH, J. C. (1993). Georges Cuvier. An annotated bibliography of his published works. Smithsonian Institution Press, Washington, 251 p. TAQUET, P. (2006). Georges Cuvier. Naissance d'un génie. Odile Jacob, 539 p.
THOMAS, H. (1985). Préface de la réédition du texte du Discours sur les révolutions de la surface du Globe. Christian Bourgois, Paris, p. 7-28.

ALGUNAS PUBLICACIONES RELACIONADAS CON LA PALEONTOLOGIA QUE PUEDEN INTERESAR

Para completar la perspectiva científica, filosófica y teológica de Cuvier, ofrecemos algunas lecturas complementarias:
SEQUEIROS, L. (2021) *Historia de la Geología en los siglos XIX y XX. Ciencia, Religión y enseñanza.*
https://www.bubok.es/libros/268980/HISTORIA-DE-LA-GEOLOGIA-EN-LOS-SIGLOS-XIX-Y-XX-Ciencia-Religion-y-ensenanza
Durante los siglos XIX y XX se construyen los grandes paradigmas en las Ciencias de la Tierra. Esto tiene hondas implicaciones en la religión (sobre todo en la cristiana, católica y protestante) y en el modo de presentarse la enseñanza y el aprendizaje de la Geología. Las figuras de Hutton, Buckland, Lyell, Darwin y todos los investigadores en Tectónica de Placas forman un mosaico de pensamiento que merece la pena conocer.
SEQUEIROS, L. (2021)
https://www.bubok.es/libros/270439/EVOLUCION-BIOLOGICA-Y-PENSAMIENTO-INTERDISCIPLINAR-Reflexiones-desde-ASINJA
El gran paradigma de la EVOLUCIÓN BIOLÓGICA se presta a muchos libros. Desde la Asociación Interdisciplinar José de Acosta (ASINJA) intentamos desde hace casi medio siglo tender puentes entre las fronteras del conocimiento. Ciencias, Filosofías, Culturas y Teologías intentan dialogar y unificar el conocimiento. Este libro presente nueve trabajos que han sido publicados en la revista digital FronterasCTR, órgano de la Cátedra Ciencia, Tecnología y Religión de la Universidad Comillas.
SEQUEIROS, L. (2022)
https://www.bubok.es/libros/270429/FOSILES-EVOLUCION-BIOLOGICA-Y-PALEONTOLOGIA-50-anos-de-equilibrio-intermitente
En el año 2022 se cumplen 50 años de la publicación de Niles Eldredge y Stephen Jay Gould sobre equilibrio intermitente ("puntuated equilibria"). Este concepto (junto con otros más surgidos en este medio siglo) han revolucionado la epistemología de las ciencias de la evolución biológica. Este volumen (que tiene una función de recopilación de materiales) intenta dar a conocer los avances filosóficos en paleontología en estos años. Las figuras

de Gould, Eldredge, Elisabet Vrba y Lewontin configuran la construcción de lo que podíamos definir como un nuevo paradigma científico.
SEQUEIROS, L. (2021) https://www.bubok.es/libros/270495/NUEVAS-FRONTERAS-EN-LOS-PARADIGMAS-DE-LA-PALEOBIOLOGIA
El paradigma de la Paleontología ha cambiado mucho desde mediados del siglo XX. De una visión excesivamente geológica se ha pasado a un paradigma biológico. De un uso estratigráfico de los fósiles se pasa a una perspectiva evolutiva, sistémica.
SEQUEIROS, L. (2022) https://www.bubok.es/libros/271860/El-paradigma-de-la-modernidad-en-la-era-de-la-Ciencia
El profesor Javier Monserrat es un firme defensor de que estamos en la era de la Ciencia. Esta cultura ha transformado nuestra sociedad y también el mundo de las creencias. Ofrece, frente a las culturas materialistas, una alternativa intelectual y social para transformar la sociedad. Una tarea que no es fácil y a la que invitamos a los lectores. Desde la Cátedra Ciencia, Tecnología y Religión de la Universidad Comillas abrimos esta invitación.
SEQUEIROS, L. (2022) https://www.bubok.es/libros/271879/Las-ciencias-de-la-evolucion-biologica-en-la-era-postsecular-Es-compatible-la-ciencia-con-la-trascendencia
Se contienen en este volumen un total de 20 contribuciones en torno al complejo tema de la evolución biológica y su expresión para los creyentes. Se supone que nos asomamos a la llama era postsecular (Habermas, Taylor, Hans Joas..). Las ciencias de la vida y de la tierra no pueden prescindir de una lectura evolutiva (Dobzhanky). ¿Cómo hacer compatibles las creencias religiosas con una visión materialista de la evolución? ¿Hasta qué punto se puede mantener la evolución teísta?
SEQUEIROS, L. (2022) https://www.bubok.es/libros/271883/Pierre-Teilhard-de-Chardin-1881-1955-y-la-Geobiologia
En algunos ambientes científicos la figura de Pierre Teilhard de Chardin no está bien considerada. Para algunos, es un hombre con una visión equivocada sobre lo que es la evolución geobiológica. Lo suelen encasillar como "vitalista", "finalista", ambiguo. Tal vez se deba a que su obra científica (publicada en 1971) es poco conocida. Sin embargo, Teilhard fue un geólogo y paleontólogo fiel a los paradigmas de modernidad de su época. La GEOBIOLOGÍA como proyecto integrador fue cortado por su

fallecimiento, pero puede tender muchos puentes con los
paradigmas actuales de las Ciencias de la Tierra y de las Ciencias
de la Vida.
SEQUEIROS, L. (2022)
https://www.bubok.es/libros/271954/Cuatro-siglos-de-Ciencias-de-la-Tierra
Lo que hoy se suele llamar "Ciencias de la Tierra· ha cumplido
cuatro siglos. Es a partir de Nicolás Steno y sus famosos
"Principios" cuando los filósofos de la Geología y los Historiadores
consideran que ha eMergido una nueva Ciencia. A lo largo de 13
capitulos se recorren los grandes hitos del desarrollo de la
Geología. En el capitulo primero se ha incluido un texto muy
largo sobre los aspectos epistemológicos que son muy
importantes.
 SEQUEIROS, L. (2022)
https://www.bubok.es/libros/271957/Filosofia-de-la-Paleontologia
Durante 20 años he trabajado como paleontólogo. Pero siempre
me sorprendió que la mayoría de los paleontólogos trabajan y se
expresan dentro de un positivismo vulgar. El modo de trabajar
suele se empirista e inductivista dejando de lado los aspectos
epistemológicos que están debajo de las hipótesis biológicas y
geológicas del estudio de los seres vivos del pasado inferido a
partir del registro fósiles. Se suministran conceptos y
metodologías que podrían mejorar la consistencia filosófica y
epistemológica de las ciencias de la Tierra y de la Vida.
SEQUEIROS, L. (2022)
https://www.bubok.es/libros/272159/PALEOBIOLOGIA-un-paradigma-emergente
La Paleobiología es una disciplina geobiológica emergente. Un
nuevo paradigma científico. Durante años, los fósiles ha sido
rehenes de la estratigrafía y su utilidad casi qiedaba restringida a
la bioestratigrafía. Desde hace medio siglo, la paleobiología, la
reconstrucción histórica de los ecosistemas del pasado. es una
disciplina emergente. Se compendian en este libro algunos temas
ya tratados con anterioridad en algunos de mis libros publicados
en Bubok.
SEQUEIROS, L. (2022)
https://www.bubok.es/libros/272162/Nuevas-perspectivas-de-la-evolucion-EVA-JABLONKA-y-MARION-LAMB
La filosofía de la paleobiología es un tema actual. Entre los

científicos y filósofos de la ciencia destacan dos mujeres: Eva Jablonka y Marion Lamb. Ambas has publicado mucho libros sobre esta cuestión entre los que destaca "Evolución en cuatro dimensiones: Genética, Epigenética, Conductual y variación simbólica" (2005, traducido recientemente). Para los no imciados se presentan diez trabajos sobre teoría evolutiva que son el escenario para la comprensión de las ideas de Jablonka y Lamb.
SEQUEIROS, L. (2022)
https://www.bubok.es/libros/272168/EPIGENETICA-Y-PALEOBIOLOGIA-repensando-la-evolucion-biologica
En esta editorial he publicado ya casi una decena de trabajos que se refieren a la filosofía y epistemología de la evolución biológica. Desde la Paleobiología, se muestran los avances interdisciplinares de las ciencias de la vida en el pasado remoto. La figura de Waddington es esencial para la comprensión de la moderna epigenética referida a los fósiles. Eva Jablonska y Marion Lamb son hoy referentes para el progreso de la Paleobiología que supera las viejas tesis del darwinismo e incluso las del neodarwinismo y de la Teoría Sintética de la Evolución.
SEQUEIROS, L. (2022) https://www.bubok.es/libros/272176/LA-PALEONTOLOGIA-PARA-EL-SIGLO-XXI-Los-renovadores-de-un-nuevo-paradigma
En esta misma editorial he publicado varios libros sobre el método, la historia y el estatuto epistemológico de la Paleontología (y de la Paleobiología). En este ensayo se incluyen las biografías de aquéllos que más han contribuido a la nueva perspectiva del estudio de la vida del pasado a partir de la información del registro fósil. Puede ser una buena ayuda para los geólogos, los biólogos, los paleontólogos y los historiadores de las ciencias de la vida y de la Tierra. Desde los padres de la moderna paleobiología (Otto Abel, d´Arcy Thompson, Pere Alberch..) hasta los más conocidos: Gould, Lynn Margulis, Stebbins, Valentine, Eldredge, etc.
SEQUEIROS, L. (2022)
https://www.bubok.es/libros/272183/Materiales-para-entender-mejor-la-EVOLUCION-GEOBIOLOGICA
Uno de mis núcleos de interés intelectual e interdisciplinar desde hace más de medio siglo ha sido el de la EVOLUCIÓN GEOBIOLÓGICA. Desde los años 63 en que estudié filosofía y luego con mi formación universitaria como geólogo y paleontólogo, he vivido muy apasionado con dar respuestas a las

muchas preguntas que me he hecho. La lectura de Pierre Teilhard de Chardin, mi tesina en Teología sobre la extinción de las especies y el discurso de entrada en la Academia de Ciencias Exactas, Físicas y Naturales de Zaragoza me han hecho estudia, indagar y sistematizar. En estos últimos meses, cuando ya barrunto que mi ya larga vida va a irse apagando, he publicado en BUBOK más de 20 libros sobre estos temas en los que doy cuenta de mi testamento intelectual. No quisiera irme de este mundo sin que en algún sitio conste "mi mundo a los 80 años".

Georges Cuvier
1825
DISCOURS SUR LES RÉVOLUTIONS DE LA SURFACE DU GLOBE et sur les changements qu´elles ont produits dan le Regne Animal
DISCURSO SOBRE LAS REVOLUCIONES DE LA SUPERFICIE DEL GLOBO y de los cambios que ellas han producido sobre el Reino Animal.

[La traducción del texto se ha realizado desde las ediciones originales del texto de la *Enciclopedia Gallica*, correspondientes a los años 1830 (7ª edición) y 1881, y ambas han sido cotejadas como originales) Pero esta vez, se va a imprimir una edición independiente del *Discours* (París, Dufour et d´Ocagne, 1825, in 8ª), así como las traducciones al inglés y alemán.

1825: *Discours sur les révolutions de la Surface du globe et sur les changements qu´elles on produits dans le règne animal.* 3ª edición, París, G. Dufour et E. d´Ocagne, hay una reedición de 1830 (6ª edición) https://gallica.bnf.fr/ark:/12148/bpt6k110696n 425 páginas. Texto: 1-366 apéndices sobre el IBIS 567-408 + 6 láminas

1840: Séptima edición 423 páginas (con anexo de Ibis) https://gallica.bnf.fr/ark:/12148/bpt6k6226540b

1881: *Discours sur les révolutions de la Surface du globe et sur les changements qu´elles on produits dans le règne animal.* Gallica, 385 páginas. Boris, Noticia histórica: I-XXXIX (40 páginas) + texto 1-217 pág. + Elogios 218-335 pp

TEXTO INTEGRO DE CUVIER

En mi obra sobre las *Osamentas fósiles*[3] me proponía reconocer a qué animales pertenecían los restos óseos que se conservan enterrados en las capas superficiales del globo. Se trataba de encontrar un camino para transitar a lo largo de una aventura por la que nos habíamos atrevido a avanzar solo unos pocos pasos.

Como un coleccionista de antigüedades que encuentra una pieza nueva, me hacía falta aprender, y a la vez me hacía falta poder restaurar estos

---

[3] [Lo primero que vamos a hacer en pro de descubrir el significado de osamenta es conocer su origen etimológico. En este caso, tenemos que exponer que deriva del latín, concretamente de la palabra "ossamentum", que puede traducirse como "esqueleto" y que se forma a partir de la suma de dos componentes léxicos: -El sustantivo "ossa", que es sinónimo de "huesos". -El sufijo instrumental "-mentum". Así, por tanto, se denomina al esqueleto: el conjunto de elementos de gran dureza que, articulados y enlazados entre sí, brindan consistencia al cuerpo de un animal y protegen sus órganos. Osamenta y esqueleto, por lo tanto, son sinónimos. La noción de osamenta además puede usarse para aludir a un grupo de huesos sueltos. Puede considerarse a la osamenta como un sistema biológico que cumple con múltiples funciones. La locomoción, por ejemplo, es posible gracias al esqueleto, que también confiere sostén y soporte a los músculos y a los tejidos blandos. NOTA del traductor]

monumentos[4] de las revoluciones[5] pasadas, y a descifrar su significado; tuve que conocer y conciliar en

---

[4]   ["Monumento" (del latín *monumentum*, «recuerdo», «erección conmemorativa», «ofrenda votiva») es un concepto muy usado pro Cuvier. Es toda obra con suficiente valor para el grupo humano que lo erigió. Ha de ser "pública y patente". Aunque inicialmente el término se aplicaba a las estatuas, inscripciones o sepulcros erigidas en memoria de un personaje o de un acontecimiento relevante (monumento conmemorativo), su uso fue extendiéndose y ha llegado a comprender cualquier construcción que posea valor "artístico, arqueológico, histórico" o similar, destacadamente las arquitectónicas que, enclavadas en un núcleo urbano o aisladas en el medio rural, cumplen la función de hito por su visibilidad y se convierten en símbolos de ese lugar. La primera referencia de la expresión «monumento histórico» de que se tiene constancia se remonta a la Francia revolucionaria de 1790, cuando Aubin Louis Millin de Grandmaison, ante la Asamblea Nacional Constituyente, denominó *monument historique* a la Bastilla con ocasión de su demolición. En distintos países europeos el nuevo uso del concepto fue generalizándose académica y técnicamente al abordar las tareas de restauración y rehabilitación de obras antiguas consideradas dignas de ello. Jurídicamente, el concepto de «monumento» fue estableciéndose en cada país paulatinamente, a lo largo del siglo XIX y comienzos del XX, primero por apelaciones genéricas a la condición monumental; más tarde con la asignación en los presupuestos de partidas para su mantenimiento y con el nombramiento de comisiones de expertos y personal de la administración a su cuidado; luego por la aprobación de inventarios, registros y colecciones de elementos; y, finalmente, con la promulgación de leyes propias de protección y declaración de los «monumentos nacionales» (de 1803 a 1915 en España, de 1795 a 1887, en tiempos de Cuvier, en Francia. A lo largo de la primera mitad del siglo XX la mayoría de los países occidentales aprobó leyes de defensa y conservación de sus respectivos patrimonios. [Nota del traductor]

[5] [En este texto he preferido traducir "revoluciones" y no "cataclismos", como hacen otras traducciones. Cuvier trabajó para la Revolución Francesa, y para él esa expresión tenía un significado

preciso. La única persona que podía hablar de "cataclismo" era María Antonieta. La palabra "revolución" no tiene sentido de "cambio a peor" salvo para los nobles. La Revolución francesa (en francés: Révolution française) fue un conflicto social y político, con diversos periodos de violencia, que convulsionó la Francia del Antiguo Régimen, y a otros países por extensión de sus implicaciones. Se inició con la autoproclamación del Tercer Estado como Asamblea Nacional en 1789 y finalizó con el golpe de Estado de Napoleón Bonaparte en 1799, culminando un proceso de 10 años. Si bien después de que la Primera República cayó tras el golpe de Estado de Napoleón Bonaparte, la organización política de Francia durante el siglo XIX osciló entre república, imperio y monarquía constitucional, lo cierto es que la revolución marcó el final definitivo del feudalismo y del absolutismo en el país,[2] y dio a luz a un nuevo régimen donde la burguesía, que empleaba en ocasiones a las masas populares, se convirtió en la fuerza política dominante. La revolución, más allá de sus estertores, enfrentó las bases del sistema monárquico como tal, en la medida en que impuso con su discurso, iniciativas capaces de volverlo ilegítimo. Según la historiografía clásica, la Revolución francesa marca el fin de la Edad Moderna y el inicio de la Edad Contemporánea al sentar las bases de la democracia moderna con base en la representación, lo que la sitúa en el corazón del siglo XIX. Abrió un nuevo horizonte político basado en el principio de la soberanía popular, que será el motor de las revoluciones de 1830, de 1848 y de 1871. Los escritores ilustrados del siglo XVIII, filósofos, politólogos, científicos y economistas, denominados comúnmente *philosophes*, y a partir de 1751 los enciclopedistas, contribuyeron a minar las bases del derecho divino de los reyes. La filosofía de la Ilustración ha desempeñado pues un rol significativo en el giro que tomaron estos eventos históricos pero su influencia debe relatarse de modo más matizado: darle demasiada importancia a los preceptos filosóficos nacidos durante ese siglo se revelaría como una carencia mayúscula de fidelidad historiográfica. La corriente de pensamiento vigente en Francia era la Ilustración, cuyos principios se basaban en la razón, la igualdad y la libertad. La Ilustración había servido de impulso a las Trece Colonias norteamericanas para la independencia de su metrópolis europea. Tanto la influencia de la Ilustración como el

su orden los fragmentos que componen esos monumentos, a reconstruir cómo debieron ser los animales antiguos a los que estos fragmentos pertenecieron, a reconstruir los con sus proporciones y sus caracteres; a compararlos[6], en fin, con aquellos que viven todavía hoy sobre la superficie del globo[7]. Es un

---

ejemplo de los Estados Unidos sirvieron de «trampolín» ideológico para el inicio de la revolución en Francia. NOTA del traductor]

[6] [Alusión a la "anatomía comparada". En su libro *Une grande famille de savants: les Brongniarts*, de Launay relata que tenía en sus manos notas tomadas por Alexandre Brongniart "durante el curso de geología de Cuvier alrededor de 1800"; da un resumen de una página y media, que muestra que es la misma conferencia a la que asistió Omalius, que no añade nada más. También hay dos resúmenes de otra conferencia dada por Cuvier en 1805 a la audiencia del Ateneo. Estos resúmenes fueron escritos por Giuseppe Marzari Penati, el geólogo de Vicenza. Una lectura de ellos muestra que este otro curso se ocupaba más de las aplicaciones de la anatomía comparada a la geología que de la geología propiamente dicha, y que la historia del Globo se dividía en seis épocas... El contenido de este último curso era, por tanto, muy diferente del que Cuvier impartió paralelamente en el Collège de France. Así, podemos concluir que las notas tomadas por d'Omalius d'Halloy constituyen una pieza cuyo contenido permanece sin equivalente conocido en la actualidad. NOTA del traductor]

[7] [La expresión superficie del globo, es muy usada por Cuvier. Un globo terráqueo es un modelo tridimensional representado sobre una esfera a escala de la Tierra llamado globo terrestre, terráqueo o geográfico. En ese caso o de otro cuerpo celeste como un planeta o un satélite como la Luna. Mientras que los modelos de distintos objetos se pueden hacer con formas arbitrarias o irregulares, el término *globo* se utiliza solo para los modelos de objetos que son aproximadamente esféricos. La palabra "globo"[1] proviene de la palabra latina *globus*, significando una masa compacta de personas u objetos, y por extensión una esfera. Algunos globos terrestres incluyen relieve para mostrar montañas y otras características de la superficie de la

arte casi desconocido, y que presuponía una ciencia que apenas había sido estudiada antes, la de las leyes que rigen la coexistencia de formas enterradas en las diversas partes del mundo de los seres organizados[8].

Tierra. En el siglo XIX era muy conocido el Globo de Gottorf, una esfera de 3,1 m de diámetro construida en Alemania en 1664 y reconstruida en Rusia tras un incendio en 1750. Presenta la particularidad de ser un globo terráqueo por fuera, y un globo celeste por dentro (preparado para alojar un espectador en el centro de la esfera, accionada por un mecanismo hidráulico). Tras una azarosa historia, actualmente se exhibe en la Kunstkamera de San Petersburgo. Nota del traductor]

[8] [Aquí formula Cuvier con precisión sus objetivos. Después de su muerte, la teoría de Cuvier fue cuestionada por la teoría uniformista de la historia de la Tierra de Charles Lyell. Lyell, un geólogo escocés que estudió con Cuvier en París en 1823, creía, en oposición a la teoría catastrofista, que procesos graduales y uniformes alteraban la superficie de la Tierra. La teoría de Lyell ayudó a persuadir a Charles Darwin de que diferencias mínimas entre organismos podían ser suficientes para producir cambios drásticos en la forma, siempre que hubiera pasado suficiente tiempo. Cuvier vio los organismos como totalidades integradas, en las que la forma y función de cada parte estaban integradas en el cuerpo entero. Ninguna parte podrá modificarse sin perjudicar esta integración funcional: Escribe en sus *Recherches sur les ossements fossils: . ... las partes que lo componen deben estar dispuestas de tal manera que hagan posible la totalidad del ser vivo, no sólo con respecto a sí mismo, sino también a las relaciones que lo rodean, y el análisis de estas condiciones conduce frecuentemente a leyes generales, tan demostrables como aquellas que se derivan de cálculos o experimentos.* Cuvier no creía en la evolución orgánica, ya que cualquier cambio en la anatomía de un organismo lo habría dejado incapaz de sobrevivir. Estudió los gatos e ibis momificados que Geoffroy había traído de la invasión de Egipto por Napoleón y demostró que no eran diferentes de sus homólogos vivos; Cuvier utilizó esto para respaldar su afirmación de que las formas de vida no evolucionaron con el tiempo. Los organismos eran totalidades funcionales; cualquier cambio en una parte destruiría el delicado equilibrio. Pero la integración funcional

Así que tuve que prepararme para esta investigación a partir de una indagación mucho más amplia sobre los animales existente; tuve que realizar una revisión casi general de cómo la creación[9] actual

de los organismos significaba que cada parte de un organismo, por pequeña que fuera, tenía signos del todo. Así fue posible reconstruir organismos a partir de restos fragmentarios, basándose en principios racionales. Cuvier tenía una capacidad legendaria para reconstruir organismos a partir de fósiles fragmentarios, y muchas de sus reconstrucciones resultaron ser sorprendentemente precisas. Sin embargo, en la práctica, basó sus reconstrucciones menos en principios racionales que en su profundo conocimiento de la anatomía comparada de los organismos vivos. NOTA del traductor]

[9] [Cuvier, como buen creyente calvinista, defiende que la realidad natural ha sido creada por Dios. En este sentido, cuando habla de "creación" da el sentido que se daba en el siglo XIX a todo lo que salió de las manos de Dios. Es más: Cuvier da un carácter científico a la Creación. Modernamente, en ambientes conservadores se habla de la ciencia de la creación o creacionismo científico. Esta es una rama del creacionismo, presentada sin un lenguaje bíblico explícito pero con la afirmación de que la creación especial y la geología diluviana basados en la narración de la creación del *Génesis* tienen validez como ciencia. Los creacionistas afirman que esta refuta o reexplica una variedad de hechos y teorías científicas, y paradigmas de la geología, cosmología, la evolución biológica, arqueología, historia y lingüística. Sin embargo, existe un consenso abrumador en la comunidad científica en torno a no considerar ciencia al creacionismo científico, al carecer de apoyo empírico, pues no propone hipótesis tentativas y decide describir la historia natural en términos de causas sobrenaturales no comprobables científicamente. Los tribunales, a menudo de Estados Unidos, donde surgió la controversia de enseñar el tema en escuelas públicas, han fallado consistentemente que la ciencia de la creación es una visión religiosa en lugar de científica. Historiadores, filósofos de la ciencia y escépticos describen como un intento pseudocientífico de presentar la Biblia como hecho científico. Los biólogos profesionales han criticado la ciencia de la creación por ser antiacadémica y un fraude engañoso y

podría por si sola dar un carácter de demostración a mis resultados sobre esta creación antigua[10]; pero esta

---

deshonesto con consecuencias educativas extremadamente dañinas. NOTA del traductor]

[10] [Adjunto aquí un texto, tal vez Adventista, que muestra la vigencia de ideas antiguas. "A lo largo de la historia de la geología, ha habido intensas controversias sobre la edad de la Tierra. La pregunta estaba abierta en tiempos de Cuvier, en los que en los ambientes calvinista dominaba la llamada cronología bíblica. Esta postura de un actual "creacionista" puede aclarar las ideas. Desde nuestra perspectiva podemos preguntar: dicen que la Tierra tiene 4.500 millones de años.. ¿Cómo lo saben? ¿Cuáles son sus testigos? ¿Cuáles son sus pruebas? Una cosa que yo pienso que es uno de los cuentos chinos más grandes de la historia, junto al evolucionismo, y el calentamiento global antropogénico, es la teoría de la Tierra antigua, que básicamente postula que nuestro planeta tiene alrededor de 4.500.000.000 de años y no alrededor de 6.000 años como desde SIEMPRE ha enseñado el Magisterio Tradicional infalible de la Santa Iglesia Católica. Los datos indican que la Tierra es joven, por la supuesta "evidencia científica", que indicaría que nuestro planeta tiene miles de millones de años, y el universo aún más eones, lo cual habría surgido de la nada, sin motivo, por puro azar. Lo único que podemos estar de acuerdo con esa visión, es que el universo surgió de la nada, pero no por puro azar, sino porque Dios lo creó; tal visión es la creacionista, opuesta a la evolucionista. Pero dentro de la postura creacionista hay dos grandes vertientes: la tradicional, que es la que dice que el Génesis debe interpretarse de forma literal (siempre que la misma no se haga imposible, tal como enseña el Magisterio de la Iglesia) y que por ende, todo el universo tiene alrededor de seis mil años; y la moderna, que dice que el Génesis se debe interpretar como una metáfora y que los seis días de la Creación, serían eras que durarían mucho tiempo. Si bien es cierto, que esta segunda postura no debe descartarse (sí debe descartarse el evolucionismo, porque eso es incoherencia total), en cuanto no exista razón para dejar de creer en la primera, es conveniente creer en la primera, como iré demostrando poco a poco. La cronología bíblica siempre nos ha indicado que nuestra historia no tiene miles de millones de años (4.600.000.000, según asevera la "ciencia oficial"), sino apenas 6.000 años:

35

aproximadamente 4000 antes de Cristo y 2012 después de Cristo (aunque es probable que los años estén equivocados, pues posiblemente Jesús nació en el 4 a.C.). El Magisterio de la Iglesia siempre ha enseñado que la Biblia es infalible y NO contiene errores científicos, y que por lo tanto lo que dice el Génesis es verdad y que debe interpretarse literalmente, al menos que dicha interpretación se vuelva imposible. Pero tal imposibilidad nunca ha sucedido hasta ahora, sino que falsos científicos como Darwin (un agnóstico masón y pro-sionista) se han encargado de forjar una especie de "religión cientificista", con el fin de atacar sistemáticamente a la Iglesia católica y a la fe cristiana, intentando desacreditarla ante la opinión pública. Uno de los factores que ha contribuido a la pérdida de fe de muchas personas, fue precisamente el Conciliábulo Vaticano II, gracias al cual las máximas autoridades eclesiásticas han permanecido en un profundo y desesperante silencio, en lo que respecta a asuntos como la Creación y la edad de la Tierra. Por eso, yo como católico estoy de acuerdo con las creencias creacionistas de ciertos sectores del evangelismo protestante: los llamados "fundamentalistas". Infelizmente tales "fundamentalistas", rechazan otros dogmas fundamentales como la transubstanciación, la inmaculada concepción de María, la infalibilidad papal, etcétera; por lo cual los verdaderos "fundamentalistas" somos nosotros los católicos tradicionalistas, que aceptamos íntegramente la Verdad revelada en las Sagradas Escrituras y todo el Magisterio infalible de nuestra Santa Iglesia, fuera de la cual NO hay salvación.Así que pienso humildemente, que si los "católicos light" (esos herejes modernistas que están a favor de los homosexuales, del aborto y votan a los liberales o a los comunistas) nos llaman a nosotros con los calificativos de "fundamentalistas", "integristas" y "extremistas", eso no debe ofendernos en lo más mínimo, porque no debemos avergonzarnos de Cristo. A dichos calificativos, yo los acepto contento y con humildad, porque es la verdad, pues hasta que a mí no me demuestren científicamente y de forma concluyente (cosa que nunca se ha hecho), que la Tierra tiene millones de años, yo seguiré creyendo que la interpretación del Génesis es literal y no metafórica (como antes yo pensaba, engañado por el modernismo).A continuación dejo algunas pruebas, extraídas de la

Conservapedia, que apuntan hacia una Tierra joven: "Muchos de los argumentos científicos se pueden utilizar para demostrar que la evidencia es más consistente con una creación reciente que de una Tierra vieja. Algunos de los argumentos invocados en apoyo de una creación reciente, simplemente ponen un límite superior a la edad de la Tierra, Sistema Solar, o universo, que son incompatibles con la creación antigua ". Lo siguiente es una lista de varias razones científicas sin ningún orden en particular.1- "La idea de la Tierra antigua se ha desarrollado históricamente, no por lo que los hechos físicos demuestren, sino por la imposición anti-bíblica, con supuestos filosóficos en las observaciones geológicas. Consulte lo siguiente[1]...". 2- William R. Corliss es un catalogador de anomalías, un respetado científico y la revista científica New Scientist publicó un artículo que se centra en la carrera del Sr. Corliss como un catalogador de las anomalías científicas. [2] El Sr. Corliss ha catalogado las puntuaciones de las anomalías que desafían al paradigma geológico de la Tierra antigua- 3- "Los métodos de datación radiométrica se basan en los mismos naturalistas, uniformistas, en supuestos anti-bíblicos y hay un montón de pruebas publicadas que no se dan fechas válidas. Además de la investigación de TASA se mencionó anteriormente; téngase en cuenta los argumentos bien documentados en la mitología de modernos métodos de datación. " 4- "La casi total ausencia de pruebas de la erosión o las capas de suelo o de la actividad de los seres vivos (raíces de las plantas, las marcas de madriguera, etc) en la superficie superior de las diversas capas (que muestra que la capa no se quedó allí durante miles o millones de años antes de la siguiente capa se depositó) ". 5- "Fósiles Polistrato (por lo general los árboles) que atraviesan más de una capa de roca (incluso diferentes tipos de roca supuestamente depositados a lo largo de miles si no millones de años). Los árboles que se han podrido, y no dejó ninguna evidencia fósil si la tasa de deposición es que lento ". 6- "Blanda-deformación de sedimentos, donde miles de metros de rocas sedimentarias (varias capas) están dobladas (como una pila de panqueques delgados sobre el borde de un plato), como se ve en la Upwarp, habiendo kilómetros de profundidad en Kaibab, en el Gran Cañón. Es evidente que en el conjunto, una milla de profundidad de depósito de diversos tipos de sedimentos fue relativamente suave y húmeda, probablemente

revisión debía al mismo tiempo darme un gran conjunto de reglas y de procedimientos todavía no demostrados; y todo el reino de los animales no podía dejar de estar sometido, por decirlo así, a nuevas leyes, con ocasión de este ensayo sobre una pequeña parte de la teoría de la tierra.

De este modo, me entregué a esta obra, motivado por el interés personal por las dos cuestiones que pensaba resolver, tanto para la ciencia general de la anatomía, - que es la base esencial de todas las que tratan de los cuerpos organizados-, como para la historia física del globo, - fundamento de la mineralogía y de la geografía-, e incluso, puede decirse, que para la historia de los hombres, y de todo lo que es importante para ellos como es saber sobre ellos mismos.

Si nos interesamos en rastrear en la infancia de nuestra especie humana las huellas casi borradas de tantas naciones extintas, ¿cómo no vamos a buscar también en las tinieblas de la infancia de la tierra las huellas de las revoluciones[11] anteriores a la existencia de todas las naciones?

(no como lo es hoy) cuando ocurrió el terremoto que elevó una parte de la serie de capas ". 7- "Muchos fósiles que demuestran (requieren) enterramiento muy rápido y la fosilización; por ejemplo, las partes blandas (las medusas, las heces de animales, escamas y aletas de los peces) o en su totalidad, grande, totalmente articulado esqueletos (por ejemplo, las ballenas o los grandes dinosaurios como el T -Rex) se conservan". [Desde luego, no dejan títere con cabeza.. NOTA del traductor]

[11] [Cuvier utiliza desde el inicio la palabra "revolución", muy ligada a la Revolución Francesa (1789-1799). Recordemos que los primeros escritos de Georges Cuvier fueron enviados a Étienne Geoffroy Saint-Hilaire, catedrático de zoología de vertebrados en el Museo Nacional de Historia Natural de Francia, y Cuvier empezó a trabajar en el museo en 1795, convirtiéndose en el experto de la

Admiramos la fuerza con que la mente humana ha medido los movimientos del globo que la naturaleza parecía haber retirado para siempre de nuestra vista; el genio y la ciencia han traspasado los límites del espacio; algunas observaciones desarrolladas por el razonamiento han revelado el mecanismo del mundo: ¿no sería también una gloria para el hombre saber ir más allá de los límites del tiempo y redescubrir, por medio de algunas observaciones, la historia de este mundo, y una sucesión de acontecimientos que precedieron al nacimiento del género humano?

Indudablemente, los astrónomos han marchado más rápido que los naturalistas, y la época en que se encuentra ahora la teoría de la tierra se parece un poco a la de cuando algunos filósofos creían que el cielo era de piedras labradas y la luna tan grande como el Peloponeso[12]; pero, después de Anaxágoras, vinieron

---

anatomía de animales más erudito en todo el mundo. En 1795, en plena Revolución francesa, Cuvier fue nombrado asistente de profesor de anatomía de los animales en el Museo Nacional de Historia Natural de Francia, institución creada dos años antes a partir del Real jardín de las plantas medicinales y cuya sede sigue siendo hoy en día el Jardín de plantas de París. Ocupó el puesto de profesor en esa misma cátedra en 1802, año a partir del cual se le cambió el nombre de «cátedra de anatomía de los animales» a «cátedra de anatomía comparada». La Revolución francesa (en francés: *Révolution française*) fue un conflicto social y político, con diversos periodos de violencia, que convulsionó la Francia del Antiguo Régimen, y a otros países por extensión de sus implicaciones. Se inició con la autoproclamación del Tercer Estado como Asamblea Nacional en 1789 y finalizó con el golpe de Estado de Napoleón Bonaparte en 1799, culminando un proceso de 10 años. NOTA del traductor]

[12] [Tal era la teoría de Anaxágoras (500-428 a.C.) Sus teorías sobre el cosmos se originan tras un hecho empírico: En el año 467 a.C. cae un gran meteorito en la región de Aegos. Esta circunstancia

Copérnico y Kepler que allanaron el camino a Newton; ¿y por qué la historia natural no ha de tener algún día también su Newton?

Exposición

Este es el plan y el resultado de mi trabajo sobre los huesos fósiles[13] que me propongo presentar en este

---

hace que las teorías abstractas anteriores hayan de adecuarse a la realidad. Esta realidad viene determinada por la creencia de que al caer el meteorito de día se pensó que provenía del sol, siendo por tanto la piedra caída parte de su composición, esto es, hierro incandescente. Fue el primero en pensar que los siete «planetas» están ordenados así: la Luna, el Sol y los restantes 5 conocidos. Este orden fue adoptado después por Platón y Aristóteles. La Luna la supone tan grande como el Peloponeso, parcialmente ígnea, y de la misma naturaleza que la Tierra; las desigualdades de su «cara» serían debidas a esta mezcla. También se dice que creyó que había planicies y valles en la Luna. Sabía que recibía su luz del Sol y dio la explicación correcta para sus fases y los eclipses lunares. NOTA del traductor]

[13] [Ya en tiempos de Cuvier se utilizaba el concepto de "fósil" en un sentido amplio. El vocablo "fósil" se deriva del verbo latino *fodere*, 'excavar', a través del sustantivo *fossile*, 'aquello que es excavado'. A lo largo de toda la historia, y antes, en la prehistoria, el hombre ha encontrado fósiles, restos de seres vivos petrificados por los minerales con los que se hallaban en contacto. Fueron esos minerales los que sustituyeron o preservaron su forma externa. En un sentido moderno, fue Charles Lyell quien definió – años más tarde que Cuvier- a los fósiles como restos de organismos que vivieron en otras épocas y que actualmente están integrados en el seno de las rocas sedimentarias. Esta definición conserva su validez, aunque actualmente el término tiene una mayor amplitud, ya que se incluyen en él las manifestaciones de la actividad de organismos como excrementos (coprolitos), restos de construcciones orgánicas, huellas de pisadas, impresiones de partes del cuerpo, dentelladas (icnofósiles), etc. NOTA del traductor]

Discurso. Trataré también de dar un breve cuadro de los esfuerzos realizados hasta nuestros días para recuperar la historia de las revoluciones del globo[14]. Los hechos

---

[14] [El concepto "revoluciones del globo" está muy unido a la teoría catastrofista en Ciencias Naturales: a principios del siglo XIX el catastrofismo era la teoría más popular entre los geólogos sobre la formación de la Tierra, puesto que permitía reconciliar una parte de los datos empíricos con la ortodoxia cristiana. Su comienzo puede remontarse al naturalista suizo Charles Bonnet (1720-1793), quien en su obra *Palingenesia filosófica*, de 1769, sostenía que el globo, como consecuencia de los terremotos, el vulcanismo y las inundaciones periódicas, está sometido a una serie de revoluciones cíclicas que alteran completamente su aspecto. De parecida opinión era el naturalista suizo establecido en Inglaterra Jean-André de Luc (1727-1817), que en su obra *Cartas sobre la historia de la Tierra y del hombre* (1779) consideraba insuficiente la explicación del relieve por la mera erosión y consideraba que la causa principal era la variación de la cantidad de fluido expansivo marino que caía y emergía sucesivamente de grandes cavidades bajo la corteza terrestre. Los continentes quedaban sumergidos y se depositaban los fósiles, mientras que la vida vegetal y animal se conservaba en las pocas islas que se mantenían emergidas. En su *Tratado elemental de Geología* (1809) insistía en que las catástrofes que habían modelado el planeta eran tan recientes que su recuerdo se conservaba en las civilizaciones antiguas. Otro ilustre catastrofista fue el geólogo francés Déodat de Dolomieu (1750-1801) que en diversas memorias científicas publicadas a partir de 1794 postulaba que era imposible comprender la historia del globo a partir de los fenómenos geológicos actualmente observables; a su juicio, inundaciones oceánicas de gran envergadura habían transformado completamente el paisaje terrestre en sus seis milenios de existencia.El catastrofista más popular e importante de esta época fue, sin duda, el naturalista francés Georges Cuvier (1769-1832), cuyo *Discurso sobre las revoluciones de la superficie del globo* (1812) tuvo un gran impacto en toda Europa. Daba por hecho que el océano había experimentado diversos cambios súbitos de nivel, inundando gran parte de las tierras emergidas. Eso explicaba fenómenos como la extinción de las faunas fósiles, la tremenda distorsión de las capas

que se me han dado a descubrir, sin duda, no forman más que una parte muy pequeña de aquellos aspectos de que debe componerse esta historia antigua; pero varias de ellas conducen a consecuencias decisivas, y la manera rigurosa en que he procedido a determinarlas me da razones para creer que serán consideradas como puntos definitivamente fijos, y que constituirán una época en la ciencia. Por último, espero que su novedad me disculpe si reclamo para ellos la atención principal de mis lectores.

Mi objetivo consistirá, en primer lugar, en mostrar cómo la historia de los huesos fósiles de animales terrestres está relacionada con la teoría de la tierra[15], y

---

de rocas primitivas originalmente horizontales y el intercalamiento de capas sedimentarios de aguas marinas y aguas dulces, hechos que no podían explicarse mediante los fenómenos geológicos observables en la actualidad. Cuando su colaborador, el naturalista Alexandre Brongniart (1770-1847), encontró en 1821 fósiles cretácicos en los Alpes de Saboya y fósiles terciarios en los Alpes Vicentinos y dos años después su hijo, Adolphe Brongniart (1801-1876), mostró que también las floras fósiles habían sufrido una serie de extinciones sucesivas, el catastrofismo pareció confirmarse. El catastrofismo tuvo presencia en el Reino Unido a través del geólogo escocés Robert Jamieson (1774-1854), traductor del Discurso de Cuvier en 1817 y experto en mineralogía, del reverendo William Conybeare (1787-1857), autor de *Esquemas de la geología de Inglaterra y Gales* (1822), estudioso de los capas carboníferos británicos, del reverendo William Buckland (1784-1856), profesor de Oxford y autor de *Reliquias del Diluvio* (1823), donde consideraba cada día de la creación divina como una época histórica diferente, del reverendo Adam Sedgwick (1785-1873), profesor de geología en Cambridge, y de George Scrope (1797-1876), autor de *Consideraciones sobre los volcanes* (1825), que defendía que los mismos factores que habían producido las catástrofes remotas seguían actuando en el presente, aunque con menor energía. NOTA del traductor]

[15] [Desde los tiempos de Descartes, se han presentado diversas

Teorías de la Tierra. Modelos teóricos para explicar el funcionamiento histórico del planeta. En este marco histórico-filosófico, la ciencia geológica tiene entre sus obras fundacionales en su devenir como ciencia moderna la *Theory of the Earth* del naturalista escocés James Hutton (1726-1797). Posiblemente sus ideas llegaron a Cuvier a través del texto publicado en 1899, [*Theory of the Earth, with proofs and illustrations* (obra póstuma), Londres, Geological Society of London, vol. III (ed. de Archibald Geikie; facsímil 1997), 278 pp]. Esta obra encierra una filosofía geológica que abrió a finales del s. XVIII nuevas perspectivas que condujeron a los científicos de la tierra a ver el planeta de una forma bastante distinta a la contemplada hasta entonces, especialmente en cuanto a la naturaleza y causalidad de los procesos geológicos así como a la dimensión temporal en el que se habrían desarrollado éstos. El profesor Cándido García Cruz ha estudiado a fondo la figura de Hutton que presentó su *teoría* en la Royal Society de Edimburgo en 1785. Ese mismo año apareció un *Resumen*, anónimo, que tuvo una difusión privada, y tres años más tarde, en 1788, se publicó completa en las actas de dicha institución, aunque había circulado con anterioridad como publicación independiente. En 1795 apareció una versión ampliada en dos tomos, y un tercer volumen, póstumo, fue publicado en 1899 por Archivald Geikie. A lo largo de casi un centenar de páginas, Hutton esbozó en la versión de 1788 las ideas fundamentales que desarrollaría con mayor profusión en los años siguientes, y dejó claros los principios básicos de su teoría, entre los que hay que destacar: La tierra es una *máquina* creada por el *Autor* de la naturaleza con *sabiduría* y *benevolencia*. Existe un *fin último* en esta creación: hacer de la tierra un *planeta habitable*, en especial como *morada* para el *ser humano*. El funcionamiento de la tierra está controlado por *principios químicos y mecánicos* en una serie de *procesos naturales*, que dependen exclusivamente de *causas que actuaron por igual tanto en el pasado como en el presente*. La tierra es algo más que una simple máquina: es esencialmente un *sistema* complejo en el que *interactúan*, a su vez, tres sistemas inertes y uno viviente. En dicho sistema existe un *poder reparador* o *reproductor*, razón por la cual es posible compararlo *también* con un *cuerpo organizado*. Existe un mecanismo cíclico de *decadencia–restauración* de la tierra firme.

En éste, el *fuego* del interior del planeta y por lo tanto el calor, y no el *agua*, juega un papel fundamental, tanto en la *consolidación de las capas* que tiene lugar en el fondo del mar, como en la fuerza que provoca el *levantamiento* de las nuevas masas continentales. El *tiempo* es la medida de todo en tanto que representa la perspectiva donde se enmarca toda realidad. Pero el curso de la naturaleza no puede estar delimitado por el tiempo, sino que está inmerso en una *sucesión interminable*, sin principio ni fin, y es en este marco donde los procesos que tienen lugar en la tierra adquieren un *orden* y un *sentido*. Hutton sólo acepta *causas naturales* en la concreción de su teoría. Así, para explicar la consolidación de las capas del globo establece una comparación entre los procesos de solidificación por la acción del agua y aquéllos en los que interviene el fuego. Las explicaciones causales, dentro de la corriente *neptunista*, versaban sobre la importancia del agua, y concretamente el diluvio bíblico, como responsable de la disolución de los materiales terrestres, y su posterior depósito y consolidación. Por su parte, Hutton aporta numerosas pruebas estratigráficas, petrológicas y mineralógicas en defensa de su idea plutonista sobre la intervención del calor subterráneo. La existencia de dicho calor, cuyo origen nunca llega a describir, lo enmarca Hutton en sus principios teleológicos de crear una tierra firme como morada de vida en general, y particularmente de la especie humana. Los trabajos y observaciones que desarrolló como agricultor le permitieron considerar correctamente el *suelo* como fruto de la destrucción de los materiales sólidos que conforman la tierra. Además, estos residuos eran transportados por los agentes geológicos hacia el mar, donde quedaban depositados. Pero no podría actuar sólo la erosión, ya que con el tiempo el planeta sería una inmensa llanura. Esto, unido a su rechazo a la idea de la retirada de las aguas, creaba un importante inconveniente para explicar el origen del relieve terrestre. Las montañas debían haberse formado simultáneamente con los procesos de decadencia erosiva. Por otro lado, la existencia de restos orgánicos marinos en lo alto de las montañas le lleva a Hutton a investigar los *procesos naturales* que se han empleado en la construcción de la tierra firme. Según las ideas planteadas, los materiales de que se componen las masas continentales se han producido por la destrucción de una *tierra firme anterior* y se han depositado en el

qué motivos le dan especial importancia a este respecto. A continuación, desarrollaré los principios en los que descansa el arte de determinar estos huesos, o, en otras palabras, de reconocer un género y distinguir una

---

fondo del océano. Aquí es donde actúa el calor subterráneo, que sirve no sólo para consolidar los materiales sino también para plegarlos y levantarlos por encima del nivel del mar, con lo que los continentes quedan restaurados. La *Teoría* finaliza con el análisis del sistema de decadencia y renovación que observa en el planeta. Los filósofos naturales de épocas anteriores intentaban explicaban estos hechos por medio de causas sobrenaturales o accidentes destructivos de la naturaleza, entre ellos el diluvio bíblico. Hutton va a comparar estas explicaciones con su *sistema*, en el que tan sólo existe una acción continuada, gradual y uniforme de los agentes naturales sobre los materiales terrestres. Así, la teoría huttoniana sólo acepta las *causas actuales*, y por lo tanto, *conocidas*, en las que impera una regularidad en los mecanismos de la naturaleza para ocasionar los cambios en los que, además, es posible percibir sabiduría, orden y benevolencia en el plan por parte de su *Autor*. Estos cambios fundamentalmente consisten en la destrucción-regeneración simultánea de las masas continentales: mientras se produce la decadencia de la tierra *presente*, los materiales de un mundo *anterior* depositados en el fondo del mar son consolidados y estructurados de tal forma que se erige una *nueva* tierra firme. Tanto la destrucción como la regeneración de las tierras, de acuerdo con sus propias deducciones, deben haber requerido un *tiempo indefinido*, un tiempo que para Hutton es muy difícil de determinar tanto a escala humana como en función de los cambios observables. En realidad, la tierra parece mantenerse en un nivel de estabilidad, para lo que es preciso la conservación de una cierta proporción tanto de tierra firme como de agua sobre la superficie del globo. Hutton concluye que se ha producido una sucesión de mundos, en la que es posible encontrar sabiduría, sistema y contingencia; dicho sistema es, igual que ocurre en las revoluciones planetarias, cíclico, y a través de estos ciclos, en los que es imposible percibir rastro alguno de dónde comienzan y dónde acaban, Hutton sumerge a la historia de la tierra en la *inmensidad del tiempo*. [NOTA del traductor]

especie animal por un solo fragmento de hueso[16], de cuya certeza depende la de toda mi obra.

Daré una breve indicación de las nuevas especies, de los géneros hasta ahora desconocidos, que la aplicación de estos principios me ha llevado a descubrir, así como de las diversas clases de suelo que las ocultan y, cómo la diferencia entre estas especies y las de hoy no va más allá de ciertos límites; y mostraré que estos límites van mucho más allá de los que ahora distinguen a las variedades de la misma especie: daré a conocer, pues, hasta dónde pueden llegar a existir estas variedades, ya sea por la influencia del tiempo, o por la del clima, o finalmente por la de la domesticación de los animales.

Por lo tanto, al final de mi exposición estaré en condiciones para concluir, e inducir a mis lectores a concluir conmigo, que se necesitaron grandes revoluciones del globo y acontecimientos para que fuera posible producir diferencias mucho más considerables entre los organismos, como he reconocido; y desarrollaré, pues, las modificaciones particulares que mis investigaciones deben introducir en las opiniones recibidas hasta ahora sobre las revoluciones del globo; finalmente, examinaré hasta qué punto la historia civil y religiosa de las naciones concuerda con los resultados de la observación de la

---

[16]]La base es la anatomía comparada. Georges Cuvier, que la fundó a finales del siglo XVIII, decía 'dadme un diente y os daré un animal entero'. Era una bravuconada, pero si tienes un fósil parcial, lo tienes que poner en perspectiva con otros de especies relacionadas. Una vez tengas el esqueleto, pones todas las capas de tejido en su sitio haciendo inferencias anatómicas. https://www.publico.es/ciencias/resucitar-mundo-extinto.html Nota del traductor]

historia física de la tierra, y con las probabilidades que estas observaciones dan sobre el período en que se observó que las sociedades humanas han podido encontrar viviendas fijas y campos susceptibles de cultivo; y donde, en consecuencia, han podido adquirir una forma de vida duradera.

Primera apariencia de la tierra

Cuando el viajero atraviesa estas fértiles llanuras, donde las aguas tranquilas mantienen por su curso regular una abundante vegetación, y cuyo suelo, aprovechado por una población numerosa, ocupado con florecientes aldeas, ricas ciudades y soberbios monumentos, observa que la naturaleza nunca se destruye[17].

Perturbada sólo por los estragos de la guerra, o por la opresión de los hombres en el poder, uno se siente tentado a creer que la naturaleza también ha tenido sus propios sufrimientos, guerras intestinas, y

---

[17] [Durante el siglo XVIII se planteó el debate, - que llegó a Cuvier – sobre la "degradación" de la Tierra. La frase "el mejor de todos los mundos posibles" (en francés, *le meilleur des mondes possibles*, en alemán, *Die beste aller möglichen Welten*) fue acuñada por el filósofo alemán Gottfried Leibniz en su obra *Essais de Théodicée sur la bonté de Dieu, la liberté de l'homme et l'origine du mal* (*Ensayos de Teodicea sobre la bondad de Dios, la libertad del hombre y la Origen del mal*) de 1710. La afirmación de que el mundo real es el mejor de todos los mundos posibles es el argumento central en la Teodicea de Leibniz, o su intento de resolver el problema del mal. Voltaire se lanzó contra ella y la matizó en *Candide*, novela en la que le hace decir al personaje Pangloss que «todo va de la mejor manera, en el mejor de los mundos posibles». Nota del traductor]

que la superficie del globo ha sido sacudida por revoluciones y catástrofes[18]; pero nuestras ideas cambian tan pronto como tratamos de excavar el suelo, que ahora es tan pacífico; o si el observador se eleva a las colinas que bordean la llanura; y con su vista, por así decirlo, se extienden y amplían, y comienza a abarcar la extensión y la grandeza de estos antiguos sucesos tan pronto como se asciende a las cordilleras más altas desde estas colinas que se recorren a pie, o en las que siguiendo los lechos de los torrentes que descienden de estas cadenas, penetra en su interior.

---

[18] [En los siglos XVI y XVII las ideas del Diluvio (asociadas en parte a la Reforma religiosa) van a calar hondo en la conciencia moral de los ciudadanos. Los historiadores de la geología[18] diferencian dos posturas: la postura del diluvismo "duro" (cuyo máximo representante es Martín Lutero) y el diluvismo "blando" (de Alessandro degli Alessandri). Lutero, en 1544, en su libro *In primum librum Mose enarrationes*, en el comentario a Génesis 2, 11 y 12, hace del Diluvio bíblico una catástrofe aniquiladora debido al pecado de los hombres. Dice, entre otras cosas: "[La tierra hoy] produce árboles, hierbas, etc., pero en comparación con la tierra aún no corrompida no son más que los restos miserables de las riquezas que tuvo la tierra establecida entonces". El diluvismo "blando" de Alessandri es el que fue seguido por los naturalistas, viendo en un fenómeno acuático de alcance mundial el origen de los fósiles que hoy encontramos. En el siglo XVII, la lectura literal de la Biblia va a intentar buscar concordismos con los datos de la naturaleza. Para ello, se apoyaron en los datos del Antiguo Testamento para presentar una cronología bíblica de los fenómenos geológicos. Así, James Ussher, obispo de Armagh, en Irlanda, pudo afirmar en 1654 que la tierra había sido creada el 26 de octubre del año 4004 antes de Jesucristo. NOTA del traductor]

Primeras pruebas de la existencia de revoluciones

La tierra más baja, más llana, no nos muestra, ni siquiera cuando cavamos en ella a profundidades muy grandes, solo capas horizontales de materiales más o menos variados; sino que, además, casi todas estas tierras incluyen bajo la superficie innumerables productos del mar.

Capas similares y productos parecidos constituyen las colinas, aunque alcancen alturas bastante grandes. A veces las conchas son tan numerosas, que por sí solas forman toda la masa del terreno; los montes se elevan a alturas más altas que el nivel de todos los mares, y donde ningún mar podría alcanzar por las causas existentes; no sólo están constituidas por arenas sueltas, sino que las piedras más duras a menudo están embebidas de conchas y son penetradas por ellas en todos lados. Todas las partes del mundo, todos los hemisferios, todos los continentes, todas las islas de cualquier tamaño presentan el mismo fenómeno[19].

Ya no es el tiempo en que la ignorancia podía aún sostener que estos restos de cuerpos organizados eran meros juegos de la naturaleza, productos concebidos en el seno de la tierra por sus fuerzas creadoras; y los renovados esfuerzos de algunos metafísicos probablemente no bastarán para restaurar el favor de estas antiguas opiniones.

---

[19] [Estas son las mismas observaciones que hizo Nicolás Steno en el *Prodromo* (1669) muchos años antes.
https://www.bubok.es/libros/199152/leer-las-rocas-con-nicolas-steno y https://www.librouro.com/libro/ver/481848-nicolas-steno-los-capas-y-el-diluvio-universal.html [nota del traductor]

Una comparación escrupulosa de las formas de estos restos, de sus tejidos, y a menudo incluso de su composición química, no muestra la menor diferencia entre las conchas fósiles y las que el mar nutre: su conservación no es menos perfecta, no suele haber destrucción ni rotura, nada que indique un transporte violento; los más pequeños de estos restos conservan aún sus partes más delicadas, sus bordes y aristas más sutiles, sus puntas más delicadamente puntiagudas; así que, no sólo vivían en el mar, sino que eran depositados por el mar; es el mar el que los ha dejado en los lugares donde se encuentran, pero este mar que ha residido en estos lugares, ha permanecido allí el tiempo suficiente y era lo suficientemente tranquilo como para formar los depósitos tan regulares, tan gruesos, tan extensos y vastos y en parte tan sólidos, que están llenos estos restos de animales acuáticos.

Por lo tanto, el fondo de los mares ha sufrido al menos un cambio, ya sea en el alcance o en la situación. Esto es lo que ya se ha deducido de las primeras excavaciones y de la observación más superficial. Las huellas de las revoluciones se hacen más imponentes a medida que uno se eleva un poco más alto, cuando te acercas al pie de las grandes cadenas de montañas[20].

Todavía hay capas de piedra que albergan dentro conchas; incluso podemos ver otros restos más gruesos,

---

[20] [Cuvier no tenía una idea de la tectónica. Suponía que los paisajes montañosos habían sido así desde el inicio y solo el nivel del mar es el que sube-y-baja por el Diluvio Universal. En el campo español tenemos en ejemplo de fray José Torrubia, que en 1774 publica en Madrid el tratado de geología de trasfondo diluvista, *Aparato para la Historia Natural española*. *https://editorial.ugr.es/libro/aparato-para-la-historia-natural-espanola-de-j-torrubia_138294/* [nota del traductor]

más sólidos; las conchas son igual de numerosas, igual de bien conservadas; pero ya no son la misma especie, las capas que los contienen ya no son tan generalmente horizontales, se elevan inclinados, a veces casi verticalmente, mientras que, en llanuras y colinas planas, era necesario cavar profundamente para conocer la sucesión de las capas, como vemos aquí[21].

Por sus flancos, siguiendo los valles producidos por sus desgarros, se forman inmensos montones de sus derrubios al pie de sus escarpes montículos

---

[21] [Estas observaciones ya están en el *Prodromo* (1669) de Nicolás Steno (Niels Steensen) (1638-1686) muchos años antes. https://www.bubok.es/libros/199152/leer-las-rocas-con-nicolas-steno Las concepciones "diluvistas" están muy arraigadas en las representaciones del mundo de los ciudadanos. Contaré una anécdota personal. Hace años, acompañé a un grupo de alumnos de Secundaria al campo para hacer algunas observaciones geológicas en el Carbonífero marino de los alrededores de Córdoba, en Andalucía. Sus profesores les habían enseñado en el aula lo que la sedimentación y cómo se forman las cadenas montañosas. Llegamos a un lugar en el que un torrente había dejado un talud considerable en las pizarras del Carbonífero. Abajo, junto al río, encontramos en las capas horizontales diversos fósiles marinos del Carbonífero. Moluscos e incluso un trilobites. Subimos trabajosamente hacia la cumbre del monte por el talud. Allí unos 30 metros por encima del torrente, buscamos fósiles en las capas horizontales. Pregunté a los alumnos: ¿por qué allí abajo había fósiles marinos y aquí arriba no los hemos encontrado? La respuesta unánime: "porque aquí arriba no llegó el mar". Los profesores, sonrojados, se dieron cuenta de que lo alumnos no habían aprendido la lección. Y es que "construir" en la mente una imagen adecuada de los procesos de sedimentación y orogénesis, no es un proceso tan sencillo. Tenían la misma mente que Steno en el siglo XVII, de Torrubia en el siglo XVIII y de Cuvier en el siglo XIX. Primero estaban las montañas y luego llegó el mar "sembrando" de fósiles los sedimentos. Los obstáculos epistemológicos son a veces insalvables. NOTA del traductor]

redondeados, cuya altura aumenta con cada deshielo y tormenta. Y estas riberas verticales que forman las crestas de las montañas secundarias no están colocadas en las zonas horizontales de las colinas que sirven de primeros peldaños; por el contrario, se hunden debajo de ellos. Estas colinas se apoyan en sus laderas. Cuando las capas horizontales se hunden en las proximidades de las montañas de capas inclinadas, estas capas inclinadas se encuentran a veces a las mismas profundidades, cuando las capas inclinadas no son demasiado altas, y sus cimas están coronadas por capas horizontales.

Las capas inclinadas son, pues, más antiguos que los horizontales, y como es imposible, al menos en su mayor parte, que no se hayan formado horizontalmente, es evidente que fueron elevados, que lo fueron antes de que los otros descansaran sobre ellos (1)[22].

Un ingenioso geólogo ha demostrado incluso que no es imposible fijar las edades relativas de cada uno de estos rumbos de las capas inclinadas según la

---

[22] Nota de la edición de 1830: (1) La idea sostenida por algunos geólogos de que ciertos capas se han formado en la posición inclinada en que se encuentran ahora, suponiendo que sea cierta para algunos que se han cristalizado, como dice Mr. Greenough, como los depósitos que incrustan todo el interior de los recipientes en los que se hierve el agua de yeso, no puede aplicarse al menos a los que contienen conchas o piedras rodadas que no podían esperar, así suspendidos, a que se formara el cemento que había de aglutinarlos [Cuvier, en el discurso, usa repetidas veces la palabra que hemos traducido como "capa", en una época en la que Niecolás Steno, en su *Pródromo* de 1687 ya había introducido el concepto de "estrato". Desde mi punto de vista, Cuvier – posiblemente por saber poco latín – desconocía la obra de Steno]

naturaleza y la edad de las capas horizontales que están encima (2)[23].

Así, el mar, antes de formar los capas horizontales, había formado otros capas que por causas de cualquier clase habían sido quebradas, enderezadas y trastornadas de mil maneras; y como muchos de estos bancos inclinados, que había formado más

---

[23] Nota añadida en ediciones posteriores a 1825: (2) Ver la excelente *Mémoire* de M. Elie de Beaumont, en los *Annales des Sciences Naturelles* de septiembre 1829, y los números siguientes. [Estas memorias de Élie de Beaumont habían sido leídas en extracto en la Academia de Ciencias el 22 de junio de 1829. Llevaba un título ya muy cobrizo: Investigaciones sobre algunas de las revoluciones de la superficie del globo, presentando diferentes ejemplos de coincidencia entre el enderezamiento de las capas de ciertos sistemas montañosos y los cambios bruscos que han producido las líneas de demarcación que se observan entre ciertas etapas consecutivas de los suelos sedimentarios. Pero, sobre todo, Élie de Beaumont declaró en las primeras páginas: "El señor Cuvier ha demostrado que la superficie del globo ha sufrido una serie de revoluciones repentinas y violentas. M. Leopold von Buch ha señalado las claras y marcadas diferencias entre los diversos sistemas montañosos que se perfilan en la superficie de Europa. Sólo estoy tratando de relacionar estos dos órdenes de ideas. De este modo, el geólogo que aún se encontraba en el umbral de su carrera -tenía entonces poco más de treinta años- se presentaba como sucesor del gran naturalista. Y Cuvier, por su parte, aprovechó la oportunidad de la reedición de su *Discours* para respaldar, por así decirlo, éste.90 El resto es historia. Pero lo que es interesante subrayar aquí es que, en vista de lo que se acaba de decir, la teoría sobre la formación de los "sistemas montañosos" que desarrollará Élie de Beaumont debe interpretarse menos como un primer intento de "tectónica global" (una perspectiva peligrosa, porque consiste en leer el pasado a la luz de los conocimientos actuales) que como un resurgimiento de la teoría de la Tierra. un objetivo que había sido perseguido con tanto ardor por tantos de sus mayores, y del que Cuvier le transmitió, por así decirlo, la antorcha. NOTA del traductor]

antiguamente, se elevan más alto que los capas horizontales que les sucedieron y que los rodean, las causas que dieron a estos bancos su inclinación también los habían hecho sobresalir sobre el nivel del mar, y los habían convertido en islas, o por lo menos en arrecifes y desigualdades; o que se habían levantado por un extremo, o que el hundimiento del extremo opuesto había hecho caer el agua; este segundo resultado, no menos claro, no menos demostrado que el primero, para cualquiera que se tome la molestia de estudiar los monumentos que lo apoyan.

Pruebas de que estas revoluciones han sido numerosas

Pero no es a esta conmoción de las capas antiguas, a este retroceso del mar después de la formación de los nuevos capas, a lo que se limitan las revoluciones y los cambios a los que se debe el estado actual de la tierra[24].

Cuando comparamos más detalladamente las diferentes capas entre sí y los productos de la vida que contienen, pronto encontramos que este antiguo mar

---

[24] [Uno de los problemas que presenta la traducción de este interesante texto de Cuvier reside en la interpretación de los conceptos científicos (sobre todo los geológicos y los biológicos). Los imaginarios de la realidad natural en los albores del siglo XIX son muy diferentes de los actuales. Incluso muchos de los conceptos de uso científico utilizados por Cuvier tienen hoy significados diferentes. Dentro de nuestras posibilidades hemos intentado hacer comprensibles esos conceptos que posiblemente tenían en la época de Cuvier (y en sus contextos sociales) un sentido diferente al que les atribuimos hoy. Los lectores sabrán comprender esas inexactitudes. NOTA del traductor]

no depositaba constantemente materiales similares entre sí, ni restos de animales de la misma especie, ni que cada uno de sus depósitos no se extendía sobre toda la superficie que cubría. Se han producido sucesivas variaciones[25], la primera de las cuales ha sido más o menos general, y las otras parecen haberlo sido mucho menos. Cuanto más antiguas sean las capas, más uniforme será cada capa en un área grande de extensión; cuanto más modernos son, más son limitados; cuanto más sujetos están a la variación a distancias cortas. Por lo tanto, los movimientos de las capas fueron acompañados y seguidos por cambios en la naturaleza del líquido y de los materiales que tenía en disolución; y cuando, cuando se demostró que estas

---

[25] [Contrariamente a la creencia popular, Cuvier nunca, en ninguno de los escritos que publicó, explicó la renovación de la fauna por nuevas creaciones; En cambio, prefirió plantear la hipótesis de la inmigración de sobrevivientes de otras partes del mundo. Esta es, al menos, la opinión sostenida por la mayoría de los comentaristas de Cuvier. Sin embargo, algunas formulaciones del curso de 1808 sugieren que Cuvier no siempre pensó en términos de migraciones. Además del fragmento que hemos citado más arriba ("otro hecho muy sorprendente es la producción de los seres organizados y los cambios que han sufrido"), observamos la siguiente frase, que concluye la exposición sumaria en la que Cuvier nos recuerda que las especies fósiles se suceden según un orden que se relaciona con el de las capas: "Todas estas variaciones prueban que ha habido sucesivas producciones y destrucciones de cuerpos organizados". El término "producción", que se encuentra en ambos pasajes, es, como se conviene, más compatible con la idea de creación que con la de migración. ¿Significa esto que Cuvier está pensando realmente aquí en creaciones sucesivas, sin atreverse a afirmarlo francamente? ¿O acaso, llevado por su ímpetu, dejó que sus palabras se apoderaran de sus pensamientos? No queda muy claro. NOTA del traductor]

evoluciones eran numerosas, ciertas capas, al mostrarse por encima de las aguas, dividieron la superficie de los mares por islas, proyectando cadenas, pudo haber habido diferentes cambios en varias de las cuencas particulares.

Es comprensible que, en medio de tales variaciones en la naturaleza del líquido, los animales que él alimentó no podían seguir siendo los mismos. Sus especies, incluso sus géneros, cambiada por capas; y, aunque hay algunos retornos de especies a pequeñas distancias, es cierto decir, en general, que las conchas de los capas antiguas poseen sus propias formas; que estas desaparecen gradualmente, para no manifestarse en las capas recientes, menos aún en los mares actuales, donde nunca se descubren sus análogos de especies, donde no se encuentran muchos de sus géneros; que, por el contrario, las conchas de los capas recientes se parecen, en su género a las que viven en nuestros mares, y que en el último y más suelto de estas capas; y en algunos depósitos recientes y limitados hay algunas especies que el ojo más experto no podría distinguir de las que se nutren en las costas vecinas.

Ha habido, pues, una sucesión de variaciones en la naturaleza animal, que han sido ocasionadas por las del líquido en que vivían los animales, o por lo menos que les han correspondido, y estas variaciones han conducido gradualmente a las clases de animales acuáticos a su estado actual, y finalmente cuando el mar abandonó nuestros continentes por última vez. Sus habitantes no eran diferentes, no mucho de los que todavía alimenta hoy en día.

Y esto lo decimos, *por última vez*, porque, si examinamos aún más cuidadosamente estos restos de seres orgánicos que se han descubierto en medio de las capas marinas, incluso los más antiguos, en capas llenos de producciones animales o vegetales de la tierra y agua dulce; y, entre las capas más recientes, es decir, los más superficiales, hay algunos en los que los animales terrestres están enterrados bajo montones de las producciones del mar.

Por lo tanto, las diversas catástrofes que han agitado las capas no sólo han reducido gradualmente las diversas partes de nuestros continentes, sino que también la cuenca de los mares se ha encogido poco a poco, pero esta cuenca se ha desplazado en varias partes.

Ha sucedido varias veces que la tierra seca ha sido cubierta por las aguas, ya sea porque ha sido dañada, o porque las aguas sólo han sido arrastradas sobre ellas; y en cuanto al suelo que el mar ha dejado libre en su último retiro, el que ahora habitan el hombre y los animales terrestres, ya se había secado al menos una vez, tal vez varias, y entonces había alimentado cuadrúpedos, aves, plantas y producciones terrestres de todo tipo, el mar que, por lo tanto, lo había invadido previamente. Los cambios en la altura de las aguas, por lo tanto, no consistieron sólo en un retroceso más o menos gradual, más o menos general; ha habido varias irrupciones y retrocesos sucesivos, cuyo resultado final, sin embargo, ha sido una disminución universal del nivel.

Pruebas de que estas revoluciones han sido súbitas

Pero lo que también es importante resaltar es que estas interrupciones, estos repetidos retrocesos, no han sido todos lentos, ni lo han sido todo hecho por grados; por el contrario, la mayoría de los desastres que los trajeron fueron repentinos; y esto es especialmente fácil de probar en el caso de la última de estas catástrofes, en el caso de lo que por un doble movimiento ha inundado y luego secado nuestros continentes actuales, o al menos una gran parte del suelo que ahora los forma.

También ha dejado en los países septentrionales los cadáveres de grandes cuadrúpedos, que han sido capturados por el hielo, y que se han conservado hasta nuestros días con su piel, pelo y carne[26]. Si no hubieran sido congelados tan pronto como murieron, la putrefacción los habría descompuesto. Y, por otra parte, esta helada que parece eterna no ocupaba antes los lugares donde se establecieron ellos; porque no podían haber vivido a semejante temperatura.

Fue el mismo instante, por lo tanto, el que hizo perecer a los animales, y el que enfrió el país que habitaban. Este suceso fue súbito, instantáneo, sin gradación alguna, y lo que está tan claramente demostrado en el caso de esta última catástrofe no lo es menos en el caso de las que la precedieron. El desgarro, el enderezamiento, la inversión de las capas más antiguas no dejan duda de que causas repentinas y violentas los han llevado al estado en que los vemos, e incluso la fuerza de los movimientos experimentados por la masa de las aguas se atestigua aún más por los montones de derrubios y guijarros rodados que se interponen en muchos lugares entre las capas sólidas.

---

[26] Nota de la edición de 1881: El naturalista Pallas cita el primer caso de este tipo: fue descubierto en 1771. Era el cadáver de un Rinoceronte antediluviano, enterrado en las arenas heladas en los alrededores de Vilori, río que se excava en Léun, en Siberia. Desde esa época los descubrimientos análogos en las regiones del extremo norte han dado lugar a hallazgos de fragmentos e incluso de cuerpos enteros de mamuts.

Por lo tanto, la vida en esta tierra a menudo se ha visto perturbada por revoluciones espantosas. Innumerables seres vivos han sido víctimas de estas catástrofes, algunos de los habitantes de la tierra firme han sido tragados por diluvios; los otros, que habitaban el seno de las aguas, se han secado en las profundidades de los mares súbitamente elevados, sus mismas especies han terminado para siempre, y no dejan en el mundo más que unos pocos fragmentos apenas reconocibles para el naturalista.

Tales son las consecuencias a las que conducen necesariamente el estudio de los objetos que encontramos a cada paso, y que podemos comprobar en cada momento en casi todos los países. Estos grandes y terribles acontecimientos están claramente impresos en todas partes para el ojo del que sabe leer su historia en sus monumentos.

Pero lo que es aún más asombroso, y lo que no es menos cierto, es que la vida no ha existido siempre en el globo, y que es fácil para el observador reconocer el punto en que se comenzaron a depositar sus productos.

Pruebas de que ha habido revoluciones anteriores a la existencia de seres vivos

Levantémonos de nuevo; avancemos hacia las grandes crestas, hacia las escarpadas cumbres de las grandes cadenas; pronto estos restos de animales marinos, estas innumerables conchas, se volverán más escasos y desaparecerán por completo; llegaremos a capas de otra naturaleza, que no contendrán restos de seres vivos. Sin embargo, mostrarán por su cristalización, y por su misma estratificación, que también estaban en estado líquido cuando se formaron;

por su situación inclinada, por sus escarpes, que también han sido perturbados; por la manera en que se hunden inclinadamente bajo los lechos de conchas que se formaron a partir de ellos; y, por último, por la altura con que sus picos erizados y desnudos se elevan por encima de todos estos lechos de conchas, deducimos que estas cumbres ya se habían levantado del agua cuando se formaron los lechos de conchas.

Tales son las famosas montañas primitivas o primordiales[27] que atraviesan nuestros continentes en diferentes direcciones, se elevan por encima de las nubes, separan las cuencas de los ríos, contienen en sus nieves perpetuas los depósitos que alimentan los manantiales y forman, por decirlo así, el esqueleto y, por decirlo así, el gran armazón de la tierra.

---

[27] [Estas ideas ya están en Cuvier desde 1805. En cuanto al tipo de catastrofismo descrito, se trata, una vez más, de un catastrofismo que inicialmente se generaliza, luego cada vez más localizado : « Hemos visto que las capas se refieren a cuatro épocas generales, primitiva, transicional, secundaria y de transporte; Estas cuatro revoluciones han actuado sobre todo el globo, pero las últimas no han sido iguales en todas partes, ya que las crestas primitivas que ya existían formaban cuencas separadas en las que se producían diferentes fenómenos ». Estas revoluciones son claramente devastadoras: "Es cierto que [la primera] fue violenta, y que los suelos primitivos fueron todavía la sede de otros acontecimientos que actuaron sobre ellos después de ser descubiertos. [...] Todavía había revoluciones, las capas eran derrocadas, etc." Además, su sucesión, que siempre divide la historia de la Tierra en cuatro épocas, está ahora "calibrada" con la de las grandes formaciones definidas por la escuela werneriana y ya no se basa únicamente en la secuencia de depósitos como en 1805; Finalmente, esta historia se complica con una novedad, de la que hablaremos más adelante: las repetidas devoluciones del mar a los continentes. Nota del traductor]

Desde una gran distancia, el ojo percibe en las acanaladuras con que se rasgan sus crestas, en las agudas cumbres que se erizan en él, signos de la manera violenta en que se han levantado, muy diferentes de esas montañas redondeadas, de esas colinas de superficies largas y planas, cuya masa reciente ha permanecido siempre en la situación en que había sido depositada tranquilamente por los mares tardíos.

Estas señales se hacen más evidentes a medida que te acercas a los valles y ya no tienen esos flancos de suave pendiente, esos ángulos salientes y retraídos entre sí, que parecen indicar los lechos de algunas corrientes antiguas; sus aguas a veces se extienden en lagos, a veces se precipitan en torrentes; a veces sus rocas, acercándose de repente, forman diques transversales, de los cuales caen estas mismas aguas en cataratas. Las capas rasgadas, mostrando su borde afilado en un lado, presentan las otras, inclinadamente, grandes porciones de su superficie, que no se corresponden en altura; pero lo que, por un lado, forman la cumbre de la escarpa, se hunden por el otro y no vuelven a aparecer.

Sin embargo, en medio de todo este desorden, los grandes naturalistas han logrado demostrar que todavía hay un cierto orden, y que estas inmensas riberas, rotas y volcadas como están, observan entre ellas una sucesión que es casi la misma en todas las grandes cadenas.

El granito, dicen, del que se componen las crestas centrales de la mayoría de estas cadenas; el granito que lo supera todo, es también una piedra que se hunde debajo de todas las demás, es el más antiguo de los productos que hemos conocido y vuelto a ver en el lugar que le asigna la naturaleza, o que debe su origen a un líquido general, que antes lo hubiera tenido todo en su disolución; o que fue el primero en ser por el enfriamiento de una gran masa que se ha fundido o incluso formado en evaporación[28] (1).

En sus flancos descansas rocas hojosas, que forman las crestas laterales de estas grandes cadenas; esquistos, pórfidos, areniscas, rocas de aspecto de talcoso que se mezclan con sus capas, y finalmente mármoles con granos salinos, y otras calizas sin conchas, que descansan sobre los esquistos, que forman las crestas exteriores, los peldaños inferiores, los contrafuertes de estas cadenas, y son la última obra por la cual este líquido desconocido.

Este mar deshabitado parecía preparar material para moluscos y zoófitos, que pronto se depositarían en este fondo inmensos montones de conchas o de corales.

Incluso vemos los primeros productos de estos moluscos, de estos zoófitos, mostrándose en pequeño número, y de trecho en trecho, entre las últimas capas de estos suelos primitivos, o en esa porción de la corteza del globo que los geólogos han llamado suelos de transición.

---

[28] Nota añadida a la edición de 1881 (1) La conjetura de M. el Marqués de Laplace, según la cual los materiales de que se compone el globo pueden haber estado al principio en forma flexible, y pueden haber asumido sucesivamente una consistencia líquida a medida que se enfriaban, y finalmente se han solidificado, está bien reforzada por los recientes experimentos de M. Mitcherlich, que ha compuesto desde cero y ha hecho cristalizar por el fuego de los altos hornos varias de las especies minerales que entran en la composición de las montañas primitivas.

Aquí y allá, nos encontramos con capas de conchas interpuestos entre algunos granitos más recientes que los otros, entre varios esquistos, y entre algunos últimos lechos de mármoles salinos; la vida que quiso apoderarse de este globo parece haber luchado en aquellos primeros tiempos con la naturaleza inerte que antes había dominado; fue solo después de un tiempo bastante largo cuando la naturaleza se hizo cargo por completo, y que a ella sólo pertenecía el derecho de continuar y levantar la sólida envoltura de la tierra.

Por lo tanto, no se pueden negar que las masas que hoy forman nuestras montañas más altas originalmente estaban en estado líquido; mucho después de su consolidación, estaban cubiertas por aguas que no nutrían a los cuerpos vivos; no fue sólo después de la aparición de la vida cuando se produjeron cambios en la naturaleza de la materia que se depositó, variaron las masas formadas antes, así como las que se han formado después; del mismo modo, sufrieron cambios violentos en su posición, y algunos de estos cambios habían tenido lugar desde el momento en que estos montículos existían solos, y no estaban cubiertos por las masas de piedras sueltas. Lo prueban los vuelcos, los desgarros, las fisuras que se observan en sus capas, así como en los de los suelos posteriores, que son aún más numerosos y más marcados.

Pero estas masas primitivas han sufrido otras revoluciones desde la formación de los suelos secundarios, y tal vez han ocasionado, o por lo menos compartido, algunas de las que estos mismos suelos han experimentado. Hay, en efecto, porciones considerables de tierra primitiva desnuda, aunque en una posición más baja que gran parte de la tierra secundaria; ¿cómo no iban a cubrirlos si no se hubieran mostrado desde que se formaron?

Numerosos y voluminosos bloques de productos primitivos se encuentran dispersos en ciertos países en la superficie de las tierras secundarias, separados por profundos valles, o incluso por ensenadas, picos o crestas, de donde pueden haber venido estos bloques; o bien las erupciones deben haberlos arrojado a ellos; o las profundidades que habrían detenido su curso no existían en el momento de su transporte; o, al final, que los movimientos de las aguas que los llevaban pasarían con violencia todo lo que hoy podemos imaginar (1)[29].

---

[29] Nota edición 1881 (1) Los viajes de Saussure y De Luc son una fuente de gran cantidad de este tipo de hechos; Y fueron estos geólogos los que juzgaron que difícilmente podrían haber sido producidos que por grandes erupciones. Sres. de Buch y Escher se han ocupado de ello más recientemente. El Memorándum de este último, insertada en la Nueva Alpina de Stein-Müller, Tomo I", presenta la totalidad de la misma en unos notables textos, de los cuales el siguiente es un resumen aproximado de los de estos cantos rodados que se encuentran dispersos en las partes bajas de la Suiza o Lombardía vienen de los Alpes, y son los que descendieron a lo largo de sus valles. Están en todas partes, y de cualquier tamaño, hasta el de cincuenta mil pies cúbicos, en la gran extensión que separa los Alpes de los Jura, y se levanta de ella en las laderas del Jura que se asoman a la los Alpes a alturas de cuatro mil pies sobre el nivel del mar; son la superficie o en las capas superficiales de derrubios, pero no en el los de arenisca, margas o conglomerados que los rellenan En casi todas partes se encuentra el intervalo en cuestión. El a veces individualmente y a veces en racimos a la altura de su situación es independiente de su tamaño, los más pequeños Solo que a veces parecen un poco desgastados, los adultos no lo están en absoluto. Los que pertenecen a la cuenca de cada río se encontró, al examinarlo, de la misma naturaleza que las montañas de las cumbres o laderas de los altos valles de donde nacen los afluentes de este río Ya los estamos viendo en estos valles, y están ahí especialmente acumulada en los lugares que

He aquí, pues, un conjunto de hechos, una serie de épocas anteriores a la época actual, de las cuales la sucesión puede verificarse sin incertidumbre, aunque no se puede definir con precisión la duración de sus intervalos; todos estos son puntos que sirven como regla y dirección para esta antigua cronología.

Examen de las causas que actúan todavía hoy en la superficie del globo

Examinemos ahora lo que está sucediendo hoy en el globo; analicemos las causas que aún actúan en su superficie, y determinemos el posible alcance de sus

---

preceden a unos pocos estrechamientos, pasaba por encima de los estrechamientos cuando no tenían más de cuatro mil pies; Y que los vemos. en el reverso de las crestas en los cantones entre los Alpes y el Jura, y en el propio Jura se ver las salidas de los valles de los Alpes que se pueden ver desde ellos cuanto más altos y más altos sean los de los intervalos en las cordilleras del Jura, que están más alejadas de los Alpes, solo se encuentran en los lugares donde se encuentran con respecto a las aberturas de las cadenas más juntas. De estos hechos, el autor llega a la conclusión de que el transporte de estos bloques ha tenido lugar desde que las areniscas y conglomerados se han presentado; que tal vez se ha ocurrido por la última de las revoluciones del globo. Él compara esto transporte a lo que todavía está ocurriendo desde los torrentes; De estos hechos, el autor llega a la conclusión de que el transporte de estos bloques ha tenido lugar desde que las areniscas y conglomerados se han presentado; que tal vez se ha ocurrido por la última de las revoluciones del globo. Él compara esto transporte a lo que todavía está ocurriendo desde los torrentes; pero la objeción del tamaño de las manzanas y la de los valles sobre el cual tuvieron que pasar, Creemos que conservamos una gran fuerza contra esto parte de su hipótesis.

efectos. Esta es una parte de la historia de la tierra tanto más importante cuanto que desde hace mucho tiempo se ha creído posible explicar, por estas causas presentes, las revoluciones anteriores, como es fácil explicar por los acontecimientos pasados de la historia política, cuando estamos bien familiarizados con las pasiones e intrigas de nuestros días. Pero lo veremos, por desgracia. Pero no es así en la historia física: se rompe el hilo de las operaciones; la marcha de la naturaleza se cambia; y ninguno de los agentes que emplea hoy en día sería bastante para producir sus obras antiguas.

Hay ahora cuatro causas activas que contribuyen a alterar la superficie de nuestros continentes: las lluvias y los deshielos que degradan las escarpadas montañas y arrojan las rocas alteradas a sus pies; las aguas corrientes que arrastran estos derrubios y los depositan en lugares donde su curso se ralentiza; el mar que socava el pie de las costas altas, para formar acantilados, y que arroja montículos de arena en las costas inferiores; y, por último, los volcanes que perforan los capas sólidos y levantan o esparcen en la superficie los montones de sus rocas alteradas (1)[30].

---

[30] Añadido en la edición de 1881: (1) Véase, sobre los cambios en la superficie de lo conocido por la historia o por la tradición, y debido por tanto a las causas que actualmente están en juego, el trabajo Alemán por M. de Hof, en 2 vol. pulgadas-8°. Goth. 1822 y 1824. Los hechos se recogen con la mayor cantidad de datos que de cuidado de erudición.

Deslizamientos

Dondequiera que las capas rotas ofrezcan sus laderas empinadas, caen a sus pies fragmentos de sus materiales cada primavera, y aun en cada tormenta, y estos fragmentos se redondean al rodar unos sobre otros, y cuyo montón asume una inclinación determinada por las leyes de cohesión, para formar de esta manera, al pie del escarpe, una cresta más o menos alta, según las caídas de sedimentos alterados sean más o menos abundantes; estas acumulaciones forman la ladera de los valles en todas las zonas de altas montañas, y están cubiertas de una rica vegetación.

Cuando comienzan los desprendimientos de rocas superiores que suelen ser menos frecuentes, pero su falta de solidez los hace propensos a colapsar cuando se ven socavados por los arroyos; y es entonces cuando las ciudades, las villas, los cantones ricos y populosos son enterrados bajo la caída de una montaña; que la corriente de los ríos es interceptada y se forman lagos en lugares que solían ser fértiles y alegres. Pero estas grandes caídas son afortunadamente raras, y la principal influencia de estas colinas de derrubios es proporcionar materiales para las alimentar los torrentes.

Aluviones.

Las aguas que caen sobre las crestas y cumbres de las montañas, o los vapores que desembocan en ellas al condensarse, o la nieve que allí se licúa, desciende por infinidad de hilos a lo largo de sus laderas; retiran algunas parcelas y trazan surcos ligeros a su paso. Pronto estas redes se encuentran en las hondonadas más marcadas con las que se araña la superficie de las montañas; fluyen a través de los profundos valles que penetran en el pie de ella, y así forman los ríos y arroyos que llevan de vuelta al mar las aguas que el mar había dado a la atmósfera.

Cuando la nieve se derrite, o cuando se produce una tormenta, el volumen de estas aguas de montaña, repentinamente aumentado, precipita con una velocidad proporcional a las laderas y golpearán violentamente al pie de esas crestas los derrubios que cubren las laderas de todos los valles altos; llevan consigo los fragmentos ya redondeados de que están compuestos, los desmenuzan, los vuelven a pulir por la fricción; pero a medida que llegan a valles más llanos, donde su caída disminuye, o a cuencas más anchas, donde se les permite extenderse, arrojan a la playa la mayor de estas piedras que rodaron; los derrubios más pequeños se depositan más abajo; y las partículas arrastradas en agua más pequeñas, o el limo más imperceptible, apenas llegan al gran canal del río.

A menudo incluso el curso de estas aguas, antes de formar el gran río se ve obligado a cruzar un vasto y profundo lago, donde se deposita su limo y del que sale agua limpia. Pero los ríos inferiores y todos los arroyos que nacen de las montañas más bajas, o de las colinas, producen también, en las tierras por las que fluyen, efectos más o menos análogos a los de los torrentes de las altas montañas.

Cuando se hinchan por las grandes lluvias, atacan el pie de las colinas de tierra o arena que encuentran en su curso, y llevan los derrubios de ellas a las tierras bajas, que inundan, y que cada inundación levanta en cualquier cantidad; finalmente, cuando los ríos llegan a los grandes lagos o al mar, y esa rapidez que arrastraba las parcelas de limo cesa por completo.

Estos materiales se depositan a los lados de la desembocadura y eventualmente forman tierras que se extienden por la costa; y, si esta costa es tal que el mar arroja arena por su lado, y contribuye a este aumento, se crean así provincias, reinos enteros, generalmente los más fértiles, y pronto los más ricos del mundo, si los gobiernos dejan que la industria opere allí en paz.

Los efectos que produce el mar sin la ayuda de los ríos son mucho menos afortunados. Cuando la costa es áspera y el fondo arenoso, las olas empujan esta arena hacia la orilla; con cada reflujo se seca un poco, y el viento que casi siempre sopla del mar lo arroja a la playa. Así se forman las dunas, esos montículos arenosos que, si la industria del hombre no logra fijarlos con plantas adecuadas, marchan lenta pero invariablemente tierra adentro, y cubren los campos y las viviendas, porque el mismo viento que levanta la arena de la orilla a la duna arroja la de la cumbre de la duna en su lado opuesto al mar, como si la naturaleza de la arena y la del agua que sube con ella es tal que se puede formar un cemento duradero de ella, las conchas y huesos arrojados a la orilla estarán incrustados con ella; los bosques, los troncos de los árboles y las plantas que crecen cerca del mar quedarán atrapados en estos agregados; y así surgirán lo que puede llamarse dunas endurecidas, como las que se ven en las costas de Nueva Holanda. Una idea clara de esto se puede tomar de la descripción dejada por el difunto Peron (1)[31].

---

[31] Nota edición 1830: (1) En su *Viaje a las Tierras del Sur*, 1. I, pág. 161.

Acantilados

Cuando, por el contrario, la costa está alta, el mar, que no puede arrojar nada en ella, ejerce una acción destructiva. Sus olas le corroen el pie y empinan toda la altura del acantilado, porque las partes más altas, al carecer de apoyo, caen incesantemente al agua y se agitan en las olas, hasta que desaparecen las parcelas más blandas y sueltas. Las partes más duras, a fuerza de ser rodadas en direcciones opuestas por las olas, forman estos guijarros redondeados, o esta playa que termina acumulándose lo suficiente como para servir de muralla al pie del acantilado.

Tal es la acción de las aguas sobre tierra firme; y se verá que se compone casi enteramente de nivelación, y en niveles que no son indefinidos. Los derrubios de las grandes crestas llevaban a los valles sus partículas, las de las colinas y llanuras, llevadas al mar; Los aluviones que extienden las costas a expensas de las alturas, son efectos limitados a los que generalmente pone fin la vegetación, que suponen, además, la preexistencia de las montañas, la de los valles, la de las llanuras, en una palabra, todas las desigualdades del globo, y que, por consiguiente, no pueden haber dado origen a estas desigualdades. Las dunas son un fenómeno aún más limitado y, en su mayor parte, altura y extensión horizontal; no tienen ninguna relación con esas enormes masas cuyo origen busca la geología.

En cuanto a la acción que ejercen las aguas en su propio seno, aunque no puede ser tan bien conocida, es posible, sin embargo, determinar hasta cierto punto sus límites.

Depósitos bajo las aguas

Los lagos, los estanques, las marismas, los puertos marítimos, donde caen los arroyos, especialmente cuando descienden de las colinas vecinas y empinadas, depositan en sus fondos montones de limo que eventualmente los llenarían si no se tuviera cuidado de limpiarlos. El mar también arroja lodo y sedimentos a los puertos, a las calas, a los depósitos bajo los lugares donde sus aguas son más tranquilas. Las corrientes se juntan entre ellos o arrojan sobre sus costados la arena que arrancan del fondo del mar, y forman bajíos y barras costeras.

Estalactitas

Ciertas aguas, después de haber disuelto las sustancias calcáreas por medio del ácido carbónico superabundante con el que están impregnadas, permiten que cristalicen cuando este ácido puede evaporarse, y formen estalactitas y otras concreciones. Hay capas confusamente cristalizadas en el agua dulce, lo suficientemente extensos como para ser comparables a algunos de los dejados por el antiguo mar.

Todo el mundo conoce las famosas canteras de travertino[32] de los alrededores de Roma, y las rocas de

---

[32] Nota edición 1881: (1) Tufo calcáreo de los alrededores de Tívoli con el que se han construido la mayor parte de los edificios de Roma.

esa piedra que el río Tíber[33] aumenta incesantemente y varía de figura. Aquellos se pueden combinar con dos tipos de acciones: los depósitos acumulados por el mar pueden ser solidificados por estalactitas cuando, por casualidad, en los lugares donde se han formado estos montones caen manantiales abundantes en materia calcárea, o que contienen alguna otra sustancia en disolución, y entonces se muestran agregados en los que pueden unirse los productos del mar y los del agua dulce.

Tales son las orillas de la isla de Guadalupe, que ofrecen conchas marinas y terrestres y esqueletos humanos. [añadido en edición 1881: Tal ocurre también en la cantera cerca de Messina, descrita por Saussure, y donde la arenisca está formada por las arenas que arroja el mar, y que aquí se consolidan].

Litófitos

En la zona tórrida, donde los litófitos[34] son numerosas en especies y se extienden con gran fuerza, sus troncos pedregosos se entrelazan en rocas y arrecifes y, elevándose hasta el nivel del agua, cierran

---

[33] Nota edición 1881: (2) Rio de Italia que forma las famosas cascadas de Tívoli y se encuentra en el Tíber, un poco por encima de Roma.

[34] [Etimológicamente piedra con aspecto de planta vegetal. En la zoología de Cuvier, muchos de los que hoy son celentéreos (corales ramificados) se consideraban vegetales. Y por ello, los restos coralinos eran incluidos en el reino vegetal. Nota del traductor] Nota edición 1881: (1) Esta palabra viene de la lengua griega y significa *Piedra-planta,* término general con el que se designa a todas las especies de políperos porque ellos participan al mismo tiempo de la condición de ser minerales y de ser vegetales.

las entradas a los puertos y tienden terribles trampas para los navegantes. El mar, arrojando arenas y limo sobre la parte superior de estos arrecifes, a veces elevando la superficie por encima de su propio nivel y forma islas planas, que una rica vegetación pronto viene a dar vida.

Incrustaciones[35]

También es posible que en algunos lugares los animales, cuando van muriendo, dejen sus despojos pedregosos que, unidos entre sí con los menos consistentes, o por otros cementos, formen extensos depósitos de especies de moluscos. Pero no tenemos pruebas de que el mar ahora puede incrustar estas conchas con una pasta tan compacta como el mármol, la arenisca o incluso la piedra caliza gruesa con la que vemos envueltas las conchas de nuestras capas.

Menos aún encontramos que precipiten estos cementos en alguna parte de estas capas más sólidas, que precedieron a la formación de lechos de conchas. En resumen, todas estas causas tomadas en conjunto no cambiarían el nivel del mar en una cantidad apreciable, no elevarían una sola capa por encima de

---

[35] [En la cultura actual, este concepto ha quedado muy sesgado por la odontología que lo ha difundido por las redes sociales. En el siglo XIX, tenía su sentido original: in-crustar (dado un sustrato duro se introduce en él un cuerpo extraño al mismo). Para Cuvier, en un sustrato rocoso se encuentran "incrustados", "embebidos" diversos cuerpos pertenecientes a partes duras de seres vivos del pasado. Es el mismo significado que daba Nicolás Steno a finales del siglo XVII al hablar de las "glossopetras". https://www.bubok.es/libros/272330/nicolas-steno-1638-1686-y-las-glossopetrae-la-emergencia-del-paradigma-diluvista .Nota del traductor]

ese nivel y, sobre todo, no producirían el menor montículo en la superficie de la tierra.

Se ha afirmado que el mar está disminuyendo en general, y que esto se ha observado en algunos lugares de las costas del Báltico (2)[36]. En otros lugares, como Escocia y varias partes del Mediterráneo, se cree que el mar está subiendo, y que ahora cubre playas que antes estaban por encima de su nivel[37].

Pero cualesquiera que sean las causas de estas apariciones, es cierto que no son en absoluto generales, excepto en el mayor número de puertos donde hay tanto interés en observar la altura del mar, y donde las obras fijas y fijas proporcionan tantos medios para

---

[36] *Nota edición 1830: (2) Es una opinión común en Suecia que el mar está bajando, y que el vadeo o los pies secos se hacen en muchos lugares donde no era posible en tiempos pasados. Hombres muy doctos han compartido esta opinión del pueblo, y el señor de Buch la adopta tanto que llega a suponer que el suelo de toda Suecia se está levantando gradualmente. Pero es singular que no se hayan hecho observaciones regulares y precisas, o al menos publicadas, para establecer un hecho que se ha presentado durante tanto tiempo, y que no se hayan hecho observaciones regulares y precisas, lo que no dejaría lugar a dudas si, como dice Linnaeus, esta diferencia de nivel ascendiera a cuatro y cinco pies por año.*

[37] *Nota edición 1830: (2) Mr. Robert Stevenson, en sus Observaciones sobre el lecho del Norte y el Canal, sostiene que el nivel de estos mares ha subido "continuamente y muy sensiblemente durante los últimos tres siglos. Fortis dice lo mismo de algunos lugares del mar Adriático; pero el ejemplo del templo de Serapis, cerca de Pozzuoli, prueba que las orillas de este mar son en muchos lugares de una naturaleza para poder subir y bajar localmente. Por otro lado, tenemos miles de muelles, caminos y demás construcciones hechas a lo largo del mar por los romanos, desde Alejandría hasta Bélgica, y cuyo nivel relativo no ha cambiado. En la edición de 1881 hay una nota más extensa.*

medir las variaciones, su nivel medio es constante; No hay degradación universal, no hay invasión general.

Volcanes

La acción de los volcanes es aún más limitada, más local, que cualquiera de los que acabamos de hablar. Aunque no tenemos una idea clara de los medios por los cuales la naturaleza mantiene estos focos violentos a tan grandes profundidades, podemos juzgar claramente por sus efectos los cambios que pueden haber producido en la superficie del globo. Cuando un volcán estalla, después de algunos temblores o terremotos, se forma una abertura. Las piedras y las cenizas son arrojadas; se vomita lava; su parte más fluida fluye en largos canales; el menor se detiene en los bordes de la abertura, eleva su contorno y forma un cono que termina en un cráter. Así, los focos de los volcanes se acumulan en la superficie, después de haberlos modificado,

A partir de materiales previamente enterrados en las profundidades, forman montañas; una vez cubrieron algunas partes de nuestros continentes con ella; de repente han creado islas en medio de los mares; pero siempre fueron de lava de las que se componían estas montañas e islas; todos sus materiales habían sufrido la acción del fuego; están dispuestos, como debe ser el caso de los materiales que han fluido desde un punto alto. Los volcanes, por lo tanto, no levantan ni derriban las capas a través de los cuales pasa su ventilación; y si algunas causas que actúan desde estas profundidades han contribuido en algunos casos a levantar grandes montañas, no son agentes volcánicos como los que existen en nuestro propio tiempo.

Así, repetimos, es en vano que busquemos en las fuerzas que ahora actúan sobre la superficie de la tierra, causas suficientes para producir las revoluciones y catástrofes de las que su envoltura nos muestra las huellas; Y, si se quiere recurrir a las constantes fuerzas externas hasta ahora conocidas, no se encuentran en ellas más recursos.

Causas astronómicas constantes

El polo de la tierra se mueve en círculo alrededor del polo de la eclíptica[38]; Su eje se inclina más o menos sobre el plano de la misma eclíptica, pero estos dos movimientos, cuyas causas se aprecian ahora, se ejecutan en direcciones y límites conocidos, y que no tienen proporción con efectos tales como los de la misma eclíptica que aquellos cuya grandeza acabamos de presenciar. En cualquier caso, su excesiva lentitud les impediría ser capaces de explicar las catástrofes que acabamos de demostrar que fueron repentinas.

Esta última línea de razonamiento se aplica a todas las acciones lentas que se han imaginado, sin duda con la esperanza de que su existencia no pueda ser negada, porque siempre sería fácil sostener que su misma lentitud las hace imperceptibles.

Cierto o no, no importa; no explican nada ya que no hay una causa lenta no puede haber producido efectos repentinos. Si, pues, se produjera una

---

[38] Nota edición 1881: Punto central del círculo donde vemos el Sol durante su recorrido aparente durante todo el año.

disminución gradual de las aguas, si el mar arrastrara materia sólida en todas direcciones, la temperatura del globo descendiera o aumentara, no es ninguna de estas cosas la que ha trastornado nuestras capas, la que ha cubierto de hielo con su carne y piel a los grandes cuadrúpedos, la que ha secado conchas que aún hoy están tan bien conservadas como si hubieran sido capturadas vivas. que finalmente ha destruido especies y géneros enteros.

Estos argumentos han impresionado a la mayor parte de los naturalistas, y entre los que han intentado explicar el estado actual del globo, apenas hay uno que lo haya atribuido enteramente a causas lentas, y menos aún a causas que actúan ante nuestros ojos.

Esta necesidad en la que se veían a sí mismos de buscar causas diferentes de las que vemos actuar hoy es lo que les ha hecho imaginar tantas suposiciones y les hizo vagar y perderse en tantos sentidos contrarios, que el nombre, incluso su ciencia, como he dicho en otro lugar, ha sido durante mucho tiempo objeto de burla para algunas personas con prejuicios (1)[39], que sólo veían los sistemas que ha creado y que han olvidado la larga e importante serie de ciertos hechos que nos ha dado a conocer.

---

[39] Nota edición 1830: (1) Cuando dije esto, expliqué un hecho que se atestigua a diario; pero no pretendí expresar mi propia opinión, como parecen creer estimables geólogos. Si alguna ambigüedad en mi frase fue la causa de su error, les pido disculpas aquí. La edición de 1881 añade (*Cuvier*) como posible autor de esta nota. Por el contexto podría ser su sobrino.

Sistemas antiguos de los geólogos

Durante mucho tiempo sólo se admitieron dos acontecimientos, sólo dos épocas de cambio en el globo terráqueo la creación y el diluvio[40]; Y todos los esfuerzos

---

[40] [Georges Cuvier es un ferviente diluvista. La geología diluviana, también llamada geología creacionista es una teoría pseudocientífica que intenta interpretar y reconciliar la geología de la Tierra con la creencia literal en el diluvio universal que se describe en el Génesis 6:8. A principios del siglo XIX, ciertos geólogos conjeturaron que algunas características de la superficie evidenciaban una inundación mundial posterior a anteriores eras geológicas. Tras investigar los hechos, acordaron que estas características eran el resultado de inundaciones locales o glaciares. En el siglo XX, creacionistas de la Tierra joven rescataron la geología diluviana como concepto global en su oposición a la evolución, dando por sentada una creación en seis días y en época reciente, y cambios geológicos cataclísmicos durante el diluvio bíblico, e incorporaron las explicaciones creacionistas de la secuencia de capas en las rocas. En las primeras etapas del desarrollo de la ciencia de la geología, los fósiles se interpretaron como una prueba de inundaciones pasadas. Las «Teorías de la Tierra» del siglo XVII proponían mecanismos basados en leyes naturales dentro de una escala temporal establecida por la cronología bíblica. Al irse desarrollando la geología moderna, los geólogos fueron hallando evidencias de una Tierra antigua, y pruebas que chocaban con la noción de que la Tierra se había formado en una serie de cataclismos, como el diluvio del Génesis. En el Reino Unido, durante el siglo XIX, el «diluvianismo» atribuyó accidentes geográficos y características de la superficie — como los lechos de grava o los bloques erráticos de los glaciares — a los efectos destructivos de este supuesto diluvio global, pero hacia 1830, los geólogos tenían cada vez más claro que las pruebas solo mostraban inundaciones relativamente locales. Los llamados geólogos de las Escrituras intentaron dar prioridad a las explicaciones bíblicas literales, pero les faltó una buena base geológica y fueron marginados por la comunidad científica. Tampoco alcanzaron una gran influencia en la Iglesia. La geología

diluviana fue rescatada como campo de estudio dentro de la ciencia de la creación, que forma parte del creacionismo de la Tierra joven. Sus proponentes se ciñen a una lectura literal del Génesis 6:9, consideran que sus pasajes son históricamente correctos, y utilizan la cronología interna de la Biblia para ubicar el diluvio y la historia del arca de Noé dentro de los últimos 5000 años. En 1695, en la obra *Essay toward a Natural History of the earth* («Un ensayo para una Historia Natural de la Tierra») , John Woodward interpretó que la inundación mencionada en el Génesis disolvió rocas y tierra, generando un espeso lodo que atrapó a todos los seres vivientes, y cuando las aguas se retiraron, se formaron las capas según la densidad relativa de esos materiales, incluyendo los fósiles de los organismos. Cuando se señaló que a menudo se encontraban capas de menor densidad en zonas más profundas, y que las fuerzas que pulverizaron las rocas habrían destruido también los restos orgánicos, recurrió a la explicación de que la gravedad había quedado temporalmente inhabilitada por un milagro divino. En su obra *New Theory of the Earth* («Nueva teoría de la Tierra»), de 1696, William Whiston combinó las Escrituras con la física newtoniana para proponer que el caos original era la atmósfera de un cometa, que cada día de la creación duró en realidad un año, y que el diluvio del Génesis era el resultado de la llegada de un segundo cometa. Su explicación de cómo la inundación causó la formación de las montañas y la secuencia fósil era similar a la de Woodward. Johann Jakob Scheuchzer apoyó con sus escritos las ideas de Woodward en 1708, describiendo algunas vértebras fósiles como huesos de pecadores que había perecido en el diluvio. En 1726, describió un esqueleto encontrado en una cantera como *Homo diluvii testis*, un humano gigante que probaba la inundación. Esta teoría fue aceptada durante cierto tiempo, pero en 1812 se demostró que el esqueleto pertenecía a una salamandra prehistórica. L a moderna ciencia de la geología se desarrolló en el siglo XVIII. El propio término «geología» fue popularizado por la Enciclopedia de 1751. Varios geólogos expandieron la categorización que había hecho Steno de los estratos, entre ellos Johann Gottlob Lehmann, que creía que las montañas más antiguas se habían formado al principio de la creación, y categorizó como *Flötz-Gebürge* a las montañas estratificadas con pocos depósitos minerales pero con

por parte de los geólogos tendían a explicar el estado actual, imaginando un cierto estado primitivo, modificado después por el diluvio, del cual cada uno imaginaba también a su manera las causas, la facción y los efectos.

Así, según uno (1)[41] la tierra había recibido primero una corteza uniforme y ligera que cubría el

---

finas capas que contenían fósiles, cubiertas con una tercera categoría de depósitos superficiales. En su publicación de 1756, identificó 30 capas distintas en esta categoría, que atribuyó a la acción del diluvio del Génesis, incluyendo posiblemente detritus de montañas más antiguas. Otros geólogos, como Giovanni Arduino, atribuyó las capas secundarios a causas naturales; Georg Christian Füchsel dijo que los geólogos tenían que aceptar como patrón los procesos en los que la naturaleza produce actualmente sólidos, y que solo los depósitos más recientes podían atribuirse a una gran inundación. Estas ideas están presentes en el *Discours* de 1825 de Georges Cuvier. La clasificación de Lehman fue desarrollada por Abraham Gottlob Werner, que pensaba que las capas rocosos no eran depósitos del diluvio de Noé, sino de un primitivo océano global, una doctrina llamada neptunismo. Nicolas Desmarest socavó aún más la idea de una Tierra joven en 1774 con sus estudios de una serie de volcanes extintos de Europa, cuyas capas habrían tardado más tiempo en formarse. El hecho de que estas capas estuvieran todavía intactas indicaba que cualquier inundación posterior habría sido local y no universal. Contra el neptunismo, James Hutton propuso un antiguo ciclo indefinido de rocas erosionadas que se depositaban en el mar, se consolidaban y se elevaban a causa de fuerzas volcánicas, convirtiéndose en montañas, que a su vez se erosionaban, en procesos naturales que se siguen produciendo. [NOTA del traductor]

[41] Nota edición 1881 (1) Burnet. *Telluris Theoria sacra*. Londres. Año 1681 ["Dios" y la "religión" aparecen muy escasamente en el Discurso de Buffon. Y siempre con un cierto sentido de lejanía. Tengo la impresión de que, como Newton, era "deista", aceptaba un principio lejano de creación. Y Cuvier propuso que los fósiles eran el resultado de la extinción de animales creados por Yahveh (Dios) en las catástrofes bíblicas o producto de

abismo de los mares, y que se rompió para producir el diluvio; sus derrubios formaron las montañas. Según el otro[42], el diluvio fue ocasionado por una suspensión momentánea de la cohesión de los minerales; toda la masa del globo se disolvió y la pasta fue penetrada por las conchas.

Según un tercero[43], Dios levantó las montañas para hacer correr las aguas que habían producido el diluvio, y las llevó a los lugares donde había más piedras, porque de lo contrario no habrían podido sostenerse. Un cuarto (1) defiende que se creó la Tierra con la atmósfera de un cometa, e hizo que fuera inundada por la cola de otro; el calor que le quedó desde su primer origen fue el que excitó a todos los seres vivos al pecado, de modo que todos se ahogaron, excepto los peces, que aparentemente tenían pasiones menos vivas.

Se verá que, mientras se atrincheraban dentro de los límites fijados por el Génesis, los naturalistas se daban una carrera bastante extensa; Y cuando lograron que los seis días de la creación parecieran otros tantos períodos indefinidos, que los siglos ya no les costaban nada, sus sistemas despegaron en proporción al espacio del que podían disponer.

---

sucesivas creaciones. Así, por ejemplo, un animal que no hubiera entrado en el arca de Noé, nos dejaría ese vestigio de su existencia. Posteriormente aparecerían de nuevo otras especies totalmente diferentes a las extintas. A raíz de esta teoría se estableció la Teoría de las creaciones sucesivas.

[42] Nota i 1881 (2) Woodward. *Ensayo,.hacia La historia natural de la Tierra.* Londres. Año 1702

[43] Nota edición 1881 (3) Scheuchzer. *Mém. de l'Acad.* 1708

El gran Leibnitz mismo se entretuvo, como Descartes, en hacer de la tierra un sol extinguido[44], un globo vitrificado, sobre el cual los vapores, al caer al enfriarse, formaron mares que luego depositaron la tierra Caliza.

Demaillet cubrió de agua todo el globo durante miles de años; hizo que las aguas se retiraran gradualmente; todos los animales terrestres habían sido al principio marinos; el hombre mismo había comenzado por ser un pez; y el autor nos asegura que no es raro encontrar en el Océano peces que aún no se han convertido en medio hombres, pero cuya especie algún día lo será[45].

El sistema de Buffon es poco más que un desarrollo del de Leibnitz, con la adición de un cometa que hizo que la masa licuada de la Tierra emergiera del Sol por un choque violento, al mismo tiempo que la de todos los planetas, de la cual se derivan fechas positivas, ya que por la temperatura actual de la Tierra es posible saber cuánto tiempo se ha estado enfriando, y por la temperatura actual de la Tierra es posible saber cuánto tiempo se ha estado enfriando. Dado que los otros planetas salieron del sol al mismo tiempo que él, ¿podemos calcular cuántos siglos aún tienen que

---

[44] Nota edición 1881; (2) Leibnitz. *Protogaea.* Act. Lips. i683; Gott.

[45] Nota edición 1830 (1) *Telliamed* - Amsterdam, 1748. [*Telliamed* es un libro de Benoit de Maillet (su nombre al revés), que se basó en manuscritos escritos entre 1722 y 1732 y se publicó después de su muerte en 1748. El texto impreso fue el resultado de diez años de edición por el abad Jean Baptiste de Mascrier en un intento de reconciliar el sistema propuesto por de Benoit con el dogma de la Iglesia católica. NOTA del traductor] Nota de la edición 1881: Este es el preludio de las estrafalarias ideas de Darwin. [da la impresión de que al editor no le agradaban mucho. Francia nunca fue receptiva al darwinismo. NOTA del traductor]

enfriarse los grandes? y ¿cuánto están ya congelados los pequeños? (1)[46].

Los sistemas más nuevos

Hoy en día, espíritus más libres que nunca también han querido ejercitarse en este gran asunto. Algunos escritores han reproducido y extendido prodigiosamente las ideas de De Maillet[47] que dicen que

---

[46] Nota edición 1830 (i) *Teoría de la Tierra*, 1749; y *Épocas de la Naturaleza*, 1775. La edición de 1881 añade: Los hechos y las teorías más fundamentadas demuestran que la temperatura de nuestro planeta no ha descendido por debajo de tres centésimas de grado desde su última transformación. [Los autores profundamente católicos hablan de "transformación" – cambio de forma https://www.filosofia.org/enc/dce/e03234c.htm No aceptan la palabra evolución hasta muy tarde en el siglo XX]

[47] [Un autor muy seguido por Cuvier es Benoît de Maillet (Saint-Mihiel, 12 de abril de 1656 – Marsella, 30 de enero de 1738) fue un diplomático e historiador natural francés que viajó mucho por el mundo. Fue cónsul general de Francia en El Cairo y supervisor en el Levante. Formuló una hipótesis evolutiva para explicar el origen de la Tierra y su contenido. Las observaciones geológicas de De Maillet lo convencieron de que la Tierra no pudo haberse creado en un instante porque las características de la corteza indican un lento desarrollo por procesos naturales. También creía que las criaturas terrestres derivaban en última instancia de criaturas que vivían en los mares. Creía en el origen natural del hombre. Estimó que el desarrollo de la Tierra tardó dos mil millones de años. Su obra principal, *Telliamed* (su nombre al revés), se basó en manuscritos escritos entre 1722 y 1732 y se publicó después de su muerte en 1748. El texto impreso fue el resultado de diez años de edición. por el abad Jean Baptiste de Mascrier en un intento de reconciliar el sistema propuesto con el dogma de la Iglesia católica. De Maillet confió en él a pesar de que había hecho un mal trabajo editando su libro

todo era líquido al principio; que el líquido dio origen a animales al inicio que eran muy simples, como mónadas u otros infusorios y especies microscópicas; y que, como consecuencia de los tiempos, y adquiriendo hábitos las diversas especies de animales se complicaron y diversificaron hasta el punto en que las vemos hoy en día.

Son todas estas especies de animales las que han convertido el agua del mar en tierra en calcárea poco a poco; las plantas, sobre cuyo origen y metamorfosis nada sabemos, han convertido esta agua en arcilla; pero estas dos tierras, a fuerza de ser despojadas de los caracteres que la vida les había impreso, se resuelven, en último análisis, en sílice; y por eso las montañas más antiguas son más silíceas que las demás. Todas las partes sólidas de la tierra, por lo tanto, deben su nacimiento a la vida, y sin vida el globo seguiría siendo completamente líquido[48].

Otros escritores han dado preferencia a las ideas de Kepler; como ese gran astrónomo, conceden al globo terráqueo mismo las facultades vitales; un fluido, según ellos, que fluye a través de él; la asimilación tiene lugar tanto allí como en los cuerpos animados, y cada

---

anterior *Descripción de l'Egypte* (1735). Como resultado de los retoques de Mascrier, ninguna de las ediciones impresas representa con precisión la obra de De Maillet, aunque la mejor es la tercera y última edición, publicada en La Haya y París en 1755, que incluye la única biografía conocida de De Maillet. NOTA del traductor]

[48] NOTA edición 1830 (1) Véase la *Física* de Rodig, pag. 106, Leipzig, y la página 69 del segundo volumen de Telliamed así como una infinidad de nuevas obras alemanas. M. de Lamarck es el que se desarrolló en este último tiempo de este sistema en Francia con la mayor cantidad de suites en su Hidrogeología y en su Filosofía Zoológica.

una de sus partes está viva; no dependen de las moléculas elementales más importantes que no tienen un instinto, una voluntad, y que no se atraen y repelen según las antipatías y simpatías

Cada tipo de mineral puede convertirse en inmensas masas en su propia naturaleza, como convertimos nuestra comida en carne y sangre; las montañas son los órganos de la respiración del globo, y las lutitas sus órganos secretores; es por la acción de los minerales como se descompone agua de mar para generar derrubios volcánicos; por último, los filones son como caries, abscesos del reino mineral, y los metales un producto de podredumbre y enfermedad, por eso casi todos huelen mal (1)[49].

Más recientemente, una filosofía que sustituye el razonamiento por metáforas, partiendo del sistema de la identidad absoluta o panteísmo[50], da lugar a todos

---

[49] NOTA edición 1830: (1) El difunto M. Patrin puso mucho ingenio en apoyar estas fantásticas ideas en varios artículos del New Dictionary of Natural History.   Nota edición 1880: M. de Lamarck es el que ha desarrollado este sistema en Francia y posteriormente lo desarrolla en su *Hidrogeología* y el su *Filosofía Zoológica [nota de Cuvier]*

[50] [Aunque no tenemos datos de que Cuvier hubiera leído a Baruch Spinoza, hace una alusión velada a su filosofía. El panteísmo se popularizó en la cultura occidental como una teología y filosofía basada en la obra del filósofo del siglo XVII Baruch Spinoza, en particular, en su libro *Ética demostrada según el orden geométrico*. También adoptó una postura panteísta en el siglo XVI el filósofo y cosmólogo Giordano Bruno. Ha sido usual en la época moderna considerar la filosofía de Baruch Spinoza como el más eminente y radical ejemplo de panteísmo, constituyendo de esa forma, el modelo de todos los panteísmos que le seguirán. Esto se debe principalmente a sus afirmaciones sobre el monismo de la sustancia y del estatuto modal de los individuos finitos, en especial el hombre: «Todo cuanto es, es en Dios, y sin Dios nada puede ser

los fenómenos, o, lo que a sus ojos es lo mismo, a todos los seres, por polarización como las dos electricidades, y llamando polarización a toda oposición, a toda diferencia, ya sea que la tomemos de la situación. de la naturaleza, o de las funciones, ve a Dios y al mundo sucesivamente opuestos; en el mundo el sol y los planetas.

En cada planeta lo solidifica y lo liquida, y continuando esta marcha, cambiando sus figuras y alegorías si es necesario, llega a los últimos detalles de las especies organizadas[51].

Sin embargo, hay que estar de acuerdo que hemos escogido ejemplos extremos, y que no todos los geólogos han llevado tan lejos la audacia de sus concepciones como los que acabamos de citar; pero entre los que han procedido con más reserva, y que no

---

ni concebirse» (*Ética*, I, XV). El spinozismo, sin embargo, debe ser considerado más bien como un panenteísmo, porque para el filósofo neerlandés todo está en Dios y el Ser supremo no se confunde ni con el mundo ni con la totalidad de sus modos, al conservar Spinoza la distinción de orden escolástico entre *natura naturans* (Dios como principio de ser y de su vida irreductible a todo viviente particular) y la *natura naturata*, conjunto de modos infinitos y finitos. Estando constituido Dios por una infinidad de atributos de los que solo conocemos dos (el pensamiento y la extensión), la metafísica spinoziana no puede interpretarse ni como un panteísmo materialista ni como un panteísmo espiritualista, dado que en ella se dice es tanto *res extensa* como *res cogitans*. El panteísmo de Spinoza ha sido objeto de numerosas críticas; una de las más destacadas es la de Schelling, quien considera que Spinoza «anula la libertad y la personalidad de Dios reduciéndolo a un mero objeto incapaz de relacionarse con el mundo» NOTA del traductor]

[51] Nota ediciones 1830 y 1881: (i) Es especialmente en las obras de Steffens y Oken donde se puede ver esta aplicación del panteísmo a la geología.

han buscado sus medios fuera de la física o la química ordinarias, ¿cuántos no reinan? Todavía no hay diversidad ni contradicción en el uno, todo se ha precipitado sucesivamente.

Divergencias de todos los sistemas

Según uno de los sistemas[52], todo se ha precipitado sucesivamente por cristalización, todo se ha

---

[52] [Durante el siglo XVIII y XIX se describieron distintos "sistemas" para explicar las Teorías de la Tierra. La interpretación literal de los textos bíblicos, mediante las cronologías allí recogidas, daba a la Tierra una edad de pocos miles de años. En *Los anales de la Tierra* (1650) el arzobispo irlandés James Ussher estimó que había sido creada el año 4004 a.C. Sin embargo, desde Erasmo de Rotterdam se había comenzado a estudiar la Biblia desde una perspectiva histórica y filológica que desechaba la verdad literal de los textos. En *De solido* (1668) el naturalista holandés Nicolás Steno expuso los principios de superposición y horizontalidad primitiva de las capas, apuntando a una dimensión más extensa del tiempo geológico. Ya por esta época algunos estudiosos que trataban, como el propio Steno, de reconciliar la duración de los procesos geológicos con el relato bíblico, sostuvieron que los días de la Creación debían considerarse como una metáfora de las épocas geológicas. Hacia 1730, el diplomático y naturalista francés Benoît de Maillet, en una obra de ficción filosófica titulada *Telliamed*, propuso desde una perspectiva neptunista, en función del descenso del nivel del océano primitivo, una edad de dos millones de años para la Tierra; no se atrevió a publicarla, cosa que encomendó a su albacea. En 1755 el filósofo Inmanuel Kant, basándose en la física de Newton, escribió_ Historia general de la naturaleza y teoría del cielo_, donde planteaba dos novedosas hipótesis: que el sistema solar se había formado a partir de una nebulosa y que muchas nebulosas eran cúmulos de estrellas; ambas sugerían un tiempo más vasto para la historia del universo. Cuvier sigue a Georges Louis Leclerc, conde de Buffon:

depositado casi como todavía está; pero el mar, que lo cubría todo, se ha retirado poco a poco[53].

Por otro sistema, los materiales de las montañas están siendo constantemente degradados y arrastrados por los ríos van al fondo de los mares para ser aplastados bajo una enorme presión, y para formar

en 1779 el conde de Buffon, naturalista francés famoso en toda Europa por su monumental obra *Historia Natural*, publicó *Las Épocas de la Naturaleza*, donde a partir de cálculos sobre el enfriamiento progresivo de la Tierra, mediante extrapolaciones a partir de experimentos con bolas de hierro, determinó su edad en unos 75.000 años. Sin embargo, sabemos por algunos de sus manuscritos inéditos que había calculado que la existencia de seres vivos tenía que remontarse al menos a 1.500.000 años, pero no se atrevió a publicar esa conclusión tan heterodoxa, pues ya había tenido problemas con la Iglesia Católica cuando en su primer tomo de la Historia Natural había estimado la antigüedad del globo en 50.000 años.

En 1785 el geólogo escocés James Hutton publicó su *Teoría de la Tierra*, donde defiende una concepción temporal cíclica de los procesos geológicos que remite a lo que llamó "tiempo profundo", una enorme e indeterminable antigüedad del planeta. La observación de las nebulosas llevó al astrónomo William Herschel a postular en su artículo *Sobre la construcción de los cielos* (1785) una dimensión temporal para la formación del universo que debería medirse en millones de años. Gracias a las observaciones de Herschel, el físico y matemático francés. Pierre-Simon de Laplace, en su obra *Exposición del sistema del mundo* (1796) pudo reformular con mejores datos la hipótesis nebular: sostuvo que el colapso gravitatorio de una nebulosa había formado el Sol y que los planetas eran el resultado de la fusión del material que orbitaba en torno a él. Estos procesos exigían un tiempo muy vasto. NOTA del traductor]

[53] Nota edic 1830: M. Delamétherie admite la cristalización como causa principal en su Geología.

capas que el calor que los endurece levantará un día con violencia. (2)[54]

Un tercer sistema supone el líquido dividido en una multitud de lagos colocados en un anfiteatro uno encima del otro, que, después de haber depositado nuestras capas de conchas, han roto sucesivamente sus diques para llenar la cuenca del océano[55].

En un cuarto sistema, las mareas de setecientas u ochocientas brazas, por el contrario, llevan los materiales de vez en cuando el fondo de los mares, y lo arrojaba a las montañas y colinas en los valles, o en las llanuras primitivas del continente[56].

Un quinto sistema hace caer sucesivamente del cielo, como si fueran piedras meteóricas, diversos fragmentos de que se compone la tierra, y que contienen en los seres desconocidos de que se contienen los restos la huella de su origen extranjero (2)[57].

Un sexto sistema defiende que el globo terráqueo hueco y coloca en él el núcleo de un imán que transporta, como si fueran cometas, de polo a polo, y arrastrando consigo el centro de gravedad y la masa de los mares, y así ahogando alternativamente los dos hemisferios (3)[58].

---

[54] Nota edic 1830: (2) Hutton et Playfair *Illustrations of the Huttonian Theory of the Earth*. Edimburgo. 1802.

[55] Nota edic. 1881: Lemanon, según Michaëlis y muchos otros.

[56] Nota edic 1881: Dolomieu

[57] Nota edic 1830: MM. De Marschall – Nota edición 1881: (2) MM. de Marschall. *Recherches sur l'origine et le développement de l'ordre actuel du Monde.* Giersen

[58] Nota edición 1881: M. Bertrand. Nota edición 1830: (3) M. Bertrand *Renouvellement périodique des Continents terrestres.* Hambourg, 1799.

Podríamos citar otros veinte sistemas tan divergentes como estos, y, no nos equivoquemos, nuestra intención no es criticar a sus autores, pero reconocemos que estas ideas han sido generalmente concebidas por hombres de ingenio y erudición, que no ignoraban los hechos, muchos de los cuales incluso habían viajado mucho tiempo con la intención de examinarlos, y que han proporcionado muchos e importantes a la ciencia.

Causas de estas divergencias de interpretación

¿De dónde, entonces, puede venir tal oposición en las soluciones de los hombres que se partes de los mismos principios para resolver el mismo problema?

Si no fuera por el hecho de que nunca se han tenido en cuenta todas las condiciones del problema, lo que ha hecho que permanezca, hasta el día de hoy, indeterminado y susceptible de varias soluciones, todas igualmente buenas cuando se desprecia tal o cual condición; ¿todos son igualmente malos, cuando una nueva condición sale a la luz, o la atención se dirige a alguna condición conocida pero descuidada?

Naturaleza y condiciones del problema

Dejando aparte el lenguaje matemático, diremos que casi todos los autores de estos sistemas, habiendo tenido en cuenta sólo ciertas dificultades que les sorprendían más que otras, se han esforzado por resolverlas de una manera más o menos plausible, y han dejado de lado otras tantas e igualmente importantes. Por ejemplo, sólo ha visto la dificultad de cambiar el nivel de los mares; otra, que la de disolver todas las substancias terrestres en un mismo líquido; otra, finalmente, la de hacer vivir a los animales bajo la zona helada, que él creía que estaba en la zona tórrida.

Agotando las facultades de su mente en estas cuestiones, creyeron haber hecho todo lo posible por imaginar algún medio de responderlas hace mucho tiempo, descuidando así todos los demás fenómenos, ni siquiera pensaron siempre en determinar con precisión la medida y los límites de los que trataban de explicar.

Esto es especialmente cierto para el terreno secundario, que es, sin embargo, la parte más importante y difícil del problema. Durante mucho tiempo el terreno secundario no estuvo ocupado, pero fijando débilmente las superposiciones de sus capas y las relaciones de estas capas con las especies de animales y plantas de las que contienen los restos.

¿Hay animales o plantas que son específicos de ciertas capas y que no se encuentran en el en los otros? ¿Qué especies aparecen primero o cuáles después? ¿Estos dos tipos de especies a veces van de la mano? ¿Hay alternativas que cambien esto? o; en otras palabras, ¿las primeras especies regresan por segunda vez y luego las segundas desaparecen? ¿Vivieron todos estos animales, estas plantas, en los lugares donde se encuentran sus restos, o fueron transportados allí desde otro lugar? ¿Siguen todos vivos en algún lugar, o han sido destruidos total o parcialmente?[59]

---

[59] [Uno de los problemas que se plantea Cuvier es esto: las grandes revoluciones del globo hacen desaparecer grupos de especies. Pero ¿lo hacen totalmente? ¿quedan algunos restos en algún lugar remoto que luego se reproducen y vuelven a ocupar el espacio anterior? Esto es muy importante para la teoría de las creaciones sucesivas. Cuvier se pregunta: ¿hubo una sola creación y

¿Existe una relación constante entre la edad de las capas y la semejanza o no semejanza de los fósiles con los seres vivos? ¿Existe alguna diferencia climática entre los fósiles y los de los seres vivos que más se parecen a ellos? ¿Podemos concluir de esto que el transporte de estos seres, si es que los hubo, se hizo de norte a sur, o de este a oeste, o por irradiación y mezcla? ¿Y podemos distinguir las épocas de estos transportes por las capas que llevan sus huellas?

¿Qué se puede decir de las causas del estado actual del globo, si no se puede responder a estas

posteriormente el Diluvio bíblico destruyó las antediluvianas pero las del Arca son las que repoblaron la Tierra? Cuvier también estudió fósiles como pruebas de la extinción diluviana. Hacia finales del siglo XVIII, los estudiosos discutían si los fósiles representaban formas de vida que ya no existían o si (como creía el conde de Buffon en el Jardín de las Plantas de París) los fósiles encontrados en Europa y América representaban animales que ya no existían, pero algunos emigraron a los trópicos de donde se originan nuevos centros de dispersión. Buffon argumentó que Dios no habría dejado que sus creaciones se extinguieran. En 1796, Cuvier presentó un artículo al Instituto Nacional de Ciencias y Artes de París, en el que comparaba la anatomía de los elefantes vivos y fósiles, demostrando así que la extinción era un hecho, ya que los elefantes fósiles no habían sido vistos por los humanos recientemente. En los años siguientes, Cuvier siguió documentando la extinción de animales como el perezoso terrestre gigante, el alce irlandés y el mastodonte americano. La investigación de Cuvier sobre las formas extintas le llevó a investigar las causas de la extinción. Propuso una historia geológica catastrofista de la Tierra. En 1825 Cuvier publicó en su *Discours sur les révolutions de la Surface du Globe* (Un discurso sobre las revoluciones de la superficie del globo), que proponía que una serie de acontecimientos catastróficos podrían explicar los cambios en la superficie de la Tierra y la sucesión de las diferentes faunas encontradas en el registro fósil. NOTA del traductor]

preguntas, si todavía no tenemos razones suficientes para elegir entre afirmativa o negativa? Pero es muy cierto que durante mucho tiempo nadie de estos puntos ha sido puesto absolutamente fuera de toda duda, lo que apenas parecía haber sido, yo pensé que sería bueno aclararlos antes de hacer un sistema.

Razón por la que estas condiciones deben ser rechazadas

La razón de esta singularidad se encontrará si reflexionamos que todos los geólogos han sido, o bien naturalistas de gabinete, que habían examinado poco la estructura de las montañas por sí mismos, o mineralogistas que no habían estudiado con suficiente detalle las innumerables variedades de los animales, y la infinita complicación de sus diversas partes. Los primeros no ha presentado sino sistemas. Los últimos han hecho excelentes observaciones; realmente sentaron las bases de la ciencia, pero no pudieron completar el edificio.

Progreso en la geología mineral

De hecho, la parte puramente mineral del gran problema de la teoría de la tierra ha sido estudiado con admirable cuidado por De Saussure[60], y desde entonces

---

[60] [Horace Bénédict de Saussure (Chêne-Bougeries, cantón de Ginebra, 17 de febrero de 1740 - Ginebra, 22 de enero de 1799), aristócrata naturalista y geólogo suizo, conocido como el fundador del alpinismo. Influenciado por su padre y su tío materno, Charles Bonnet, se dedicó a la botánica. En 1758, se encuentra con Albrecht von Haller. En 1762 es nombrado, con 22 años, profesor de filosofía en la Academia de Ginebra. Durante el

llevado después a un asombroso Werner[61], y por los numerosos alumnos eruditos que formó.

El primero de estos hombres famosos, De Saussure, recorrió laboriosamente durante veinte años los cantones más inaccesibles, atacando el estudio de los Alpes en todas sus caras, en todos sus desfiladeros, nos han revelado todo el desorden de los terrenos primitivos y han trazado más claramente la frontera que los distingue de las tierras secundarias.

El segundo, Werner, aprovechando las numerosas excavaciones hechas en el país que posee las minas más antiguas, ha establecido las leyes de la sucesión de capas; Ha mostrado su antigüedad respectiva, y ha perseguido a cada uno de ellos en todas sus metamorfosis. Es a él, y sólo a partir de él, cuando se datará esa geología positiva, en lo que se refiere a la

---

otoño de 1768, se convierte en alumno de la Royal Society después de una visita a Gran Bretaña. En 1772, funda en Ginebra la *Société pour l'Avancement des Arts*, Sociedad para el Desarrollo de las Artes. En 1791, su salud empieza a decaer y tiene problemas financieros, pero consigue terminar sus grandes obras en 1796, antes de morir. NOTA del traductor]

[61] [La influencia de Werner sobre Cuvier es grande. Abraham Gottlob Werner (25 de septiembre de 1749-30 de junio de 1817) fue un científico alemán. Nació en Wehrau, una ciudad en la Silesia prusiana, en la actual Alemania. Werner se educó en Freiberg y en Leipzig, donde estudió leyes, minería y mineralogía y fue entonces nombrado inspector y profesor de la pequeña pero influyente Academia de Minería de Freiberg en 1775. Durante su carrera, la fama de Werner se difundió por toda Europa, atrayendo a estudiantes que más tarde se convertirían en sus colaboradores; entre ellos se encontraban Robert Jameson que llegaría a ser un afamado profesor en Edimburgo y el español-mexicano Andrés Manuel del Río, descubridor del vanadio. Es el padre de la teoría del neptunismo. NOTA del traductor]

naturaleza mineral de las capas; pero ni Werner ni de Saussure dieron a la determinación de las especies fósiles orgánicas, en cada género de capas, hecho con el rigor que se hizo necesario, debido al hecho de que el número de los animales conocidos ascendían a un número tan prodigioso[62].

Otros eruditos[63] estaban, de hecho, estudiando el restos fósiles de cuerpos organizados; los recogieron y tenía miles de ellos representados; sus obras serán colecciones preciosas de estos materiales; pero, más ocupados en la descripción de los animales y las plantas del pasado, no lo consideran en la teoría de la tierra; y miran estas petrificaciones o fósiles como curiosidades,

---

[62] Nota edición 1883: A partir de Cuvier y debido a sus descubrimientos, es de justicia constatar la existencia de más de 24 mil especies de animales de todos los géneros y que pertenecían a edades del pasado.

[63] [Cuvier no cita quienes pueden ser estos "eruditos" coleccionistas. Uno de ellos, podía ser Atanasius Kircher que tenía un gran Museo en Roma. Tal vez, la figura jesuítica indiscutible en este aspecto y que tiene un libro expresamente dedicado al tema del Diluvio universal, es el Padre Athanasius Kircher. Las ideas de Kircher no son del todo originales. Muchas de sus concepciones hunden sus raíces en las doctrinas clásicas de Platón y Aristóteles, así como en concepciones mágico-herméticas y también de la filosofía estoica. La obra de Kircher es de gran amplitud, tocando los temas más diversos: desde la interpretación de los jeroglíficos egipcios, tratados de lenguas orientales, cultura china (*China Monumentis*, de 1667), paleontología, geofísica y magnetismo (*Ars magnesiana* de 1643), matemáticas, medicina, zoología, etc. Parece ser que Kircher tenía gran interés en divulgar los conocimientos. Sus obras tienen gran claridad expositiva, acude con frecuencia a las anécdotas, acompañaba al texto con preciosas litografías y, al escribir en latín, se difundieron sin dificultad por toda Europa. Su afán divulgador le llevó a montar en Roma un gran Museo de Ciencias Naturales (conocido luego como *Musaeum Kircherianum*) Nota del traductor]

más que documentos históricos o bien contentándose con explicaciones parciales sobre el yacimiento de cada pieza que casi siempre pasaban por alto la investigación de las leyes generales de la posición de los fósiles con respecto a las capas.

Importancia de los fósiles en la geología

Sin embargo, la idea de esta investigación era bastante natural. ¿Cómo no íbamos a ver eso? Es sólo a los fósiles a quienes debemos el nacimiento de la teoría de la tierra; y que, sin ellos, ¿nunca se hubiera pensado que hubo épocas sucesivas y una serie de operaciones diferentes en la formación del globo? De hecho, sólo ellos dan la certeza de que el globo no ha tenido siempre la misma envoltura, por la certeza de que deben haber vivido en la superficie antes de ser enterrados así en las profundidades. Es sólo por analogía como se puede llegar a la conclusión de que los fósiles proporcionan directamente a los terrenos secundarios se ha extendido a los terrenos primitivos; y, si sólo existieran terrenos libres de fósiles, nadie podría sostener que estos terrenos no se formaron todos juntos.

Es también a través de los fósiles, por muy escaso que haya sido su conocimiento, que hemos reconocido lo poco que sabemos acerca de la naturaleza de las revoluciones del globo. Nos han enseñado que las capas que los contienen han sido depositadas pacíficamente en un líquido; que sus variaciones correspondían a las del líquido; que su exposición fue ocasionada por el transporte de este líquido; Que esto ha sucedido más de una vez, nada de esto sería seguro sin los fósiles.

El estudio de la parte mineral de la geología, que no es menos necesaria, y que es aún de mucha mayor utilidad para las artes prácticas, es, sin embargo, mucho menos instructivo en relación con el objeto en cuestión.

Estamos en la más absoluta ignorancia en cuanto a las causas que pueden haber causado el cambio de las diferentes sustancias de las que se componen las capas; Ni siquiera conocemos a los agentes que lograron mantener a algunos de ellos en disolución, y todavía hay una disputa sobre si deben su origen al agua o al fuego. En el fondo, hemos visto anteriormente que está de acuerdo en un solo punto; que el mar ha cambiado de lugar. ¿Y cómo ha funcionado el mar? ¿No lo sabemos, excepto por los datos que nos dan fósiles? Los fósiles, que dieron origen a la teoría de la tierra, le han proporcionado al mismo tiempo sus luces principales, las únicas que hasta ahora han sido generalmente conocidas.

Esta idea es la que nos animó a cuidarla; Pero este campo es inmenso, un solo hombre apenas podría tocar una pequeña parte de él. Así que había que tomar una decisión, y pronto la tomamos. La clase de fósiles que es objeto de este trabajo nos atrajo desde el primer vistazo, porque vimos que es a la vez más fértil en consecuencias precisas, y sin embargo menos conocida, y más rica en nuevos temas de investigación (1)[64].

---

[64] Nota edición 1830: (i) Mi trabajo ha demostrado, en efecto, cuán nuevo era este tema cuando lo comencé, a pesar de las excelentes obras de los Camper, los Pallas, los Blumenbachs, los Merks, los Soemmerring, los Rosenmuller, los Fischer, los Faujas, los Home y los otros eruditos cuyas obras he tenido el mayor cuidado de citar en las de mis capítulos. con el que se relacionan. Pero desde hace

Importancia especial de los fósiles de cuadrúpedos

De hecho, es notable que los huesos de los cuadrúpedos pueden conducir, por varias razones, a resultados más rigurosos que cualquier otro despojo de cuerpos organizados.

En primer lugar, los fósiles de cuadrúpedos caracterizan más claramente las revoluciones que condujeron a ellas y que les ha afectado. Las conchas anuncian claramente que el mar existía donde se formaron; pero sus cambios de especie podrían deberse, como mínimo, a ligeros cambios en la naturaleza del líquido, o sólo en su temperatura. Podrían haber sido aún más accidentales. No hay ninguna garantía de que, en el fondo del mar, ciertas especies, incluso ciertos géneros, después de haber ocupado ciertas áreas durante un período de tiempo más o menos largo, no hayan podido ser cazados por otros[65].

---

algunos años los naturalistas han estado cultivando este nuevo campo con un ardor que ha sido coronado con los mayores éxitos. Sr. Brocchi, Sr. Brongniart, Sr. Bukland, Sr. Conybeare, Sr. Deshayes, Sr. Ferussac, Sr. De Fischer, Goldfnss, Joeger, Marcel de Sérres, Mantell y muchos otros naturalistas eruditos han demostrado cada vez más, con sus descubrimientos, la importancia de los fósiles en la geología (nota de Cuvier)

[65] [Cuvier vio los organismos como totalidades integradas, en las que la forma y función de cada parte estaban integradas en el cuerpo entero. Ninguna parte podrá modificarse sin perjudicar esta integración funcional: *. ... las partes que lo componen deben estar dispuestas de tal manera que hagan posible la totalidad del ser vivo, no sólo con respecto a sí mismo, sino también a las relaciones que lo rodean, y el análisis de estas condiciones conduce frecuentemente a leyes generales, tan demostrables como aquellas*

Aquí, por el contrario, todo es preciso; la aparición de los huesos de los cuadrúpedos, especialmente el de sus cadáveres enteros en las capas, anuncia que el mismo lecho que los soporta estaba antes seco, o que al menos se había formado una tierra seca en la vecindad. Su desaparición hace seguro que esta capa había sido inundada, o que esta tierra seca había dejado de existir.

Es, pues, de ellos de donde aprendemos, en cierto modo, el importante hecho de las repetidas irrupciones del mar, de las que las conchas y otros productos marinos por sí solos no nos habrían instruido; y es por

---

que se derivan de cálculos o experimentos. Cuvier no creía en la evolución orgánica, ya que cualquier cambio en la anatomía de un organismo lo habría dejado incapaz de sobrevivir. Estudió los gatos e ibis momificados que Geoffroy había traído de la invasión de Egipto por Napoleón y demostró que no eran diferentes de sus homólogos vivos; Cuvier utilizó esto para respaldar su afirmación de que las formas de vida no evolucionaron con el tiempo. Los organismos eran totalidades funcionales; cualquier cambio en una parte destruiría el delicado equilibrio. Pero la integración funcional de los organismos significaba que cada parte de un organismo, por pequeña que fuera, tenía signos del todo. Así fue posible reconstruir organismos a partir de restos fragmentarios, basándose en principios racionales. Cuvier tenía una capacidad legendaria para reconstruir organismos a partir de fósiles fragmentarios, y muchas de sus reconstrucciones resultaron ser sorprendentemente precisas. Sin embargo, en la práctica, basó sus reconstrucciones menos en principios racionales que en su profundo conocimiento de la anatomía comparada de los organismos vivos. La insistencia de Cuvier en la integración funcional de los organismos lo llevó a clasificar a los animales en cuatro "ramas" o *ramas*: Vertebrata, Articulata (artrópodos y gusanos segmentados), Mollusca (que en ese momento significaba todos los demás invertebrados blandos, bilateralmente simétricos) y Radiata (cnidarios y equinodermos). Nota del traductor]

su estudio minucioso que podemos esperar reconocer el número y las veces de estas irrupciones.

En segundo lugar, la naturaleza de las revoluciones que han alterado la superficie del globo debe haber ejercido una acción más completa sobre los cuadrúpedos terrestres que sobre los animales marinos. Como estas revoluciones consistían, en gran medida, en el desplazamiento del lecho del mar, y como las aguas estaban destinadas a destruir a todos los cuadrúpedos que alcanzaran, si su irrupción era general, puede haber destruido a toda la clase, o, si sólo se ha aplicado a ciertos continentes, fue capaz de acabar al menos con la especie específicos de estos continentes, sin tener la misma influencia en los animales marinos. Al contrario, millones de individuos acuáticos pueden haber sido dejados secos o enterrados debajo de las capas o arrojado con violencia a la orilla, y su especie, sin embargo, se conserva en unos pocos lugares más pacíficos, desde los cuales permitirán esparcirse después de que la agitación de la los mares haya cesado.

En tercer lugar, esta acción más amplia también es más fácil de comprender; Es más fácil para demostrar sus efectos, ya que el número de cuadrúpedos es limitado, la mayoría de ellos siendo conocidas sus especies, por lo menos las grandes, tenemos más medios de determinar si los huesos fósiles pertenecen a uno de ellos, o si provienen de una especie perdida.

Puesto que, por el contrario, estamos muy lejos de conocer todas las conchas y peces del mar, como probablemente todavía ignoramos la mayor parte de los que viven en las profundidades, es imposible saber con certeza si una especie que se encuentra como fósil no existe en alguna parte viva. Así, vemos que los científicos persisten en dar el nombre de conchas pelágicas, es decir, conchas de alta mar; a los belemnites, los cuernos de Amón [ammonites] y los demás restos testáceos, que hasta ahora sólo se han visto en los capas antiguas, es decir, si aún no han sido descubiertos en el estado. de la vida es que habitan en profundidades inaccesibles para nuestras redes (1)[66].

Indudablemente, los naturalistas no han atravesado aún todos los continentes, y ni siquiera conocen todos los cuadrúpedos que habitan los países por los que han pasado. De vez en cuando se descubren nuevas especies de esta clase; y los que no han examinado cuidadosamente todas las circunstancias de estos descubrimientos, podrían también creer que los cuadrúpedos desconocidos, cuyos huesos se encuentran en nuestras capas, han permanecido hasta ahora ocultos en algunas islas que no han sido encontradas por los navegantes, o en algunos de los vastos desiertos que ocupan el centro de Asia; de Asia, de las dos Américas y de Nueva Holanda (2)[67].

---

[66] Nota edición 1883: (1) A partir de Cuvier, la ciencia de las investigaciones en las grandes profundidades del mar ha hecho inmensos progresos.

[67] Nota edición 1883: (2) Es necesario hacer notar que en la época en la que escribía Cuvier se utilizaban estos conceptos geográficos a los que alude en su obra. [Nueva Holanda (en neerlandés: *Nieuw Holland*; en latín: *Nova Hollandia*) es un nombre histórico europeo que recibió la isla-continente de Australia. El nombre fue aplicado por primera vez a dicho continente en 1644 por el marino neerlandés Abel Tasman. El nombre se aplicó a toda la *Tierra del Sur* o *Terra Australis*, aunque la costa del continente aún no se había explorado por completo; pero después del asentamiento británico en Sídney en 1788, el territorio al este del continente reclamado por Gran Bretaña fue nombrado *Nueva Gales del Sur*, dejando la parte occidental como *Nueva Holanda*. Nueva Holanda

Hay poca esperanza de que se puedan descubrir nuevas especies de grandes cuadrúpedos

Sin embargo, examinemos cuidadosamente qué clases de cuadrúpedos se han descubierto últimamente y bajo qué circunstancias se han encontrado, y veremos que hay pocas esperanzas de encontrar fósiles que hasta ahora no hemos visto.

Las islas de extensión moderada y situadas a cierta distancia de las grandes tierras, tienen muy pocos cuadrúpedos, la mayoría de los cuales son muy pequeños; cuando poseen grandes cuadrúpedos es porque han sido traídos allí a propósito. Bougainville y Cook[68] no solo se encontraron cerdos y perros en las Islas del Mar del Sur. Los grandes cuadrúpedos de las Indias Occidentales eran les agutis [roedores de América del sur.]

En verdad, las grandes tierras, como Asia, África, las dos Américas y Nueva Holanda, tienen grandes cuadrúpedos y, en general, especies peculiares de cada uno de ellos, de modo que siempre que se ha

continuó usándose de manera semioficial y popular como nombre para todo el continente hasta mediados de la década de 1850. NOTA del traductor]

[68] [Los viajes de Bougainville y Cook La Boudeuse, una fragata de veintiséis cañones, zarpó del puerto de Nantes el 5 de noviembre de 1766. A su comandante, Luis Antonio de Bougainville, le había sido encomendada por el rey de Francia una misión oficial: se había reconocido el derecho de propiedad de los españoles sobre las islas Malvinas, situadas al sur de la Argentina, y él debía devolvérselas. Después de cumplida esta misión, Bougainville estaba autorizado a volver a Francia por el Pacífico y el Índico, es decir, dando la vuelta al mundo. NOTA del traductor]

descubierto alguna de estas tierras, que su situación había mantenido aislada del resto del mundo, la han encontrado allí la clase de cuadrúpedos completamente diferente de lo que existía en otras partes.

Entonces, cuando los españoles atravesaron América del Sur por primera vez, y no encontraron ni uno solo de los cuadrúpedos de Europa, Asia o África. El puma, el jaguar, el tapir, el capibara (carpincho), la llama, la vicuña, los perezosos, los armadillos, las zarigüeyas, todos los sapajous (monos capuchinos), eran para ellos seres completamente nuevos, y de los que no tenían idea.

El mismo fenómeno se ha repetido en nuestros días cuando se han examinado las costas de Nueva Holanda y las islas adyacentes. Los diversos canguros[69]: *fascogale*, dasiuros, perameles [bandicut], planeadores del azúcar [*pretaurus breviceps*]; ornitorrincos y equidnas han llegado a asombrar a los naturalistas con extrañas conformaciones que rompieron todas las reglas y escaparon a todos los sistemas.

Si, pues, hubiera algún gran continente para descubrir, aún podríamos esperar conocer nuevas

---

[69] [Es compleja la clasificación de los marsupiales, de los cuales sabe mucho Cuvier. El término canguro es el nombre común que se utiliza para designar a las especies de mayor tamaño de la familia Macropodidae, tal como el término ualabí que se utiliza para denominar a las de menor tamaño. Sin embargo, el término no responde a una clasificación científica, por lo que especies pertenecientes a un mismo género (término que agrupa especies estrechamente relacionadas entre sí) pueden ser llamadas canguro, ualabí o ualarú, el nombre vulgar solo depende de su tamaño. Por ejemplo, *Macropus parma* es conocido como el ualabí de Parma, mientras que *Macropus antilopinus*, es denominado indistintamente como canguro antílope o ualarú antílope. Nota del traductor]

especies, entre las cuales podrían encontrarse algunas más o menos parecidas a aquellas cuyos restos nos han mostrado las entrañas de la tierra; pero basta echar una ojeada al mapa del mundo, ver las innumerables direcciones en que los navegantes han atravesado el océano, para juzgar que ya no debe haber ninguna gran tierra, a menos que sea hacia el Polo Sur, donde el hielo no permitiría que quedaran restos de vida.

Por lo tanto, es sólo del interior de las grandes partes del mundo que todavía pueden esperarse cuadrúpedos desconocidos.

Ahora, pensándolo un poco, pronto veremos que la expectativa no está más justificada de este lado que de las islas.

Indudablemente, el viajero europeo no atraviesa fácilmente vastas extensiones de tierra desierta, o alimentando sólo a tribus feroces, y esto es especialmente cierto en lo que respecta a África, pero no hay nada que impida que los animales atraviesen estos países en todas direcciones y se dirijan a las costas. Cuando había grandes cadenas montañosas entre las costas y los desiertos del interior, siempre se interrumpían en algunos lugares para permitir el paso de los ríos; y, en estos desiertos abrasadores, los cuadrúpedos prefieren seguir las orillas de los ríos. Las tribus de las costas también ascienden por estos ríos, y rápidamente se familiarizan, (ya sea por sí mismas, ya por el comercio y la tradición de las tribus superiores), con todas las especies notables que viven hasta las fuentes.

Por lo tanto, no ha pasado mucho tiempo para que las naciones civilizadas que han frecuentado las costas de un gran país estén suficientemente familiarizadas con sus animales más representativos, o sorprendentes en su configuración.

Los hechos conocidos respaldan este razonamiento. Dado que los antiguos no pasaron por el Imaüs (1)[70] y el Ganges (2)[71], y que no fueron muy lejos en África, al sur del Atlas (1)[72], no se conocían realmente todos los grandes animales de estas dos

---

[70] Nota edición 1883: Parte del Este de la cadena de Taurus [Los montes Tauro son una cadena montañosa situada en Cilicia, en el sur de Turquía. Se extiende a lo largo de una curva desde el lago Egridir en el oeste hacia el curso del Eúfrates en el Este, formando un arco que transcurre paralelo al mar Mediterráneo, que constituye el límite de la meseta de Anatolia [NOTA del traductor]
[71] Nota edición 1883: El río más caudaloso de la India. [El Ganges o Ganga —en idioma sánscrito y en la mayoría de las lenguas indias, *gáṅgā*, que significa «va, va», o sea, «que se mueve rápidamente»; en escritura devánagari, गंगा; en el sistema IAST de transliteración, *gaṅgā*— es un río internacional del subcontinente indio que fluye a través de India y Bangladés. El curso de agua, de 2525 km, nace en los Himalayas occidentales en el estado indio de Uttarakhand. NOTA del traductor]
[72] Nota edición 1883: Se puede asegurar, a pesar de la alegación de Cuvier, que los antiguos tenían un conocimiento muy vago del gran lago del Chad al oeste de África, en el curso del río Níger, e incluso de algunas nociones relativas a los grandes lagos del este. [El lago Chad (del francés: *Lac Tchad*) es un lago endorreico poco profundo que se encuentra situado en la frontera entre Chad, Níger, Nigeria y Camerún, en África. Su capacidad ha ido menguando con el paso del tiempo y debido, sin duda, a la desertización provocada por la cercanía del desierto del Sahara y por la captación de aguas para irrigación de cultivos. Cuando fue descubierto por los europeos en 1823 era uno de los mayores lagos del mundo, pero se ha reducido considerablemente desde entonces. La demanda creciente de agua del lago,[2] y el cambio climático, específicamente la reducción de las precipitaciones, han acelerado su degeneración en los últimos cuarenta años. NOTA del traductor]

partes del mundo; y, si no han distinguido todos los géneros, no es posible distinguir todas las especies, no porque no hubieran podido verlos ni oír hablar de ellos, sino porque la semejanza de estas especies no les había permitido reconocer sus caracteres. La única gran excepción que se puede hacer contra mí es el tapir de Malaca, enviado recientemente desde la India por dos jóvenes naturalistas de mis discípulos, los señores Duvaucel y Diard[73], y que constituye uno de los mejores descubrimientos con que se ha enriquecido la historia natural en los últimos tiempos.

Los antiguos conocían muy bien al elefante, y la historia de este cuadrúpedo es más que tan exacto en Aristóteles como en Buffon.

Ni siquiera ignoraban algunas de las dificultades. Ni siquiera ignoraban algunas de las diferencias que distinguen a los elefantes africanos de los de Asia (i)[74]. Conocían a los rinocerontes de dos cuernos que la

---

[73]   [Pierre-Médard Diard (1794 - 1863) fue un naturalista y explorador francés. Comenzó estudios de medicina, aunque los interrumpió para enrolarse en el Ejército francés de 1813 a 1814. Luego de su baja del servicio, estudia con Georges Cuvier (1769-1832). Y al mando de Alfred Duvaucel (1793-1825), parte a la India en 1817 recolectando especímenes de historia natural a cuenta del Museo Nacional de Historia Natural de Francia. Al año siguiente, con Duvaucel, trabaja como naturalista para Sir Thomas S. Raffles (1781-1826). Mas en 1821, sus colecciones son confiscadas por la Compañía Británica de las Indias Orientales. Diard viajó por las Indias Orientales entre 1827 y 1848. Recolectó varios especímenes, algunos de los cuales envió al naturalista Coenraad J. Temminck a la ciudad de Leiden, Holanda. Antes había sido un explorador que contribuyó ayudando a los misioneros católicos en Nueva Francia. NOTA del traductor]

[74] Nota edición 1830: (1) Vea en el tomo de mis *Recherches* le chapitre des Éléphants.

Europa moderna no ha visto vivos. Domiciano se los mostró a Roma y los grabó en medallas. Pausanias los describe muy bien.

El rinoceronte de un cuerno, tan lejos como está su tierra natal, también era conocido por ellos. Pompeyo mostró uno de ellos a Roma. Estrabón describió exactamente otro en Alejandría (2)[75].

El rinoceronte de Sumatra descrito por Mr. Bell, y el de Java descubierto y enviado por Los señores Duvaucel y Diard, no parecen ser habitan el continente. Así que no es de extrañar que los antiguos los ignoraban; es posible que no los hayan distinguido en ese momento debido a su gran semejanza con otras especies.

El hipopótamo no ha sido tan bien descrito como la especie precedente, pero se encuentran figuras muy exactas de él en los monumentos dejados por los romanos, que representan cosas relacionadas con Egipto, como la estatua del Nilo, el mosaico de Palestrino[76] y un gran número de medallas.

---

[75] Nota edición 1830: (2) Vea en el tomo II, primera parte, la descripción del Rinoceronte.

[76] [El Mosaico del Nilo de Palestrina es un mosaico de piso de fines del período helenístico que presenta al río Nilo en su curso desde Etiopía hasta el Mediterráneo. Mide 5,85 m de ancho y 4,31 m de alto y permite asomarse a la fascinación que sentían los romanos por el exotismo de Egipto en el siglo I a. C., además es una manifestación temprana del rol de Egipto en el imaginario europeo y un ejemplo del género de "paisaje del Nilo", el cual tiene una larga historia iconográfica en Egipto y en el Egeo. El mosaico, con un marco en forma de arco que identifica la ubicación original como un piso en un ábside en una gruta, muestra representaciones detalladas de los griegos ptolomeos, etíopes negros en escenas de caza, y diversos animales del Nilo. Es la más antigua de las representaciones romanas de escenas del Nilo, de las cuales varias

De hecho, los romanos los vieron varias veces; Escauro, Augusto, Antonino, Cómodo, Heliogábalo, Filipo y Carino les mostraron algunos[77]. Las dos especies de camellos, la de Bactriana y la de Arabia, están ya muy bien descrito y caracterizado por Aristóteles (2)[78]

Los antiguos conocían la jirafa, o el camello leopardo, y hasta se vio uno vivo en Roma, en el circo, durante la dictadura de Julio César, en el año de Roma de 708; había habido diez de ellos recogidos por Gordiano III, que fueron muertos en los juegos seculares de Filipo[79], lo que debe asombrar a nuestros modernos, que sólo han visto uno en el siglo XIII y otro en el siglo XV[80], y que tanto han admirado lo que Francia recibió del pachá de Egipto, y que ahora vive en el Jardín del Rey[81].

---

otras han sido excavadas en Pompeya. Existe cierto consenso en cuanto al fechado de la obra. Paul G. P. Meyboom sugiere una fecha poco antes de la época de Sila (hacia el 100 a. C.) y considera al mosaico una evidencia temprana de la diseminación de cultos egipcios en Italia, donde Isis fue sincretizada con Fortuna. Se cree que la moda por las escenas del Nilo fue traída a Roma por Demetrio el Topógrafo, un artista griego del Egipto ptolomeo activo hacia el 165 a. C. Claire Préaux enfatiza la naturaleza "escapista" de la escenografía fantástica. NOTA del traductor]

[77] Nota texto 1830 (1) Véase mi capítulo sobre el hipopótamo en el volumen 1° de *Recherches.*

[78] Nota texto 1830 (2) *Historia Animalium.* lib.III, cap. 1.

[79] Nota texto 1830 (3) Capítulo de Julio César sobre Gordiano, III, cap. 23.

[80] Nota texto 1830 (i) La jirafa que poseía el emperador Federico II, y la que envió el Sudán de Egipto a Lorenzo de Médicis, y que está pintada en los frescos de Poggio-Cajano (texto de Cuvier)

[81] Nota texto 1883: (1) Los envíos de este género son muy abundantes.

Si se leen atentamente las descripciones del hipopótamo, dadas por Herodoto y por Aristóteles, y que se cree que fueron tomados de Hecateo de Mileto, se encontrará que deben ser compuestas con las de dos animales diferentes, uno de los cuales puede haber sido el un verdadero hipopótamo, y del cual el otro era ciertamente el ñu (*Antelope gnu,* Gmel.), ese cuadrúpedo del que nuestros naturalistas no tuvieron noticias hasta fines del siglo XVIII. Era el mismo animal del que se hicieron fabulosas relaciones bajo el nombre de *catoblepas* o *catablepon*[82].

El jabalí etíope de Agatarquides, que tenía cuernos, era en realidad nuestro jabalí de la actual Etiopía, cuyas enormes defensas son casi tan merecedoras del nombre de cuernos que los colmillos del elefante (i).[83]

---

[82] Nota texto 1830 (2) Ver Plinio el Viejo, i lib. VIII, cap. 32; y, sobre todo, Eliano, libro VII, cap. 5. [El catoblepas o catóblepon, también catoblepa3 (del griego καταβλέπω (katablépō), 'mirar hacia abajo') es una criatura legendaria de Etiopía, descrita por primera vez por Plinio el Viejo y más tarde por Claudio Eliano. Tiene cuerpo de vaca y cabeza de cerdo. Su espalda está cubierta de escamas que le protegen y su cabeza mira siempre hacia abajo. Su mirada o su respiración podían convertir a la gente en piedra o matarlas. Plinio lo describió como una criatura de tamaño medio, lenta, con una cabeza pesada vuelta siempre hacia el suelo. Pensó que su mirada, como la del basilisco, era letal, lo que hacía bastante afortunado que su cabeza fuera tan pesada. NOTA del traductor]

[83] Nota texto 1830 (i) Eliano, *De natura animalium,* libro V, c. 27.

El bubale y el nagor son descritos por Plinio (2)[84]; la gacela, de Eliano (3)[85]; el orix de Oppiano (4) [86]; el venado *axis* fue así desde la época de Ctesias (5)[87] el ciervo *algazel* y el antílope *corine* están perfectamente representados en los monumentos egipcios (6)[88]-

Éliano[89] describe acertadamente al yak o bos grunnian[90], como un buey cuya cola se utiliza para hacer atrapamoscas (7)[91]. El búfalo no fue domesticado por los antiguos, sino el buey indio del que hablamos.

---

[84] Nota texto 1830 (2) Plinio, lib. VIII, cap. 15, y libro XI, cap. 37. [Los bubale son un género de antílopes africanos de la familia Bóvidae. . Se han descrito ocho taxones y generalmente se consideran subespecies de una sola especie *Alcelaphus buselaphus*. Algunos autores han propuesto reconocerlas como especies por derecho propio, pero no hay consenso sobre esta postura. NOTA del traductor]

[85] Nota texto 1830 (3) Eliano, *De natura animalium*, XIV, 14.

[86] Nota texto 1830 (4) Oppien, *Cynegetica*, II y V, pág. 445 y siguientes.

[87] Nota texto 1830 (5) Plinio, lib. VIII, cap. 21.

[88] Nota texto 1830 (6) Vea la gran obra sobre Egipto, *Antiquités*, IV, láminas 49 y 66.

[89] [Eliano (Claudio-Prenestino) era natural de Grande-Palestrée, en Italia en los inicios del siglo XIX. Desconocemos la época de su nacimiento y las particularidades de su vida. Los fragmentos de sus escritos, citados por Oppien, sólo prueban que fue anterior a este naturalista. La obra de Elien titulada: *Sobre la naturaleza de los animales,* tiene el mismo valor que la de Ateneo, es decir, como una colección de hechos y extractos de autores perdidos. NOTA del traductor]

[90] [*Bos grunniens* es una especie de buey natural de las montañas de Asia Central y Asia Meridional. En estado salvaje esta calificada como especie vulnerable, pero también ye una especie domesticada y fundamental en a economía tradicional de pueblos como os tibetanos. NOTA del traductor]

[91] Nota texto 1830 (7) Eliano, *De natura animalium*, XV, 14.

El búfalo no fue domesticado entre los antiguos, pero el buey indio del que habla Eliano[92], y que tenía cuernos lo suficientemente grandes como para contener tres ánforas, era en realidad la variedad del búfalo llamada *arni.*

E incluso ese buey salvaje con cuernos deprimidos, que Aristóteles sitúa en la Arachosia[93] no puede ser más que el buey ordinario.

Los antiguos conocían a los bueyes sin cuernos (3);[94] bueyes africanos, cuyos cuernos adheridos sólo a la piel, los bueyes de las Indias[95], tan veloces en la carrera como los caballos, (5)[96] los que no sobrepasan en tamaño a una cabra (6)[97], las ovejas de cola ancha los de las Indias, (7)[98] tan grandes como asnos, (8)[99] fueron removidos con ella.

Todo mezclado con fábulas que son las indicaciones sobre los uros, los renos y los alces, que tenían los antiguos; prueba siempre de que tenían algún conocimiento de ellos, pero que este

---

[92] Nota texto 1830 (2) Véase Plinio, libro VIII, cap. 32; y especialmente Eliano, libro VII, cap. 5.

[93] [Aracosia (en persa: Harauvatiš, que significa «la bien irrigada») es el antiguo nombre de una región de Asia Central. Se ubicaba en la zona montañosa meridional del actual Afganistán, separada de Bactriana (situada al norte) por la cordillera del Hindú Kush. [Nota del traductor]

[94] Nota texto 1830 (3) Eliano, II, 53.

[95] (Nota texto 1830 4) Eliano, II, 20.

[96] Nota texto 1830 (5) Eliano, XV, 24.

[97] Nota texto 1830 (6) Eliano, III, 3.

[98] Nota texto 1830 (7) Eliano. XV, 24.

[99] Nota texto 1830 (8) Eliano, IV, 32.

conocimiento, fundado en el informe de pueblos rudos, no había sido objeto de una crítica juiciosa[100].

Estos animales habitan todavía en los países que les fueron asignados por los antiguos, y sólo han desaparecido en países demasiado cultivados para sus hábitos; los uros, los alces, viven todavía en los bosques de Lituania, que antiguamente continuaban con el bosque hercínico. Hay uros en el norte de Grecia como los había en la época de Pausanias. El reno vive en el norte, en los países helados donde siempre ha vivido; cambia de color, no a voluntad como creían los griegos, sino según las estaciones. Es a consecuencia de errores difícilmente excusables que se ha supuesto que se encontraban en el siglo XIV en los Pirineos[101].

El oso polar fue visto incluso en Egipto bajo los Ptolomeos (1).[102] Los leones y las panteras eran comunes en Roma en los juegos, se veían por centenares, e incluso se veían algunos tigres; apareció la hiena rayada, el cocodrilo del Nilo. Hay en los mosaicos antiguos, conservados en Roma, excelentes retratos de las más raras de estas especies; entre otras, la hiena rayada está perfectamente representada en

---

[100] Nota texto 1830 (1) Véase en mis *Recherches*, vol. IV, el capítulo del Ciervo y la de los Bueyes.

[101] Nota texto 1830 y 1883 (2) Buffon leyó en una obra de du Fouilloux un pasaje de Gastón Febus, conde de Foix, donde aquel príncipe describía la caza de renos, había imaginado que en la época de

Gastón, este animal, vivía en los Pirineos; y ediciones Las cartas impresas de Gastón eran tan defectuosas que Es difícil saber exactamente qué pretendía este autor decir; pero recurriendo a su manuscrito original, que se conserva en la Biblioteca del Rey, encontré que fue en Suecia y en Noruega, que dijo que había visto y cazado renos (texto de Cuvier)

[102] NOTA edición 1883 (1) *Ateneo*, libro V.

una pieza conservada en los Museos Vaticanos, y, mientras estuve en Roma (en i809), se descubrió, en un jardín al lado del Arco de Galieno, un pavimento en mosaico de piedras naturales surtidas a la manera de Florencia, que representan cuatro tigres de Bengala magníficamente representados. Desde entonces se ha dividido y colocado en salas de estar del hotel de M. Torlonia, duque de Bracciano.

El Museo Vaticano tiene un cocodrilo de basalto, casi perfectamente exacto (i)[103] No cabe duda de que el *hipo-tigre* era la cebra, que, sin embargo, sólo procede del sur de África (2)[104].

Sería fácil demostrar que casi todas las especies de monos, un tanto notables, fueron señaladas con bastante claridad por los antiguos con los nombres de pithecos, esfinges, sátiros, cebús, cinocéfalos y cercopitecos (3)[105].

Han conocido y descrito incluso unas pocas especies pequeñas de roedores, cuando tenían alguna conformación o propiedad notable (1)[106]. Pero como las

---

[103] NOTA edición 1830 y 1883 (t) No hay error, sino una uña de más al pie de la atrás. Augusto había mostrado treinta y seis. Dion, libro LV.

[104] NOTA edición 1830 y 1883 (2) Caracalla se va a matar en un Circo. Dion, lib. LXXVII. "Conf. Gisb. Cuperi de Eleph. En nummis obviis...", ex. II cap. 7.

[105] NOTA edición 1830 (3) Vea Lichtenstein, *Comment. de Simiarum quotquot Veteribus innotuerunt formis.* Hamburgo. En general, sobre todos estos animales se podrían consultar las notas que he escrito (Cuvier) a la obra de Plinio, en la edición de Lemaire, así como la traducción de Plinio publicada por Panckouke.

[106] NOTA edición 1830 y 1883 (1) El jerbo está grabado en las medallas de Cirene e indicada por Aristóteles como la rata de dos patas. [Los dipódidos (Dipodidae) son una familia de roedores miomorfos que habitan el Hemisferio Norte. Esta familia incluye

especies pequeñas no tienen importancia para nosotros en relación con nuestro objeto, y nos basta con haber demostrado que todas las especies grandes, notables por algún carácter notable, que ahora conocemos en Europa, Asia y África, ya eran conocidas por los antiguos, de lo cual podemos concluir fácilmente que si no mencionan a las pequeñas, o si no distinguen las que son demasiado parecidas, como las diversas gacelas y otras, se han visto impedidos de hacerlo por falta de atención y método, más que por los obstáculos del clima. También llegaremos a la conclusión de que si dieciocho o veinte siglos, y la circunnavegación de África y la circunnavegación de África y la circunnavegación de las Indias, han añadido tan poco de esta clase a lo que los antiguos nos han enseñado, que no parece que los siglos venideros enseñen mucho a nuestros nietos.

Pero tal vez alguien haga el argumento inverso y diga que no sólo los antiguos, como acabamos de demostrar, han conocido tantos animales grandes como nosotros, pero han descrito varios que nosotros no hemos conocido demasiado considerar a estos animales como fabulosos; que todavía debemos buscarlos antes de creer que hemos agotado la historia de la creación existente; y, por último, que entre estos llamados animales fabulosos se encuentren, cuando los conozcamos mejor, los originales de nuestros huesos de especies desconocidas.

---

más de 50 especies actuales entre 16 géneros. Entre ellas figuran los jerbos y los sicistas. Las diferentes especies se encuentran en praderas, desiertos y bosques. Todos ellos son capaces de dar largos saltos (saltar al mismo tiempo en que se encuentran en una postura bípeda), característica que es más evolucionada en el jerbos del desierto. NOTA del traductor]

Algunos pensarán incluso que estos diversos monstruos, ornamentos esenciales de la historia heroica de casi todos los pueblos, son precisamente aquellas especies que ha sido necesario destruir para hacer posible la civilización para asentarse. Así, Teseo y Belerofonte habrían sido más felices que todos nuestros pueblos de hoy, que han rechazado a las plagas, pero aún no han logrado exterminar a ninguna de ellas. Esta objeción se responde fácilmente examinando las descripciones de estos seres desconocidos y rastreando su origen.

La mayor parte de ellos tienen una fuente puramente mitológica, y sus descripciones llevan la impronta irrefutable de ella, pues en casi todos ellos no vemos más que partes de animales conocidos, unidos por una imaginación desenfrenada y contra todas las leyes de la naturaleza. Las inventadas o arregladas por los griegos tienen al menos gracia en su composición; Como esos arabescos que decoran algunos restos de edificios antiguos, y que han sido multiplicados por el pincel fértil de Rafael, las formas que se mezclan en ellos, con repugnancia a la razón, ofrecen a la vista contornos agradables, que son productos ligeros de sueños felices, tal vez, emblemas en el gusto oriental, donde se suponía que algunas proposiciones de metafísica o moral debían ser vistas bajo imágenes místicas.

Perdonemos a los que emplean su tiempo en descubrir la sabiduría escondida en la esfinge de Tebas, o en el Pegaso de Tesalia, o en el Minotauro de Creta, pero esperemos que nadie los busque seriamente en la naturaleza, tanto como lo sería buscar los animales de Daniel o la bestia del Apocalipsis.

Tampoco buscamos los animales mitológicos de los persas, hijos de una imaginación aún más exaltada; ese *martichore* o destructor de hombres, que lleva una cabeza humana sobre el cuerpo de un león, terminado por la cola de un escorpión (1);[107] Esto, grifo o guardián del tesoro, mitad águila, mitad león (2);[108]

Este *Cartaazonon* (3)[109] o asno salvaje, cuya frente está armada con un largo cuerno. Ctesias, que dio estos animales como existentes, ha pasado, en muchos autores, por inventor de fábulas, cuando nunca había que atribuir realidad a figuras emblemáticas. Estas fantásticas composiciones han sido encontradas talladas en las ruinas de Persépolis (i);[110] ¿qué significaban? Probablemente nunca lo sabremos; pero ciertamente no representan seres reales.

Agatarquides, ese otro fabricante de animales, probablemente había bebido de una fuente similar; los monumentos de Egipto todavía nos muestran numerosas combinaciones de partes de varias especies; los dioses se representan a menudo con un cuerpo humano y la cabeza de un animal; hay animales con cabeza humana, que produjeron los cinocéfalos, las esfinges y los sátiros de los antiguos naturalistas. La costumbre de representar hombres de tamaños muy diferentes en un mismo cuadro, el rey o el vencedor

---

[107] NOTA edición 1830   (1) Plinio, libro VIII, cap. 31; Aristóteles, libro II, cap. 11; Photus, *Bibliotheca*, art 72; Ctesios, *Indica*, Eliano, *de natura animalium*, libro IV, cap. 21.
[108] NOTA edición 1830   (2) Eliano, *Anim.*, IV, 27.
[109] NOTA edición 1830 (3) Eliano, XV, cap. 20; Photius, *Bibl.*, art. 72; Ctesios, *Indica*.
[110] NOTA edición 1830 (1) Ver Corneille Lebrun, *Voyage en Moscovie, en Perse et aux Indes*, tom. II, y la obra alemana de M. Heeren, sobre el comercio de los antiguos.

como gigantes y los vencidos o los súbditos tres o cuatro veces habrá dado origen a la fábula de los pigmeos. Fue en algún rincón de uno de estos monumentos donde Agatarquides vio a su toro carnívoro, cuya boca, cortada hasta las orejas, no perdonó a ningún otro animal[111], pero que los naturalistas ciertamente no confesarán, porque la naturaleza no combina ni pies hendidos ni cuernos con dientes afilados.

Es posible que haya habido muchas otras figuras igualmente extrañas, ya sea en aquellos monumentos que no han podido resistir la prueba del tiempo, o en los templos de Etiopía y Arabia, que los mahometanos y los abisinios destruyeron por celo religioso. Los de la India están repletos de ellos; pero las combinaciones son demasiado extravagantes para haber engañado a nadie; Los monstruos con cien brazos, con veinte cabezas diferentes, también son demasiado monstruosos.

No es hasta que los japoneses y los chinos que tienen animales imaginarios que dan como reales, que incluso representan en sus libros de religión. Los mexicanos los tenían. Esta es la costumbre de todos los pueblos, ya sea en tiempos en que su idolatría aún no está refinada, o cuando se ha perdido el sentido de estas combinaciones emblemáticas. Pero, ¿quién se atrevería a afirmar que encuentra en la naturaleza estos hijos de la ignorancia o de la superstición?

Ha sucedido, sin embargo, que los viajeros, para probarse a sí mismos, han dicho que han observado a

---

[111] Nota edición 1830 (i) Focio, *Bibl.*, art. 250; Agatarquides, *Excerpt. hist.*, cap. XXXIX : Eliano, *Anim.*, XVII, 45; Plinio, libro VIII, 21.

estos seres fantásticos, o que, por falta de atención, y engañados por una ligera semejanza, han tomado para sí seres reales. Los grandes monos habrán parecido verdaderos cinocéfalos, verdaderas esfinges, verdaderos hombres con cola (1)[112]; así San Agustín creyó haber visto un sátiro.

Algunos animales reales, mal observados y mal descritos, habrán dado lugar también a ideas monstruosas, aunque fundadas en alguna realidad; Así, no puede haber duda de la existencia de la hiena, aunque este animal no tiene el cuello sostenido por un solo hueso (1)[113], y no cambia de sexo cada año, como

---

[112] NOTA edición 1883: (1) El doctor Schweinfurth en su viaje al interior de África en 1872, ha encontrado la población de Nyams-Nyams que, por la audacia de una parte de sus costumbres, habían dado nacimiento a esta fábula de los hombres con cola. El célebre viajero francés Guillaume Lejean había, desde 1860, informado de un curioso ejemplar que tenía un apéndice caudal. [Schweinfurth, Georg August (1836-1925). Geólogo, botánico y explorador alemán, nacido en Riga (Letonia) el 29 de diciembre de 1836 y fallecido el 19 de septiembre de 1925 en Berlín. Destacó como uno de los grandes exploradores del centro y del sur del continente africano así como por su expedición sobre el Nilo y su tributario, el Nilo Blanco; en dichas exploraciones descubrió, además, el río Uele, uno de los afluentes del Congo.
https://www.mcnbiografias.com/app-bio/do/show?key=schweinfurth-georg-august   Guillaume Lejean (1 de febrero de 1828 en Plouégat-Guérand - 2 de febrero de 1871 en Plouégat-Guérand) fue un bretón de ciudadanía francesa que fue un explorador y etnógrafo . NOTA del traductor]

[113] NOTA edición 1830 y en 1883 (1) Incluso he visto, en el estudio del difunto Sr. Adrien Camper, un esqueleto de hiena en el que se fusionaban varias de las vértebras del cuello. Es probable que fuera algún individuo similar quien hizo que este carácter se atribuyera generalmente a todas las hienas. Este animal debe ser más propenso que otros a este accidente, a causa de la prodigiosa fuerza de los músculos de su cuello y del uso frecuente que hace de

dice Plinio (2)[114]; Así, el toro carnívoro puede no ser más que un rinoceronte de dos cuernos desnaturalizado. M. de Weltheim afirma que las hormigas auríferas de Herodoto son *corsarias*[115].

Uno de los más famosos de estos animales ancestrales es el *unicornio*. Hasta el día de hoy, la gente ha persistido en buscarla, o al menos en buscar argumentos para apoyar su existencia. Entre los antiguos se menciona con frecuencia que tres animales tenían un solo cuerno. en el centro de la frente. El *órix africano*, que tiene los pies hendidos al mismo tiempo,

---

ellos. Cuando la hiena ha agarrado algo, es más fácil apartarlo que arrebatarle lo que tiene; y esto es lo que lo ha convertido para los árabes en el emblema de la obstinación invencible.

[114]   NOTA edición 1830: (2) No cambia de sexo; pero tiene un orificio en el perineo que puede haberle llevado a creer que es hermafrodita.

[115] [Desde Herodoto, la leyenda de las hormigas extractoras de oro ha resistido siglos, citándose ininterrumpidamente durante la antigüedad y a lo largo de la Edad Media. No fue hasta los años ochenta del siglo XX que el antropólogo y explorador francés Michel Peissel hacia 1930 comenzó a desvelar el enigma de aquella antiquísima historia. He aquí el apasionante relato de su descubrimiento en las montañas del Tibet. "Corsac" (cosaco, corsario, pirata, ladrón) El zorro corsac (*Vulpes corsac*), también conocido simplemente como corsac , es un zorro de tamaño mediano que se encuentra en estepas, semidesiertos y desiertos de Asia Central , extendiéndose hasta Mongolia y el norte de China . Desde 2004, la UICN la ha clasificado como *de menor preocupación* , pero las poblaciones fluctúan significativamente y pueden reducirse diez veces en un solo año. [2] También se le conoce como zorro estepario . La palabra "corsac" se deriva del nombre ruso del animal, *"korsák"* (корсáк), derivado en última instancia del turco "karsak" NOTA del traductor]

el pelo en sentido contrario (1),[116] de gran tamaño, comparable al del buey (2)[117] o incluso al del rinoceronte (3),[118] y que se conviene en comparar en forma a los ciervos y a las cabras (4)[119] al indio, que es solitario, y al *monoceros* propiamente dicho, cuyos pies se comparan a veces con los del león (5), [120]a veces con los del elefante (6)[121]; que, por lo tanto, se supone que es fissipedo. El caballo (7)[122] y el buey de un cuerno están, sin duda, emparentados con el asno indio, pues el buey mismo se da como un solípedo.[123] Pregunto; Si estos animales existieran como especies distintas, ¿no tendríamos al menos los cuernos de ellas en nuestros gabinetes de Historia Natural? ¿Y qué cuernos impares poseemos nosotros aquí, a no ser los del rinoceronte y el del narval?

¿Cómo, después de eso, podemos referirnos a las groseras figuras dibujadas por los salvajes sobre las rocas (1)?[124] Sin conocer la perspectiva, y deseando representar un antílope con cuernos rectos de perfil, sólo pudieron darle un cuerno, y en seguida hubo un órix. Los oryx de los monumentos egipcios son probablemente también productos del estilo rígido, impuesto a los artistas de ese país por la religión.

---

[116] NOTA edición 1830 (1) Aristóteles, *De animalibus historia,* libro II, cap. 1; libro III, cap. 1; Plinio, libro XI, cap. 46.

[117] NOTA edición 1830 (2) Herodoto, IV, 192.

[118]NOTA edición 1830 (3) Oppiano, *Cyneg.,* II, vers. 551.

[119] NOTA edición 1830 (4) Plinio, libro VIII, 53.

[120]NOTA edición 1830 (5) Philostorge, III, 11.

[121] NOTA edición 1830 (6) Plinio, libro VIII, 21.

[122] NOTA edición 1830 (7) Onésicrite, *Apud Strabon,* libro XV; Eliano, *Anim.* XIII, 42.

[123]NOTA edición 1830 (8) Plinio, VIII, 31.

[124] NOTA edición 1830 (1) Barrow *Voyage au Cap.,* traducc. Franç. II, 178

Muchos de sus perfiles cuadrúpedos ofrecen solo una pierna delante y otra detrás; ¿Por qué mostrarían dos cuernos? Es posible que haya sucedido cazar individuos que habían sido privados de un cuerno por un accidente, como sucede a menudo con los rebecos y los saigas, y esto habrá bastado para confirmar el error producido por estas imágenes. Probablemente así es como el unicornio fue encontrado recientemente en las montañas del Tíbet.

Tampoco todos los antiguos redujeron el *órix* a un solo cuerno; Oppien da expresamente varios (i)[125], y Eliano cita el órix que tenía cuatro (2)[126]; y, finalmente, si este animal era rumiante y de patas hendidas, ciertamente habría tenido dividido en dos el hueso de la frente, y no podría, según la muy justa observación de Camper, haber llevado un cuerno en la sutura[127].

---

[125] NOTA edición 1830 (1) Oppiano, *Cynegetica,* II, 468 y 471.
[126] NOTA edición 1830 (2) Aristóteles, *De Animalium,* lib. XV, capítulo 14.
[127] NOTA edición 1883: Mi tío ha rectificado posteriormente esta idea de Camper y afirmaba que es inexacta, ya que él había recibido muchos cráneos de cabezas de jirafas. Aporto este pasaje de su *Compte Rendu des travaux de l´Academie des sciences,* durante el año 1827. "Dos hechos curiosos y nuevos para conocer más sobre la anatomía comparada resultante del examen de estas cabezas: el primero es este: los cuernos de las jirafas no son simplemente como los núcleos de los cuernos de los bueyes o de los carneros, que son producciones frontales, sino que los cuernos de las jirafas constituyen huesos particulares, separados por suturas y unidos a la vez al hueso frontal y sobre el parietal; lo segundo y que puede ser más importante es esto: el tercer pequeño cuerno es un tubérculo que se sitúa entre los ojos delante de los cuernos, y este mismo es un hueso muy particular, separado por una sutura, y anclado sobre la sutura longitudinal que separa los dos huesos de la frente. Esta circunstancia refuta las objeciones que otros muchos autores, y sobre todo Camper, habían propuesto

Pero, se preguntará, ¿qué animal con dos cuernos pudo haber dado la idea del órix, y presenta los rasgos que se reportan de su conformación, incluso si no tenemos en cuenta la unidad del cuerno? Respondo, con Palas, que es el antílope de cuernos rectos, mal llamado *pasan* por Buffon (*Antílope oryx* Gmel.), habita en los desiertos de África, y debe llegar a los confines de Egipto; es lo que los jeroglíficos parecen representar; su forma es muy parecida a la del ciervo; su tamaño igual al del buey; el pelo de la espalda se dirige hacia la cabeza; sus cuernos forman armas terribles, afiladas como dardos, duras como el hierro; su pelaje es blanquecino; su cara tiene líneas y rayas negras, eso es todo lo que dicen de ella los naturalistas; y, en cuanto a las fábulas de los sacerdotes de Egipto que motivaron la adopción de su imagen entre los signos jeroglíficos, no es necesario que estén fundadas en especie. Que se vea un *órix* sin cuerno; que se le tomaba por un ser normal, típico de toda la especie; Que este error adoptado por Aristóteles haya sido copiado por sus sucesores, es posible, incluso natural, y no puede ser interpretado, sin

---

contra la existencia del unicornio, objeciones fundadas sobre la afirmación de que un cuerno impar tendría que estar anclado sobre una sutura, lo cual parece imposible. Sin embargo, no da lugar a afirmar que el unicornio existe; en efecto, aunque la creencia popular es que este animal existe, aunque muchos hombres afirman que lo han visto, todos los esfuerzos de los viajeros europeos para encontrarlo en otras zonas del mundo, han resultado inútiles hasta el presente" (Nota de Frédéric Cuvier) [Sobrino de Georges Cuvier, e hijo de su hermano menoe, Frédéric Frédéric Cuvier (28 de junio de 1773 - 24 de julio de 1838) que fue un paleontólogo, zoólogo y botánico francés. Era hermano menor de Georges Cuvier. NOTA del traductor]

embargo, no probará nada a favor de la existencia de una especie de unicornio (1)[128]

En cuanto al asno indio, leamos las propiedades antivenenosas que los antiguos atribuyen a su cuerno, y veremos que son absolutamente las mismas que los orientales atribuyen ahora al cuerno del rinoceronte. En los primeros días, cuando este cuerno fue llevado a los griegos, aún no conocían al animal que lo llevaba. De hecho, Aristóteles no menciona al rinoceronte, y Agatarquides es el primero en hacerlo. describió. Así es como los antiguos tenían marfil mucho antes de conocer al elefante. Tal vez incluso algunos de sus viajeros ¿Habrán bautizado al rinoceronte *asno de la India* con la misma certeza con que los romanos llamaban al elefante *buey de Lucania*?

Todo lo que se dice de la fuerza, el tamaño y la ferocidad de este salvaje se adapta muy bien al rinoceronte. Después, los que conocieron mejor al rinoceronte, encontrando en autores anteriores este nombre de *asno de las Indias*, lo habrán tomado, por falta de crítica, para la de un animal en particular; finalmente, de este nombre habrá llegado a la conclusión de que el animal debe ser un solípedo[129].

---

[128] NOTA edición 1828 y 1883: (1º) M. Lichtenstein, considerando que el antílope *oryx* de Palas habita sólo en el sur de África, piensa que el oryx de los antiguos es más bien la *gacela antílope*, Linn., que se diferencia de las otras especies por los cuernos arqueados. Parece que es el que más se representa en los monumentos egipcios (nota de Cuvier). [En el texto de 1883 hay una errata y en lugar de "unicornio" habla de "uniforme". NOTA del traductor]

[129] [SOLÍPEDO, Se dice del cuadrúpedo provisto de un solo dedo, cuya uña, engrosada, constituye una funda protectora muy fuerte denominada casco; pone como ejemplo al caballo, al asno o la cebra (así lo denomina la Real Academia de la Lengua). El antepasado del caballo no fue solípedo al tener más de un dedo, el espejuelo es la

Hay, en efecto, una descripción más detallada del indio por Ctesias[130], pero hemos visto más arriba que fue hecha después de los bajorrelieves de Persépolis, y por lo tanto no debe tener lugar en la historia positiva del animal.

Cuando por fin se les ocurrieron descripciones un poco más precisas que hablaban de un animal con un solo cuerno, pero con varios dedos, se habrá hecho una tercera especie bajo el nombre de *Monoceros*. Este tipo de duplicación es tanto más frecuente en los naturalistas antiguos, cuanto que casi todos los que, cuyas obras nos quedan fueron meros compiladores; que el propio Aristóteles mezclaba con frecuencia hechos prestados en otros lugares con los que él mismo observaba; que, finalmente, el arte de la crítica era entonces tan poco conocida tanto por los naturalistas como por los historiadores, lo cual es mucho decir.

De todos estos argumentos, de todas estas digresiones, se deduce que los grandes animales que conocemos en el viejo continente eran ya conocidos por los antiguos; y que los animales descritos por los antiguos, y desconocidos en nuestros días, eran fabulosos (mitológicos); se deduce, por lo tanto, que no pasó mucho tiempo antes de que los grandes animales de las tres primeras partes del mundo llegaran a ser conocidos por los pueblos que frecuentaban sus costas.

Se puede concluir que tampoco tenemos grandes especies por descubrir en América. Si lo hubiera, no habría razón para que no los conociéramos; de hecho,

---

reminiscencia del último dedo perdido por el caballo. También decimos que es un animal UNGULADO al mamífero que tiene casco o pezuña. NOTA del traductor]

[130] Nota texto 1830: (1) Eliano, *De natura animalium,* libro IV, cap 52; Focio, *Bibl.,* pag 154.

durante ciento cincuenta años, no se ha descubierto ninguno. El tapir, el jaguar, el puma, el capibara (carpincho), la llama, la vicuña, el lobo colorado, el búfalo o bisonte americano, los osos hormigueros, los perezosos, los armadillos, están ya en Margrave y Hernandès[131] como en Buffon; incluso puede decirse que lo hacen mejor, pues Buffon ha confundido la historia de los osos hormigueros, ha malinterpretado al jaguar y al lobo rojo, y ha confundido el bisonte americano con el uro polaco.

En verdad, Pennant[132] fue el primer naturalista que distinguió claramente al pequeño buey almizclero; pero lo había sido durante mucho tiempo indicado por los viajeros. El caballo de pezuñas hendidas de Molina[133] no se describe por los primeros viajeros españoles; pero es más que dudoso que exista, y la

---

[131] *[Margrave y Hernández colaboran en el siglo XVIII a la descripción de la Zarigüeya común.* "Manicou Caraibarum" de Charles Plumier (c. 1690): descripción y dibujo inéditos de la zarigüeya común, *Didelphis marsupialis* Linnaeus, 1758. Nota del traductor]

[132] [Thomas Pennant (14 de junio de 1726 - 16 de diciembre de 1798) *fue un naturalista y anticuario galés.* En 1766 publicó la primera parte de *British Zoology,* una obra meritoria desde el punto de vista de que era una laboriosa compilación de los descubrimientos de otros. Durante esta etapa visitó la Europa continental y conoció a varios científicos de renombre Georges-Louis Leclerc de Buffon, Voltaire, Haller y Pallas NOTA del traductor]

[133] [Es ahora muy sabido que el célebre animal fabuloso, descrito por Molina como un caballo de pezuñas partidas y denominado por él por este motivo: *Equus bisulcus,* el *Huemul, Guemul, Guamul* o *Huamul,* no es otra cosa que una especie de gran género de *Cervus,* y que no tiene absolutamente nada de caballo. https://www.mnhn.gob.cl/publicaciones/anales-mnhn-el-huemul-de-chile-1892 NOTA del traductor]

autoridad de Molina es demasiado sospechosa para hacerla adoptar. Sería posible caracterizar a los ciervos de América y de la India mejor de lo que son; Pero es el caso con respecto a ellos, como con los antiguos con respecto a los diversos antílopes, que es por falta de un buen método para distinguirlos, y no de una oportunidad de verlos, por lo que no se han dado a conocer mejor. Podemos decir, por lo tanto, que el muflón de las Montañas Azules es todavía el único cuadrúpedo de considerable importancia, cuyo descubrimiento es bastante moderno; y tal vez sea solo un argali de Siberia sobre el hielo.

¿Cómo podemos creer, después de esto, que los inmensos mastodontes, el gigantesco *Megatherium*[134], cuyos huesos se han encontrado bajo la tierra en las dos Américas, todavía viven en este continente? ¿Cómo podrían haber escapado de esas tribus errantes que vagan incesantemente por el país en todas direcciones, y que ellos mismos reconocen que ya no existen allí, ya que han imaginado una fábula sobre su destrucción, diciendo que fueron asesinados por el Gran Espíritu, para evitar que aniquilen a la especie humana? Pero se verá que esta fábula fue ocasionada por el descubrimiento de huesos, como el de los habitantes de Siberia en su mamut, que pretenden vivir bajo tierra a la manera de los topos; y como todos los de los antiguos

---

[134] [Sobre el *Megatherium* de Bru he escrito algunas cosas *Juan Bautista Bru (1740-1799) y el Megaterio* Pedro Berjillos Ruiz, Leandro Sequeiros San Román Boletín de la Comisión de Historia de la Geología de España, ISSN 2485-9966, Nº. 13, 1999, págs. 6-7
https://sociedadgeologica.org/comisiones/historia_geologia_esp ana/boletines_comision_historia/N13_NOVIEMBRE_1999.pdf
NOTA del traductor]

en las tumbas de los gigantes, que colocaban dondequiera que se encontraban huesos de elefante.

Por lo tanto, bien puede creerse que si, como luego diremos, que ninguna de las grandes especies de cuadrúpedos que ahora están enterradas en capas pedregosas regulares se ha encontrado que sea similar a las especies vivientes que conocemos; esto no es el efecto de la mera casualidad, ni precisamente porque estas especies, de las que sólo tenemos huesos fósiles, estén ocultas en los desiertos y hayan escapado hasta ahora a todos los viajeros, debemos, por el contrario, considerar este fenómeno como debido a causas generales. y su estudio como uno de los más limpios para remontarnos a la naturaleza de estas causas.

Los huesos fósiles de los cuadrúpedos son difíciles de determinar

Pero si bien este estudio es más satisfactorio en sus resultados que el de otros restos fósiles de animales, también está plagado de muchas más dificultades. Las conchas fósiles se presentan generalmente en su totalidad, y con todos los caracteres que pueden hacerlas comparables con sus análogas en las colecciones o en las obras de los naturalistas, incluso los peces presentan su esqueleto más o menos entero, la forma general de sus cuerpos, y la mayoría de las veces sus caracteres genéricos y específicos, que se derivan de su solides de los partidos.

En los cuadrúpedos, por el contrario, cuando el esqueleto se encontraba entero, sería difícil aplicarle caracteres derivados, en su mayor parte, de pelos, colores y otras marcas que desaparecen antes de la incrustación, y de hecho es infinitamente raro encontrar un esqueleto fósil algo completo; Huesos aislados, arrojados a la basura, casi siempre rotos y reducidos a fragmentos, es todo lo que nuestras capas nos proporcionan en esta clase, y el único recurso del naturalista.

Puede decirse, por lo tanto, que la mayoría de los observadores, asustados por estas dificultades, han pasado ligeramente sobre los huesos fósiles de cuadrúpedos los ha clasificado de una manera vaga, semejanzas superficiales, o ni siquiera se han atrevido a darles una semejanza superficial, y no se han atrevido a darle un nombre; de modo que esta parte de la historia de los fósiles, la más importante e instructiva de todas, es también la menos cultivada de todas (1)[135].

Principio de esta determinación

Felizmente, la anatomía comparada poseía un principio que, bien desarrollado, era capaz de eliminar todos los inconvenientes, y era el de la correlación de formas en los seres organizados, por medio de la cual cada clase de ser podía, en caso de apuro, ser

---

[135] Nota edición 1830: (1) No pretendo con esta observación, como ya he dicho anteriormente, disminuir el mérito de las observaciones de los señores Camper, Pallas, Blumenhach, Soemmering, Merk, Faujas, Rosenmüller, Home, etc.; pero sus estimables obras, que me han sido muy útiles, y que cito en todas partes, son sólo parciales, y varias de estas obras sólo se han publicado desde las primeras ediciones de este discurso.

reconocida por cada fragmento de cada una de sus partes.

Todo ser organizado forma un todo, un sistema único y cerrado, cuyas partes se corresponden entre sí, y contribuyen a la misma acción definitiva por una reacción recíproca. Ninguna de estas partes puede cambiar sin que las otras también cambien; y, por consiguiente, cada uno de ellos, tomados por separado, indica y da a todos los demás.

Así, como he dicho en otro lugar, si los intestinos de un animal están organizados de tal manera que sólo digieren carne y carne reciente, él. También deben ser las fauces de las fauces para devorar a la presa; sus garras para agarrarla y desgarrarla; sus dientes para cortarlo y dividirlo; todo el sistema de sus órganos de movimiento para perseguirlo y alcanzarlo, sus órganos de los sentidos para percibirlo desde la distancia, es incluso necesario que la naturaleza haya puesto en su cerebro el instinto necesario saber esconderse y tender trampas a sus víctimas.

Estas serán las condiciones generales del régimen carnívoro; cualquier animal destinado a esta dieta los unirá infaliblemente, pues su especie no podría haber subsistido sin ellos; Pero bajo estas condiciones generales hay condiciones particulares, relativas al tamaño, a la especie, a la residencia de la presa, para las cuales el animal está dispuesto, y de cada una de estas condiciones particulares resultan modificaciones de detalle en las formas que se derivan de las condiciones generales, tales como no sólo la clase, sino el orden, sino también el género. y hasta la especie, se expresan en la forma de cada parte.

De hecho, para que la mandíbula pueda agarrar, necesita una cierta forma de cóndilo, una cierta relación entre la posición de resistencia y la de poder con el punto de apoyo, un cierto volumen en el músculo crotafito (aquel que sirve para cerrar la mandíbula inferior) que requiere una cierta extensión en la fosa que lo recibe, y una cierta convexidad del arco cigomático por el que pasa; este arco cigomático también debe tener cierta fuerza para dar soporte al músculo masetero.

Para que el animal pueda arrebatar a su presa, se requiere un cierto vigor en los músculos que levantan la cabeza, de lo cual resulta una forma definida en las vértebras donde estos músculos tienen sus inserciones, y en el occipucio donde se insertan.

Para que los dientes puedan cortar la carne, deben ser afilados, y deben ser más o menos afilados, según que tengan más o menos exclusivamente carne para cortar. Su base tendrá que ser aún más fuerte, ya que tendrán más huesos y huesos más grandes que romper. Todas estas circunstancias afectarán también al desarrollo de todas las partes que sirven para mover la mandíbula.

Para que las garras puedan agarrar esta presa, se requerirá cierta movilidad en los dedos, cierta fuerza en las uñas, de lo cual resultarán formas definidas en todas las falanges, y distribuciones necesarias de músculos y tendones; el antebrazo debe tener cierta facilidad para girar, de lo cual resultarán todavía formas definidas en los huesos de que se compone; pero los huesos del antebrazo, articulado en el húmero, no puede cambiar su forma sin provocar cambios en el en este. Los huesos del hombro deben tener cierto grado de firmeza en los animales que usan sus brazos para agarrar. Y esto todavía resultará en formas peculiares para ellos. El juego de todas estas partes requerirá en todos sus músculos ciertas proporciones, y las impresiones de estos músculos, así proporcionadas, determinarán aún más particularmente las formas de los huesos.

Es fácil ver que se pueden sacar conclusiones similares para las extremidades posteriores, que contribuyen a la rapidez de los movimientos generales; por la composición del tronco y las formas de las vértebras, que influyen en la facilidad y flexibilidad de estos movimientos por las formas de los huesos de la nariz, de la órbita, de la oreja, cuyas relaciones con la perfección de los sentidos del olfato, la vista y el oído son evidentes. En una palabra, la forma del diente arrastra la forma del cóndilo, la de la escápula, la de las uñas, así como la ecuación de una curva implica todas sus propiedades; y así como al tomar cada propiedad por separado como base de una ecuación particular, encontraría tanto la ecuación ordinaria como todas las demás propiedades de cualquier tipo, igualmente la uña, la escápula, el cóndilo, el fémur y todos los demás huesos, cada uno tomado por separado, dan el diente o se dan recíprocamente; Y a partir de cada uno de ellos, el que poseyera racionalmente las leyes de la economía orgánica podría rehacer todo el animal.

Este principio es tan evidente en sí mismo, en este sentido general, que no necesita más demostración; Pero cuando se trata de aplicarlo, hay muchos casos en los que nuestro conocimiento teórico de las relaciones de las formas no bastaría si no estuviera apoyado por la observación.

Vemos, por ejemplo, que todos los ungulados deben ser todos herbívoros, ya que no tienen medios para apoderarse de una presa; también vemos que, no teniendo otro uso que hacer de sus patas delanteras que sostener sus cuerpos, no necesitan un hombro tan vigorosamente organizado, de lo cual resulta en la ausencia de clavícula y acromion la estrechez de la escápula; no necesitando girar el antebrazo tampoco, su radio estará fusionado con el cúbito, o al menos articulado por charnelas, y no por artrodia con el húmero; Su dieta herbívora requerirá púas de corona plana para moler semillas y pastos; Esta corona debe ser desigual, y para ello las partes esmaltadas deben alternarse con las partes óseas; Este tipo de corona requiere movimientos horizontales para su trituración, el cóndilo de la mandíbula no puede estar tan apretado como en los animales carnívoros, debe estar aplanado, y también responder a una faceta del hueso de las sienes más o menos aplanada; La fosa temporal, que tendrá solo un pequeño músculo para acomodar, será poco profunda y poco profunda, etc.

Todas estas cosas se deducen unas de otras, según su mayor o menor generalidad, y de tal manera que la una es esencial y exclusivamente propia de los ungulados, y las otras, aunque igualmente necesarias en estos animales, no serán exclusivas de ellos, sino que podrán encontrarse en otros animales, donde el resto de las condiciones aún lo permitan.

Si descendemos a los órdenes o subdivisiones de la clase de los ungulados y examinamos qué modificaciones sufren las condiciones generales, o más bien qué condiciones particulares se les atribuyen, según el carácter peculiar de cada uno de estos órdenes, las razones de estas condiciones subordinadas comienzan a parecer menos claras. En general, todavía es concebible que sea necesario un sistema digestivo más complicado en especies donde el sistema dental es más imperfecto. De este modo, puede decirse que se trataba de animales más bien rumiantes, en los que falta tal o cual animal tal orden de dientes; De esto se puede deducir una cierta forma de esófago y las formas correspondientes de las vértebras del cuello, etc.

Pero dudo que alguien hubiera adivinado, si la observación no lo hubiera enseñado, que todos los rumiantes tendrían los pies hendidos, y que serían los únicos que los tendrían. que los que tenían caninos afilados, carecerían, en su mayor parte, de cuernos, etc.

Sin embargo, como estas relaciones son constantes, deben tener una causa emergente, pero como no la conocemos, debemos suplir el defecto de la teoría por medio de la observación; nos sirve para establecer leyes empíricas que llegan a ser casi tan ciertas como las leyes racionales, cuando se basan en observaciones suficientemente repetidas; de modo que hoy, quien sólo ve la huella de un pie hendido, puede concluir que el animal que dejó esta huella estaba rumiando; y esta conclusión es tan cierta como cualquier otra en física o moral. Esta pista por sí sola, por lo tanto, da al observador tanto la forma de los dientes como la forma de los dientes. la forma de las mandíbulas, y la forma de las vértebras, y la forma de todos los huesos de las piernas, muslos y muslos; hombros y pelvis del animal que acaba de fallecer. Es una marca más segura que cualquiera de las de Zadig [un personaje creado por el filósofo Voltaire construido a base de subidas y bajadas].

Que hay, sin embargo, razones secretas para todas estas relaciones, es lo que la observación misma muestra independientemente de la filosofía general. De hecho, cuando elaboramos un cuadro de estas relaciones, notamos no sólo una constancia específica, si podemos expresarla así, entre una forma particular de un órgano particular y un cuerpo particular, otra forma de órgano diferente; pero también hay una constancia clásica y una gradación correspondiente en el desarrollo de estos dos órganos, que muestran, casi tan bien como el razonamiento real, su influencia mutua.

Por ejemplo, el sistema dental de los animales con pezuñas, que no son rumiantes, es generalmente más perfecto que el de los animales con pies hendidos o rumiantes, porque los primeros tienen incisivos o caninos, y casi siempre tienen ambas mandíbulas, y la estructura de sus pies es generalmente más complicada. porque tienen más dedos, o uñas que encierran menos las falanges, o más huesos distintos en el metacarpiano y metatarso, o más huesos del tarso, o un peroné más distinto de la tibia, o porque a menudo combinan todas estas circunstancias.

Es imposible dar razones para estos informes; pero lo que prueba que no son efecto de la casualidad es que siempre que un animal con una pata hendida muestra en la disposición de sus dientes alguna tendencia a acercarse a los animales de los que hablamos, también muestra una tendencia similar en la disposición sus pies. Así, los camellos que tienen caninos, e incluso dos o cuatro incisivos en la mandíbula superior, tienen un hueso extra en el tarso, porque su escafoides no está fusionado al cuboide, y uñas muy pequeñas con sus correspondientes falanges ungueales. Los bueyes almizcleros, cuyos caninos están muy desarrollados, tienen un peroné distintivo a lo largo de la tibia, mientras que los otros pies hendidos tienen solo un pequeño hueso para el peroné. articulado en la parte inferior de la tibia. Hay, pues, una armonía constante entre dos órganos que parecen ser muy extraños entre sí; y las gradaciones de sus formas se corresponden entre sí sin interrupción, incluso en los casos en que no podemos dar cuenta de sus relaciones.

Ahora bien, adoptando así el método de la observación como un medio adicional cuando la teoría nos abandona, llegamos a detalles calculados para asombrar. La más mínima faceta del hueso, la más mínima apófisis tiene un carácter determinado, relativo a la clase, al orden, al género y a la especie a las que ellos pertenecen. Tanto es así, que siempre que tengamos un solo extremo del hueso bien conservado, podemos, con la aplicación y con la ayuda de la analogía y la comparación real, determinar todas estas cosas con tanta seguridad como si poseyéramos todo el animal. He experimentado muchas veces con este método en porciones de animales conocidos, antes de poner toda mi confianza en él para los fósiles; pero siempre ha tenido éxitos tan infalibles, que ya no dudo de la certeza de los resultados que me ha dado.

Es cierto que he disfrutado de toda la ayuda que podía ser necesaria para mí, y que mi afortunada posición y una búsqueda asidua durante casi treinta años me han procurado esqueletos de todos los géneros y subgéneros de cuadrúpedos, e incluso de muchas especies en algunos géneros, y de varios individuos en algunas especies. Con tales medios me ha sido fácil multiplicar mis comparaciones, y averiguar en todos sus detalles las aplicaciones que hice de mis leyes.

No podemos tratar más de este método, y nos vemos obligados a referirnos a la gran anatomía comparada que publicaremos en breve, y en la que se encontrarán todas las reglas. Un lector inteligente, sin embargo, será capaz de abstraer un gran número de ellos de la obra sobre los huesos fósiles, si se toma la molestia de seguir todas las aplicaciones que hemos hecho de ella. Verá que sólo por este método hemos sido dirigidos, y que casi siempre nos ha bastado relacionar cada hueso con su especie, cuando era de una especie viva; a su género, cuando era de una especie desconocida; a su mando, cuando era de una nueva clase; a su clase, finalmente, cuando pertenecía a una orden aún no establecida; y asignarle, en los tres últimos casos, los caracteres propios para distinguirla de órdenes, géneros o especies que son más similares. Los naturalistas no hicieron más que eso, antes que nosotros, para los animales enteros. Así es como hemos determinado y clasificado los restos de más de ciento cincuenta mamíferos ovíparos o cuadrúpedos.

Tablas de los resultados generales de estas investigaciones

Considerados en relación con las especies, más de noventa de estos animales son ciertamente desconocidos para los naturalistas hasta el día de hoy; once o doce tienen una semejanza tan absoluta con las especies conocidas, que puede haber pocas dudas en cuanto a su identidad; los otros exhiben, con especies conocidas, muchos rasgos de semejanza; pero la comparación aún no se ha hecho de una manera tan escrupulosa como para eliminar todas las dudas.

Consideradas en relación con los géneros, de las noventa especies desconocidas, hay casi sesenta que pertenecen a géneros nuevos; las otras especies pertenecen a géneros o subgéneros conocidos.

No es inútil considerar a estos animales también en relación con ellas y a las órdenes a las que pertenecen.

De las ciento cincuenta especies, alrededor de una cuarta parte son cuadrúpedos ovíparos, y todos los demás mamíferos. De estos, más de la mitad pertenecen a ungulados no rumiantes.

Sería todavía prematuro sacar conclusiones acerca de estos números en relación con la teoría de la Tierra, porque no están necesariamente relacionados con el número de los géneros o especies que pueden estar enterrados en nuestras capas. Así se han recogido muchos más huesos de especies grandes, que impresionan más a los obreros, mientras que los de los pequeños suelen descuidarse, a no ser que la casualidad los haga caer en manos de un naturalista, o alguna circunstancia peculiar, como su extrema abundancia en ciertos lugares, atraiga la atención del vulgo.

Información de las especies incluidas en las capas

Lo que es más importante, lo que es incluso el objeto más esencial de todo mi trabajo, y establece su verdadera relación con la teoría de la tierra, es saber en qué capas se encuentra cada especie, y si hay leyes generales relativas a las subdivisiones zoológicas, o a la semejanza más o menor de las especies con las actuales.

Las leyes reconocidas a este respecto son muy bellas y muy claras.

En primer lugar, es cierto que los cuadrúpedos ovíparos aparecen mucho antes que los vivíparos; que son aún más abundantes, más fuertes y más variados en las capas antiguas que en la superficie actual del globo.

Ictiosaurio, plesiosaurio, varias tortugas y varios cocodrilos se encuentran debajo de la creta[136] en las tierras comúnmente conocidas como Jura. Los varanos de Turingia serían aún más antiguos si, como piensa la escuela de Werner, los esquistos cobrizos que los contienen en medio de tantas clases de peces, que se cree que son de agua dulce, se encuentran entre los lechos más antiguos de la tierra secundaria. Los enormes saurios y las grandes tortugas de Maëstricht están en la formación de greda pero son animales marinos.

Esta primera aparición de huesos fósiles, por lo tanto, parece anunciar ya que existió tierra seca y agua dulce antes de la formación de la creta; pero ni en ese momento, ni durante la formación de la creta, ni siquiera durante mucho tiempo después, ha habido huesos incrustados de mamíferos terrestres, o al menos el pequeño número de esas supuestas formas, sino una excepción casi intrascendente[137].

Estamos empezando a encontrar huesos de mamíferos marinos, es decir, manatíes y focas, en la piedra caliza de concha gruesa que cubre la creta en

---

[136] [Para Cuvier, la palabra *craie,* tiza, creta, yeso... no tiene el mismo significado que para nosotros. Para Cuvier designa una roca sedimentaria blanda que cubre gran parte de la Tierra y que son sedimentos del Diluvio Universal bíblico. Se diferencia de la grès, greda, barro, terreno arcilloso. De alguna manera, la craie se parece a la marga (caliza + arcilla) y la grès a la arcilla. NOTA del traductor]

[137] Nota edición 1830 (1) Las mandíbulas de un animal de la familia Didelphidae parecen haber sido encontradas en el oolito de los Euvirones de Oxford. De ser cierto este yacimiento, será la especie de mamífero más antigua que haya dejado restos. Sobre este tema, véanse las Memorias de los señores Buckland, Constant Prévost, etc.

nuestra vecindad; Pero aún no hay huesos de mamíferos terrestres.

A pesar de las investigaciones más cuidadosas, me ha sido imposible descubrir ningún rastro claro de esta clase antes de que los suelos depositados en la piedra caliza gruesa de lignitos y melaza los contengan en efecto; pero dudo mucho que estos suelos sean todos, como se supone, anteriores a esta piedra caliza; los lugares donde han proporcionado huesos son demasiado limitados. demasiado pocos en número para que no nos veamos obligados a suponer alguna irregularidad o algún retorno en su formación (1).[138] Por el contrario, tan pronto como se llega al terreno que sobresale de la piedra caliza gruesa, los huesos de los animales terrestres se muestran en gran número.

Así, así como es razonable creer que las conchas y los peces no existían en el momento de la formación de los suelos primordiales, también debemos creer que los cuadrúpedos ovíparos comenzaron con los peces, y desde los tiempos más remotos produjeron suelos secundarios; pero que los cuadrúpedos terrestres no llegaron, al menos en número considerable, hasta mucho tiempo después, y cuando las calizas gruesas que ya contienen la mayor parte de nuestros géneros de conchas, aunque en especies diferentes a las nuestras, habían sido depositadas.

Es de notar que estas toscas calizas, las que se usan en París para la construcción, son los últimos bancos que anuncian una larga y tranquila estancia del

---

[138] Nota edición 1830 (1) M. Robert, un joven naturalista de París, acaba de encontrar huesos de *Lophiodon* y *Anoplotherium leporinum* en Nanterre en capas que parecen pertenecer a la propia piedra caliza gruesa.

mar en nuestros continentes. Después de ellos todavía hay suelos llenos de conchas y otros productos del mar, pero estos son suelos blandos, arenas, margas, areniscas, arcillas, que indican transportes más o menos tumultuosos que una precipitación tranquila; y, si hay bancos pedregosos y regulares de algún tamaño considerable por debajo o por encima de estos transportes, generalmente dan señales de haber sido depositados en agua dulce.

Casi todos los huesos conocidos de los cuadrúpedos vivíparos se encuentran, por lo tanto, en estas aguas dulces o en estos terrenos de transporte, y por consiguiente hay muchas razones para creer que estos cuadrúpedos no comenzaron a existir, o al menos a dejar sus restos en las capas que podemos comprender, hasta el penúltimo retiro del mar. y durante el estado de cosas que precedió a su última irrupción.

Pero también hay un orden en la disposición de estos huesos entre sí, y este orden también anuncia una sucesión muy notable entre sus especies.

En primer lugar, todos los géneros ahora desconocidos, las paleoterurias, los anoplopterios, etc., de los que tenemos ciertas nociones, pertenecen al más antiguo de los suelos aquí en cuestión, a los que se encuentran inmediatamente sobre piedra caliza gruesa (1).[139] Son principalmente éstos los que llenan los bancos regulares depositados por agua dulce, o ciertos lechos de transporte, muy antiguamente formados,

---

[139] Nota edición 1881 (1) A veces a la misma piedra caliza gruesa, como acabo de decir del *Lophiodon* y del *Anoplotherium leporinum*.

compuestos, en general, de arenas y guijarros rodados, y que fueron quizás el primer aluvión de este mundo antiguo. También encontramos con ellos algunas especies perdidas, de géneros conocidos, pero en pequeño número, y algunas cuadrúpedos ovíparos y venenos, todos los cuales parecen ser de agua dulce. Las capas que los sostienen son siempre más. o menos cubiertos por lechos de transporte llenos de conchas y otros productos del mar.

Las más famosas de las especies desconocidas, que pertenecen a géneros conocidos, o a géneros estrechamente relacionados con los conocidos, como elefantes, rinocerontes, hipopótamos y mastodontes fósiles, no se encuentran con estos géneros más antiguos. Se encuentran solo en las zonas de transporte, a veces con conchas marinas, a veces con conchas de agua dulce, pero nunca en bancos pedregosos regulares. Todo lo que se encuentra con estas especies se conoce o no como ellos, o al menos dudosos.

Finalmente, los huesos de especies que parecen ser iguales a las nuestras sólo se desentierran en los últimos depósitos de aluvión formados en las orillas de los ríos, o en los fondos de antiguos estanques o pantanos secos, o en el espesor de las capas de turba, o en las hendiduras y cavernas de algunas rocas, o finalmente a corta distancia de la superficie en lugares donde pueden haber sido sepultados por deslizamientos de tierra o por el agua. manos de hombres[140]; y su posición superficial hace que estos

---

[140] Nota edición 1881: Después de algunos años de entusiasmo en las investigaciones paleontológicas se han descubierto numerosos

huesos, los más recientes de todos, sean también, casi siempre, los peor conservados.

No debe creerse, sin embargo, que esta clasificación de los diversos yacimientos es tan clara como la de las especies, ni que tenga un carácter comparable de demostración, hay muchas razones para que no sea así.

En primer lugar, todas mis determinaciones de especies se hicieron sobre los huesos mismos, o sobre buenas figuras; por el contrario, estoy lejos de haber observado por mí mismo todos los lugares donde se han descubierto estos huesos. Muy a menudo me he visto obligado a referirme a informes vagos y ambiguos hechos por personas que no sabían lo que se iba a observar, y aún más a menudo no he encontrado información alguna.

En segundo lugar, puede haber infinitamente más ambigüedad a este respecto que en el caso de los huesos mismos. La misma tierra puede parecer reciente en los lugares donde es superficial, y vieja en aquellos donde está cubierta por los bancos que la han sucedido. Los suelos antiguos pueden haber sido transportados por inundaciones parciales, y pueden haber cubierto huesos recientes; pueden haber caído sobre ellos, y haberlos envuelto y mezclado con las producciones del antiguo mar que antes ocultaban; los huesos antiguos pueden haber sido arrastrados por las aguas, y luego recogidos por el aluvión reciente; Finalmente, los huesos recientes pueden haber caído en las hendiduras o cavernas de rocas antiguas, y han sido envueltos por estalactitas u otras incrustaciones. En cada caso, habría

---

yacimientos de huesos donde se han encontrado fragmentos de pieles de las osamentas de hombres y de animales desaparecidos.

que analizar y valorar todas estas circunstancias, que pueden ocultar el verdadero origen de los fósiles; y rara vez las personas que han recogido huesos han sospechado esta necesidad, de lo que se deduce que los verdaderos caracteres de su depósito han sido casi siempre descuidados o mal entendidos.

En tercer lugar, hay algunas especies dudosas que alterarán más o menos la certeza de los resultados mientras no se haya llegado a distinciones claras con respecto a ellos; Así, los caballos, los bultos, que se encuentran con los elefantes, no tienen todavía caracteres particulares y específicos; Y los geólogos que no adopten mis diferentes épocas para los huesos fósiles, podrán sacar de ellas durante muchos años un argumento tanto más conveniente, cuanto que en mi libro lo tomarán.

Pero si bien estoy de acuerdo en que estas épocas son susceptibles de algunas objeciones para las personas que consideren a la ligera algún caso particular, estoy menos persuadido de que aquellos que abarcan la totalidad de los fenómenos no se detendrán por estas pequeñas dificultades parciales, y estarán de acuerdo conmigo en que ha habido por lo menos una, y muy probablemente dos, sucesiones en la clase de los cuadrúpedos antes de la que ahora puebla la superficie de nuestras tierras.

Aquí espero otra objeción, y ya me la han hecho.

Las especies perdidas no son más que variedades de las especies que viven

¿Por qué las especies actuales, se preguntará, no han de ser modificaciones de las antiguas especies que se encuentran entre los fósiles, modificaciones que habrían sido producidas por las circunstancias locales y el cambio del clima, y llevadas a esta diferencia extrema por la larga sucesión de años?

Sobre todo, esta objeción debe parecer fuerte a aquellos que creen en la posibilidad indefinida de alteración de las formas en los cuerpos organizados, y que piensan que con los siglos y los cambios de hábitos todas las especies podrían transformarse las unas en las otras o ser el resultado de una sola de entre ellas (1)[141]

Sin embargo, puede responderse, en su propio sistema, de que, si las especies han cambiado gradualmente, se deben encontrar rastros de estas modificaciones graduales; que entre el *Paloeotherium* y las especies de nuestros días se descubrieran algunas formas intermedias, y que hasta el presente esto no ha sucedido.

¿Por qué las entrañas de la tierra no han conservado los monumentos de tan curiosa genealogía, sino porque las especies de la antigüedad eran tan constantes como las nuestras, o al menos porque la catástrofe que las destruyó no les dio tiempo a entregarse a sus variaciones?

En cuanto a los naturalistas que admiten que las variedades están restringidas dentro de ciertos límites

---

[141] NOTA edición 1881 (1) La gran autoridad de Cuvier corroboraría los hechos más innegables, que no desanimaron, sin embargo, a los defensores de los falsos de los sistemas, como el de Darwin, Littré, Haeckel, etc. deseaba destruir la tradición bíblica que está siempre antes y sobre todas las cosas. [Claramente existe en esta nota una referencia a Lamarck y su debate con Cuvier sobre catastrofismo bíblico (Cuvier) frente el transformismo materialista (Lamarck). Para el debate Cuvier – Lamarck, cfr http://www.curtisbiologia.com/e1801 Para Emile Littré, ver https://es.wikipedia.org/wiki/%C3%89mile_Littr%C3%A9 NOTA del traductor]

fijados por la naturaleza, es necesario, para responderles, examinar hasta dónde se extienden estos límites, una curiosa investigación, muy interesante en sí misma en un número infinito de aspectos, y a la que, sin embargo, se ha prestado muy poca atención hasta ahora.

Esta investigación presupone la definición de la especie que sirve de base para el uso de la palabra, a saber, que la especie incluye *aquellos individuos que descienden unos de otros o de parientes comunes, y aquellos que se parecen a ellos tanto como se parecen entre sí*[142]. Asi, llamamos variedades de una especie

---

[142] Tal vez sea este el momento de hacer una reflexión sobre el conflicto entre Cuvier y Lamarck sobre los mecanismos del transformismo. En 1812, Cuvier había recogido tanto material que completó el volumen *Investigaciones sobre los Huesos Fósiles de Cuadrúpedos (Recherches sur les Ossements Fossiles de Quadrupèdes)*, que consta de cinco gruesos volúmenes y se publicó en París entre 821 y 1824. Aquí estribaba una de las discrepancias con su compañero de laboratorio y subordinado, Juan Bautista Monet, barón de Lamarck. Este no era capaz de aceptar la posibilidad de un mecanismo natural por el que una especie bien adaptada pudiera llegar a extinguirse, a excepción de los organismos más simples. En este sentido, estaba influenciado por las ideas de Linneo de la economía de la naturaleza. En esa economía equilibrada, la cantidad de individuos de una especie podría aumentar o disminuir, pero nunca extinguirse ésta. Pero Cuvier fue más adelante: no solo reconoce el *hecho* de las extinciones episódicas (catastróficas) sino que también postula un mecanismo para explicar las *causas* de las mismas. Con la prepotencia del sabio y del jefe, postulaba, defendía y pontificaba que las extinciones eran causadas por gigantescos desastres naturales que se extenderían rápidamente sobre parte del globo, y alterarían profundamente la economía de la naturaleza. Lamarck, por su parte, arguía que, en caso de catástrofe, las especies se "transformaban" (cambiaban de forma para sobrevivir). Ante la elección entre transformación y extinción, los naturalistas

coetáneos de   Cuvier, encontraron más sencillo optar por la extinción. A medida que el testimonio fósil se acumulaba, todo coincidía en mostrar la equivocación de Lamarck al rechazar la extinción y el acierto de Cuvier. El antagonista más duramente combatido por Cuvier es Lamarck. Juan Bautista Pedro-Antonio Monet, caballero de La Marck, más conocido como **Lamarck**, nació en 1744 en Bazentin, al norte de Francia. Era, pues, 25 años más viejo que Cuvier. Estudió en el Colegio de los jesuitas de Amiens. En 1770, Lamarck va a estudiar Medicina a París y posteriormente se dedica a la carrera militar, pero un accidente le obliga a dejar el ejército. Deja la medicina y en 1778 publica una obra sobre la flora francesa (*Flore française*). Esta obra le abre la amistad con Buffon, entonces poderoso personaje en el Jardin du Roi, que le hace académico y lo introduce en este centro prestigioso. Cuando la Convención crea el Museo de Historia Natural de París, Lamarck es encargado de un curso de zoología (1790) pero en 1795 regresa al mundo de la botánica. En 1800, da a conocer sus primeras ideas transformistas y es el creador de la palabra "biología" en 1802. En 1809, publica la primera edición de la *Philosophie Zoologique*, donde expone sus ideas biológicas. Propone la "transformación" lineal y siempre renovada que, a partir de la generación espontánea, da lugar a una *Scala Naturae* de mayor perfección impulsada por una fuerza interior de cambio y adaptación por el uso y desuso de los órganos. Otras obras de Lamarck son: *Système des aanaimaux sans Vertebres* (1801), *Hydrogéologie* (1802), *Philosophie géologique* (1809) 2 vol., *Mémoire sur les fossiles des environs de Paris* (1823). Posteriormente, entre 1815 y 1822, publica los siete tomos de *Historia Natural de los Animales sin Vértebras.* Pobre, solo, enfermo y ciego fallece el día 18 de diciembre de 1829, sin que sus méritos científicos fueran reconocidos. El Elogio fúnebre en la Academia de Ciencias fue encomendado a Cuvier y éste fue muy cruel con él como hemos visto. A Lamarck se le conoce- por contraposición a Cuvier- como "transformista" biológico. El hilo conductor de sus ideas es que la naturaleza ha ido produciendo, gradual y sucesivamente, y todavía lo hace, los diversos grupos de seres vivos. La creencia en la "generación espontánea" es para Lamarck algo incontrovertible. Desde esta perspectiva, no tiene sentido en la mente de Lamarck hablar de "especies" ni de "extinciones". Es toda la materia viva como un gran flujo con conciencia que se "transforma", se "adapta" a las nuevas circunstancias por uso y desuso de los órganos. Esta transformación lamarckiana es siempre gradual, lenta, continua y progresiva.

Lamarck era deísta: consideraba a la naturaleza como un *poder* u *orden de cosas* con sus propias leyes, pero siempre sujetas al Supremo Hacedor. Sigue la opinión del siglo XVIII de que todos los seres vivos forman una *gran cadena* o *escala* desde los más sencillos a los más complejos; pero esta secuencia de organismos se consideraba solo en plan puramente morfológico, de ordenación en el espacio y no en el sentido de que tuviera continuidad en "el tiempo", es decir, que unos descendieran de otros. Lamarck, sin embargo, introduce la dimensión biológica de descendencia a la *Scala Naturae*, en cuya cúspide sitúa al hombre. Además, no hay una sola cadena de seres, sino dos series separadas, los animales y los vegetales.

Lamarck mantenía una teoría del estado estacionario que luego recuperará Hutton y luego Lyell. En su pensamiento el tiempo no tiene principio ni fin. Todo está en proceso. Las especies no existen. Solo el flujo continuo de la vida que siempre está empezando. Por ello, son escasas las referencias de Lamarck a las especies extinguidas. Y dentro de su mentalidad es prácticamente imposible la extinción, pues la vida es un proceso siempre actuando y transformándose pero sin extinguirse lo que existía.

El pensamiento evolutivo de Lamarck se desarrolló durante el cambio de siglo, en el contexto de un vivo debate sobre la extinción. Tanto Cuvier como Lamarck estaban de acuerdo en que las migraciones podían ser, hasta cierto punto, la explicación de las diferencias entre las formas fósiles y las formas vivas. Pero discrepaban en la idea de extinción. Para Lamarck, las especies de transforman. Para Cuvier, se extinguían. Lamarck no era capaz de contemplar un mecanismo natural por el que una especie bien adaptada pudiera llegar a extinguirse, a excepción de los organismos más simples. En este aspecto estaba influenciado por la idea de Linneo de la "economía de la naturaleza". Linneo y otros naturalistas reconocían una "lucha entre seres" en la que una especie se come a otra. Sin embargo, pensaba que todas estas relaciones ecológicas se ajustaban mutuamente estableciéndose un equilibrio general. En esa *economía* equilibrada de la

sólo a aquellas variedades de unas especies más o menos diferentes que pueden haber salido de ella de generación en generación. Nuestras observaciones sobre las diferencias entre antepasados y descendientes son, por lo tanto, para nosotros la única regla razonable, ya que cualquier otra caería en hipótesis sin pruebas para una demostración.

Ahora bien, si tomamos la variedad de esta manera, observamos que las diferencias que la constituyen dependen de circunstancias determinadas, y que su extensión aumenta con la intensidad de estas circunstancias. Así, los personajes más superficiales son el más variable; el color depende mucho de la luz, del grosor del pelaje en el calor; Pero en un animal salvaje estas variedades están muy limitadas por la naturaleza de ese animal, que no se aleja voluntariamente de los lugares donde encuentra, en un grado adecuado, todo lo que es necesario para el mantenimiento de su especie, y que se extiende a lo largo y ancho sólo en la medida en que también encuentra la unión de estas condiciones. Así, aunque lobos y zorros han habitado la tórrida zona desde hasta la zona helada, apenas experimentan, en este inmenso intervalo, otra variedad que un poco más o un poco menos de belleza en su

---

naturaleza, la cantidad podría aumentar y disminuir pero ninguna especie llegaría a extinguirse. La obra de Lamarck es una obra de transición y junto a intuiciones brillantes mantiene errores y concepciones anticuadas, como son las de la generación espontánea. En esto chocó frontalmente con Cuvier, para el cual no existía transformación en los seres vivos, sino extinción catastrófica y nueva creación. NOTA del traductor)

pelaje. Yo he comparado los cráneos de los zorros del norte y de los zorros egipcios con los de los zorros de Francia, y sólo encontré diferencias individuales.

Estos animales salvajes que se mantienen en espacios más limitados varían aún menos, especialmente los depredadores. Una melena más poblada es la única diferencia entre la hiena persa y la hiena de Marruecos.

Los animales salvajes herbívoros sienten la influencia del clima un poco más profundamente porque está unida a la del alimento, que difiere en abundancia y calidad. Así, los elefantes serán más grandes en un bosque que en otro; tendrán colmillos algo más largos en lugares donde la alimentación será más favorable para la formación de material de marfil; lo mismo ocurre con los renos y los ciervos, en relación con sus astas, pero tomemos los dos elefantes más disímiles, y veamos si hay la menor diferencia en el número o articulaciones de los huesos, en la estructura de sus dientes, etc.

Además, las especies herbívoras en estado silvestre parecen ser más restringidas que las especies carnívoras en su dispersión, porque el cambio de especies vegetales se combina con la temperatura para detenerlas.

La naturaleza también se cuida de evitar la alteración de las especies, que podría resultar de su mezcla, por la aversión mutua que les ha dado. Se necesita toda la astucia, todo el poder del hombre, para lograr estas uniones, aun las que son más semejantes; y cuando la descendencia es fértil, lo cual es muy raro, su fertilidad no excede de unas pocas generaciones, y probablemente no habría sido sin la continuación de los cuidados que la habían excitado. Por lo tanto, no vemos individuos intermedios en nuestros bosques entre la liebre y el conejo, entre el ciervo y el gamo, entre la marta y la garduña.

Pero el imperio del hombre altera este orden; este desarrolla todas las variaciones de las que es susceptible el tipo de cada especie, y deriva de ellas productos que, dejados a sí mismas, estas especies nunca habrían producido.

Aquí el grado de variación es proporcional a la intensidad de su causa, que es la esclavitud.

No es muy alto en las especies semi-domésticas, como el gato. Con el cabello más suave, colores más brillantes, un tamaño más grande o más pequeño, eso es todo lo que consigue; pero el esqueleto de un gato de Angora no difiere en nada del de un gato salvaje.

En los herbívoros domésticos, que hemos transportado a todo tipo de climas, a los que sometemos a toda clase de dietas, a los que medimos el trabajo y la alimentación de diversas maneras, obtenemos variaciones más grandes, pero todavía todas superficiales: modificamos más o menos el tamaño, los cuernos más o menos largos, a veces completamente carentes, con una acumulación más o menos grande de grasa sobre los hombros, que son los que forman las diferencias entre tipos de bueyes; y estas diferencias se conservan durante mucho tiempo, incluso en las especies transportadas fuera del territorio donde se formaron, a no ser que se tenga el cuidado de evitar su cruce.

De esta naturaleza son también las innumerables variedades de ovejas que producen principalmente lana, porque es el objeto al que el hombre ha prestado más atención; son algo menos, aunque todavía muy sensibles, en los caballos.

En general, las formas de los huesos varían poco, sus conexiones, sus articulaciones, la forma de los molares grandes nunca varían.

El poco desarrollo de los colmillos en el cerdo doméstico, la soldadura de sus uñas en algunas de sus especies, son el extremo de las diferencias que hemos producido en los herbívoros domésticos.

Los efectos más marcados de la influencia del hombre se manifiestan en el animal que ha conquistado más completamente, en el perro, esa especie tan devota de la nuestra, que los mismos individuos parecen habernos sacrificado su yo, su interés, su propio sentimiento. Transportados por los hombres por todo el universo, sometidos a todas las causas capaces de influir en su desarrollo, emparejados en sus uniones según la voluntad de sus amos, los perros varían en color, en abundancia de pelo, que a veces incluso pierden por completo por su naturaleza; para un tamaño que puede diferir de uno a cinco en dimensiones lineales, que es más de cien veces la masa; por la forma de las orejas, la nariz, la cola; para la altura relativa de las patas; por el desarrollo progresivo del cerebro en las variedades domésticas, de donde resulta la forma misma de sus cabezas, a veces delgadas, con un hocico cónico, con una frente plana, a veces con un hocico corto, con una frente abovedada; Tanto es así que las diferencias aparentes entre un mastín y un barbudo, un galgo y un perro dogo pequeño, son mayores que las de cualquier especie salvaje del mismo género natural; finalmente, y esta es la máxima variación conocida hasta hoy en el reino animal, hay especies de perros que tienen un dedo extra en la pata trasera con los correspondientes huesos del tarso, como hay en la especie humana algunas familias con seis dedos.

Pero en todas estas variaciones las relaciones de los huesos siguen siendo las mismas, y la forma de los dientes nunca cambia de manera apreciable; a lo sumo hay algunos individuos en los que se desarrolla un molar falso, ya sea en un lado o en el otro[143].

Hay, pues, caracteres en los animales que resisten a todas las influencias, ya sean naturales o humanas, y no hay nada que indique que el tiempo tenga un efecto mayor en ellos que el clima y la domesticidad.

Sé que algunos naturalistas confían mucho en los miles de siglos que acumulan de un plumazo; Pero en tales asuntos apenas podemos juzgar lo que produciría un tiempo largo, excepto multiplicando por el pensamiento lo que produce un tiempo más corto. Por lo tanto, me he esforzado por reunir los documentos más antiguos sobre las formas de los animales, y no hay ninguno que igualen en antigüedad y en la abundancia a los que Egipto nos proporciona. Nos ofrece, no solo imágenes, sino los cuerpos de los propios animales embalsamados en sus catacumbas.

He examinado con sumo cuidado las figuras de animales y pájaros grabadas en los numerosos obeliscos que llegaron de Egipto a la antigua Roma. Todas estas figuras son, en su conjunto, las únicas que podrían

---

[143] Nota 1830 (1) Véase la Memoria de mi hermano sobre las variedades de perros, que se inserta en los Anales del Museo de Historia Natural. Este trabajo se llevó a cabo a petición mía con los esqueletos que había preparado a propósito de todas las variedades de perro. [Parece ser que estas notas las puso su hermano Frédéric Cuvier (28 de junio de 1773 - 24 de julio de 1838) fue un paleontólogo, zoólogo y botánico francés. Era hermano menor de Georges Cuvier. Fallece años después de su hermano y pudo escribir estas notas. En la edición de 1881 aparece un hijo suyo y por tanto sobrino de Georges. NOTA del traductor]

haber sido objeto de la atención de los artistas, de una perfecta semejanza con la especie tal como las vemos hoy.

Cualquiera puede examinar las copias dadas por Kirker y Zoega sin tener en cuenta el. Pureza de línea de los originales, siguen ofreciendo figuras muy reconocibles. Es fácil distinguir el ibis, el buitre, la lechuza, el halcón, el ganso egipcio, la avefría, el rascón de tierra, la víbora de anteojos o el áspid, la víbora cornuda, la liebre egipcia con sus largas orejas, incluso el hipopótamo; y en estos numerosos monumentos grabados en la gran obra sobre Egipto vemos a veces los animales más raros, el algazel (el orix blanco), por ejemplo, que sólo se ha visto en Europa durante unos pocos años[144].

Mi erudito colega M. Geoffroy Saint-Hilaire[145], imbuido de la importancia de esta investigación, se ha

---

[144] Nota edición 1881 (i) La primera imagen de ella del natural está en la Descripción de la Casa de fieras, de mi hermano: está perfectamente representada, :D escritura. de Egipto. Antiq., tom. IV, Lámina XLIX.

[145] [Las relaciones entre Cuvier y Saint Hilaire no eran demasiado buenas El libro de Hervé Le Guyader, titulado «Geoffroy de Saint Hilaire. Un naturaliste visionnaire», contiene el texto íntegro del tratado "Principes de Philosophie zoologique (Discutés en Mars 1830 au sein de l'Academie Royale des Science)", de Geoffroy, y los escritos correspondientes al debate con Cuvier. Aunque el debate versaba acerca de la conveniencia o no de buscar un plan único en el desarrollo de los animales, su significado es más profundo. Si aceptamos el plan único, estaremos admitiendo que el hombre es, ni más ni menos que eso: un animal. Pero en 1830 el terreno académico no estaba todavía bien preparado para esto. Para admitir en los medios académicos que el hombre es un animal será necesario que llueva mucho y que la historia deje caer todavía unos cuantos golpes sobre las espaldas de los intelectuales, que no sobre las del hombre de la calle, para quien las cosas siempre estuvieron

ocupado de recoger de las tumbas y templos del Alto y Bajo Egipto tantas momias de animales como ha podido. Trajo gatos, ibis, aves rapaces, perros, monos, cocodrilos, una cabeza de buey, todos embalsamados, y ciertamente no hay más diferencia entre estos seres y los que vemos, que entre las momias humanas y los esqueletos de los hombres de nuestros días[146]. Se podían encontrar entre las momias de ibis y los ibis descritos por los naturalistas hasta nuestros días; pero he eliminado todas las dudas en una memoria sobre esta ave, que se encontrará al final de este discurso, y en la que he demostrado que es aún ahora la misma que en el tiempo de los faraones[147]. Soy muy consciente de que sólo estoy citando individuos de dos o tres mil años de antigüedad, pero eso siempre es retroceder lo más posible.

No hay, por lo tanto, nada en los hechos conocidos que pueda apoyar en lo más mínimo la opinión que los nuevos géneros que he descubierto o establecido entre los fósiles, como tampoco los que han sido descubiertos por otros naturalistas, los *paloeotheriums,* los *anoplotheriums,* los *megalonyxes,*

---

más claras. Así, en la primera mitad del siglo XIX; mucho antes de existir una biología moderna; antes de haberse escuchado los azotes repartidos a diestro y siniestro por Nietzsche, por Marx y por Freud, Geoffroy defiende la que luego será una idea central de la biología. https://www.madrimasd.org/blogs/biologia_pensamiento/2008/03/12/86451 NOTA del traductor]

[146] Nota edición 1830 (1) Véase la nota sobre las variedades de cocodrilos la nota 21 de mi *Regne Animal,* segunda edición, tomo II, pág. 31 de la segunda edición.

[147] Nota de la edición de 1830: Véase los datos que se incluyen en *Recherches sur les ossements fossiles* (segunda y tercera edición) página CXLI, y en la 4ª edición, tomo I, pág. 418.

los mastodontes, los pterodáctilos, los ictiosaurios, etc.
pueden haber sido los antecesores de algunos de los
animales actuales, que difieren de ella sólo en la
influencia del tiempo o del clima; y aunque fuera verdad
(cosa que todavía estoy lejos de creer) que los elefantes,
los rinocerontes, los ciervos gigantescos y los osos
fósiles no difieren de los de hoy más de lo que las
especies de perros difieren entre sí, no sería posible
concluir de esto la identidad de las especies, porque las
especies de perros han estado sujetas a la influencia de
la domesticidad que estos otros animales no han sufrido
ni han podido soportar.

Además, cuando sostengo que los bancos
pedregosos contienen los huesos de varios géneros, y
los capas sueltas los de varias especies que ya no
existen, no pretendo que haya sido necesaria una
nueva creación para producir las especies que ahora
existen; Sólo digo que no existían en los lugares donde
ahora se ven, y que deben haber venido allí de otra
parte. Supongamos, por ejemplo, que una gran
irrupción del mar cubriera el continente de Nueva
Holanda con un montón de arena u otros derrubios,
enterraría allí los cadáveres de canguros: fascolomas,
dasyuros[148], perameles[149], petauros del azúcar,

---

[148] [*Dasyurus* es un género de
mamíferos marsupiales dasiuromorfos de
la familia Dasyuridae conocidos vulgarmente
como cuoles, quoles, gatos marsupiales, gatos nativos o satanelos.
Son un grupo de carnívoros de mediano tamaño que habitan
en Australia y Nueva Guinea. Su existencia abarca desde
el Mioceno Superior hasta el presente. NOTA del traductor]
[149] [*Perameles* un género de marsupiales peramelemorfos de la
familia Peramelidae conocidos vulgarmente como bandicuts
hociquilargos. Son propios de Australia. NOTA del traductor]

equidnas y ornitorrincos[150], y destruiría por completo las especies de todos estos géneros, ya que ninguno de ellos existe ahora en otros países.

Que esta misma revolución puede haber secado los estrechos pequeños y multiplicados que separan Nueva Holanda del continente asiático, y abrirá entonces un camino para elefantes, rinocerontes, búfalos, caballos, camellos, tigres y todos los demás cuadrúpedos asiáticos que vendrán a poblar una tierra donde antes eran desconocidos. Que un naturalista, después de haber hecho un buen estudio de toda esta naturaleza viva, se le ocurra excavar el suelo en el que vive, y encontrará allí los restos de seres muy diferentes.

Lo que Nueva Holanda[151] sería, en el supuesto que acabamos de hacer, Europa, Siberia y una gran parte de América, son de hecho; y tal vez algún día se descubra, cuando examinemos los otros países y la propia Nueva Holanda, que todos ellos han sufrido revoluciones similares, casi diría intercambios mutuos

---

[150] NOTA edic 1881: Todos estos animales son especialmente de Australia y de Nueva Zelanda, que pertenece geológicamente a la gran Isla oceánica.

[151] [Como ya hemos apunta más arriba, Nueva Holanda (en neerlandés: *Nieuw Holland*, en latín: *Nova Hollandia*) es un nombre histórico europeo que recibió la isla-continente de Australia. El nombre fue aplicado por primera vez a dicho continente en 1644 por el marino neerlandés Abel Tasman. El nombre se aplicó a toda la *Tierra del Sur* o *Terra Australis*, aunque la costa del continente aún no se había explorado por completo; pero después del asentamiento británico en Sídney en 1788, el territorio al este del continente reclamado por Gran Bretaña fue nombrado *Nueva Gales del Sur*, dejando la parte occidental como *Nueva Holanda*. Nueva Holanda continuó usándose de manera semioficial y popular como nombre para todo el continente hasta mediados de la década de 1850. NOTA del traductor]

de producciones, porque, vayamos más de cerca a la suposición. Después de este transporte de los animales asiáticos a Nueva Holanda, admitamos una segunda revolución que destruirá Asia, su patria primitiva; los que los observen en Nueva Holanda, su segundo país, se sentirán tan avergonzados de saber de dónde vienen, como uno puede estarlo ahora de encontrar el origen de la nuestra.

Aplico esta forma de ver a la especie humana.

No hay huesos de humanos fósiles

Es cierto que aún no se han encontrado huesos humanos entre los fósiles; y esta es una prueba más de que las especies fósiles no eran variedades, ya que no podían haber sido influenciadas por el hombre.

Digo que nunca se han encontrado huesos humanos entre los fósiles, por supuesto entre los fósiles: por supuesto, entre los fósiles propiamente dichos, es decir, en los capas regulares de la superficie del globo; porque en las ciénagas, en los aluviones, así como en los cementerios, bien podrían desenterrarse huesos humanos, así como huesos de caballos u otras especies vulgares; también se podían encontrar en grietas en la roca, en cuevas donde las estalactitas se habrían amontonado sobre ellas; pero en los lechos que contienen a las especies antiguas, entre los paleoterios, e incluso entre elefantes y rinocerontes, ni lo más mínimo Hueso humano[152].

---

[152] NOTA edición 1881: Los descubrimientos posteriores a Cuvier y de una autenticidad incontestable han aclarado con luz clara este punto de la ciencia que era oscuro desde 1835. El honor corresponde a M. Boucher de Perthes que ha encontrado en los terrenos cuaternarios de Moulin-Quignon, cerca de Abbeville, una

Apenas hay obreros en París que no crean que los huesos que pululan por nuestros yeseros son en su mayor parte huesos de hombres; pero como he visto muchos millares de estos huesos, bien puedo afirmar que nunca ha habido uno solo de nuestra especie. He examinado en Pavía los grupos de huesos traídos por Spallanzani, de la isla de Cérigo[153], y, a pesar de la afirmación de este célebre observador, también encuentro que no hay ninguno de ellos que pueda sostenerse como humano.

El *homo diluvü testis* de *Scheuchzer* ha sido reemplazado, en mi primera edición, por su verdadero género, que es el de las salamandras; y en un examen que he hecho de él desde entonces en Harlem, gracias a la indulgencia de Mr. Van Marum, que me permitió descubrir las partes ocultas en la piedra, he obtenido una prueba completa de lo que había anunciado[154]. Entre los huesos encontrados en Canstadt hay un

---

mandíbula humana que fue objeto de estudio por los sabios y que fue objeto de discusiones concluyentes. Cada día, puede decirse, viene a corroborar la prueba de la existencia del hombre en la época Cuaternaria, con hechos ya numerosos y que prestan una consistencia considerable y nos muestran incluso que habitaba la tierra en la época terciaria y contemporánea de fósiles a los que Cuvier se inclinaría a creer extraños.

[153] [La isla de Cítera (actual Cérigo, al sur de la península del Peloponeso), donde se desatan unos fuertes vientos que, tras nueve días, conducen a los aqueos a la tierra de los lotófagos. NOTA del traductor]

[154] NOTA edición 1881: El conocimiento de Cuvier era tan seguro y tan profundo que, cuando el dueño de la tierra donde yacía el famoso fósil le permitió hacer excavaciones, sacó de antemano los huesos que creía que debían encontrarse. Para gran admiración de los testigos de estas excavaciones, los huesos fueron devueltos hasta el punto de estar absolutamente de acuerdo con los que él había especificado.

fragmento de una mandíbula y algunas obras humanas;
pero se sabe que el suelo fue removido sin precaución,
y que no se prestó atención a las diversas alturas a las
que se descubrió todo. En todas partes, las piezas dadas
para los seres humanos se han encontrado, al ser
examinadas, de algún animal, ya sea que hayan sido
examinadas en la naturaleza o simplemente en figuras.
Incluso recientemente, se afirmó que había sido
descubierto en Marsella en una piedra descuidada
durante mucho tiempo (i)[155] eran impresiones de tubos
marinos (2)[156].

Los verdaderos huesos de los hombres eran
cadáveres que habían caído en hendiduras, o que
habían permanecido en viejas galerías mineras, o
manchados con incrustaciones, y extiendo esta
afirmación a los esqueletos humanos descubiertos en
Guadalupe en una roca formado por parches de
madréporas arrojadas por el mar y unidas por un jugo
calcáreo (1)[157]

---

[155] Nota edición 1830. (1) Véase el *Journal de Marseilles et des
Bouches-du-Rhône*, del 27 de septiembre, octubre y 1 de
noviembre de 1820.
[156] Nota edición 1830 (2) Lo he comprobado por los dibujos que
me ha enviado el señor Cottard, actual rector de la Academia de
Aix.
[157] NOTA 1830 y 1881: (1) Estos esqueletos, más o menos
mutilados, se encuentran cerca del puerto de Le Moule, en la costa
noroeste de la gran tierra de Guadalupe, en una especie de glacis
apoyado en las costas escarpadas de la isla, que el agua cubre en
su mayor parte en mar abierto, y que no es más que una toba
formada y aumentada diariamente por los diminutos restos de
conchas y corales que las olas desprenden de las rocas. y cuyo
racimo adquiere una gran cohesión en lugares que suelen ser
secos. Se puede ver con lupa que varios de estos fragmentos tienen
la misma tonalidad roja que algunos de los corales contenidos en
los arrecifes de la isla. Este tipo de formaciones son comunes en

todas las Indias Occidentales, donde los negros las conocen bajo el nombre de Casa del Buen Dios. El aumento es tanto más rápido cuanto que el movimiento de El agua es más violenta. Han extendido la llanura de Les Cayes hasta Saint-Domingue, cuya situación tiene cierta analogía con la playa de Le Moule, y a veces se encuentran fragmentos de barro y otras obras humanas a una profundidad de veinte pies. Se han hecho mil conjeturas, y hasta se han imaginado acontecimientos que explican estos esqueletos de Guadalupe; pero, por todas estas circunstancias, el señor Moreau de Jonnès, corresponsal de la Academia de Ciencias, que se hallaba en el lugar, y a quien debo todos los detalles anteriores, piensa que no son más que cadáveres de personas que perecieron en algún naufragio que fueron descubiertos en 1805 por el señor Manuel Cortés y Campomanes, luego un oficial de Estado Mayor, sirviendo en la colonia. El general Ernouf, el gobernador, hizo extraer uno con gran dificultad, que faltaba la cabeza y casi todas las extremidades superiores habían sido depositadas en Guadalupe, y se esperaba que fueran extirpadas para tener uno más completo para enviarlos juntos a París, cuando la isla fue tomada por los ingleses. El almirante Cochrane, habiendo encontrado este esqueleto en el cuartel general, lo envió al Almirantazgo británico, que lo presentó al Museo Británico. Es todavía en esta colección donde el Sr. Koe, curador de la parte mineralógica, la describió para la Trans. Phil. de i8i4, y donde lo vi en i8i8.31. Koenig observa que la piedra en la que está involucrado no ha sido tallada, sino que parece haber sido simplemente insertada, como un núcleo distinto, en la masa circundante. El esqueleto es tan superficial que su presencia debió ser notada por la protuberancia de algunos de sus huesos. Todavía contienen partes de la y todo su fosfato de cal. La ganga, toda formada por parches de coral y Piedra caliza compacta, se disuelve fácilmente en ácido nítrico. El Sr. Koenig reconoció fragmentos de Milepora miniacea, algunas madréporas y conchas que comparó con helix acata y turbo pica. Más recientemente, el general Donzelot ha hecho extraer otro de estos esqueletos, que se puede ver en el gabinete del rey, y del que damos la figura, lámina 1. Es un cuerpo que tiene las rodillas dobladas". Hay algo de la mandíbula superior, la mitad izquierda de la inferior, casi todo un lado del tronco y la pelvis, y gran parte de la extremidad superior e inferior izquierda. La ganga es

Los huesos humanos encontrados cerca de Koestriz, y señalados por el señor de Schlotheim[158], habían sido descritos como si hubieran sido tomados de bancos muy antiguos; pero este respetable erudito se apresuró a dar a conocer hasta qué punto esta afirmación está todavía abierta a dudas. Lo mismo ocurre con los objetos hechos por el hombre. Las piezas de hierro encontradas en Montmartre son husos

---

esencialmente un travertino en el que se entierran las conchas del mar cercano, y las conchas terrestres que aún viven en la isla hoy en día, a saber, el *Bulinaus guadalupensis* de Férussac.

[158] Nota edición 1830: Véase von Schlothheim, *Traité des Pétrifications;* Gotha (1820) pág. 57; y su texto en *Isis,* (1820), cuaderno VIII, suplemento 6. [Ernst Friedrich von Schlotheim, o Ernst Friedrich, Barón von Schlotheim (2 de abril de 1764 - 28 de marzo de 1832), fue un botánico, paleontólogo, político alemán, nacido en el principado de Schwarzburgo-Sondershausen. A Ernst von Schlotheim se debe uno de los grandes trabajos en la historia de la paleobotánica, *"Die petrefactenkunde".* En dicho trabajo compara las floras del Carbonífero con las floras actuales. La conclusión a la que llega es revolucionaria por lo anticipada a su época: Las floras no pueden ser comparadas, y las floras del Carbonífero debieron desarrollarse en ambientes más cálidos que lo hacen las floras actuales. La práctica inexistencia de indicios directos o indirectos con que el autor contaba hace aún más meritorias las conclusiones a las que llegó en su época. Fue Consejero Privado y Presidente de la Cámara en la Corte del Ducado de Sajonia-Gotha. Comenzó a interesarse en la geología, consiguiendo poseer una muy extensa colección de fósiles. En 1804, publicó descripciones e ilustraciones de restos vegetales del Carbonífero: *Ein Beitrag zur Flora der Vorwelt [Una contribución a la flora del mundo antiguo].* En su obra, por primera vez en Alemania, los fósiles fueron nombrados de acuerdo con el sistema de nomenclatura binominal del genial Linneo. Sus especímenes se preservaron en el Museo de Berlín. Falleció en Gotha. NOTA del traductor]

utilizados por los obreros para poner la pólvora, y que a veces se rompen en la piedra (2)[159]

Hace unos meses se habló mucho de ciertos fragmentos humanos encontrados en cuevas de huesos de nuestras provincias meridionales, pero basta con que se hayan encontrado en cuevas para que encajen dentro de la norma.

Sin embargo, los huesos humanos se conservan al igual que los de los animales, cuando se encuentran en las mismas circunstancias. En Egipto no hay diferencia entre las momias humanas y las cuadrúpedas. He recogido, en excavaciones hechas hace algunos años, en la antigua iglesia de Santa Genoveva, huesos humanos enterrados bajo la primera especie, que incluso pueden haber pertenecido a algunos príncipes de la familia de Clodoveo, y que aún conservan muy bien sus formas (3)[160]. No se ve en el campo de batalla que los esqueletos de los hombres estén más alterados que los de los hombres. Si deducimos la influencia del tamaño, encontramos entre los fósiles animales tan pequeños como la rata aun perfectamente conservados.

Hay, por lo tanto, muchas razones para creer que la especie humana no existía en los países donde se descubrieron huesos fósiles, en la época de las revoluciones que enterraron estos huesos; porque no

---

[159] Nota edición 1830 (2) Probablemente no sea necesario que hable de esos fragmentos de arenisca que se intentaron hacer ruido hace unos años (en 1944). Esta sola circunstancia, de que eran un hombre y un caballo con su carne y piel los que iban a ofrecer, debería haber hecho comprender a todos que sólo podía ser un juego de la naturaleza y no una petrificación real.

[160] Nota edición 1830 (3) (1) El difunto Fourcroy ha hecho un análisis en *Annales du Muséum*, tomo X, pag. 1)

habría habido razón para que hubiera escapado a tales catástrofes generales, y para que sus restos no se encontraran hoy como los de otros animales; pero no quiero concluir de esto que el hombre no existiera en absoluto antes de ese tiempo. Podía habitar algunas áreas pequeñas. A partir de dónde Él repobló la tierra después de estos terribles acontecimientos;

Quizás, también, los lugares donde se encontraba estaban completamente arruinados, y sus huesos enterrados en el fondo del mar actual, con la excepción del pequeño número de individuos que han continuado su especie. Sea como fuere, el establecimiento del hombre en los países donde nosotros. Hemos dicho que los fósiles están por encontrarse.

La existencia de los animales terrestres, es decir, en la mayor parte de Europa, Asia y América, es necesariamente posterior no sólo a las revoluciones que han sepultado estos huesos, sino también a las que han puesto al descubierto los capas que los envuelven, y que son las últimas que ha sufrido el globo, de las cuales es claro que no se puede derivar ni de estos huesos mismos; ni de los montones más o menos considerables de piedras o tierra que los cubren, no hay argumento en favor de la antigüedad de la especie humana en estos diversos países[161].

Pruebas físicas de la novedad de la edad actual de los continentes

---

[161] Nota edición 1881: Hay numerosos testimonios que establecen que el hombre es contemporáneo de muchas especies descritas por Cuvier.

Por el contrario, si examinamos cuidadosamente lo que ha ocurrido en la superficie del globo desde que se secó por última vez, y los continentes asumieron su forma actual, al menos en sus partes algo elevadas, vemos claramente que esta última revolución, y por consiguiente el establecimiento de nuestras sociedades actuales, ha sido el resultado de esta última revolución, y por consiguiente el establecimiento de las sociedades actuales, no puede ser muy antiguo. Este es uno de los resultados más probados y comprobados en lo que menos se espera de una geología sólida; un resultado tanto más precioso cuanto que une la historia natural y la civil en una cadena ininterrumpida.

Midiendo los efectos producidos en un tiempo dado por las causas que ahora están activas, y comparándolas con las que han producido desde que comenzaron a actuar, podemos determinar aproximadamente el instante en que comenzó su acción, que es necesariamente el mismo en que nuestros continentes asumieron su forma actual. o el del último y repentino retroceso de las aguas.

Fue, en efecto, a partir de este retroceso que nuestros actuales escarpes comenzaron a derrumbarse y a formar colinas de derrubios a sus pies; que nuestros ríos actuales han comenzado a fluir y a depositar su aluvión; que nuestra vegetación actual ha comenzado a expandirse y a producir tierra para macetas; que nuestros acantilados actuales empezamos a ser devorados por el mar; que nuestras dunas actuales han comenzado a ser arrastradas por el viento; del mismo modo que fue a partir de este mismo período que las colonias humanas comenzaron o comenzaron de nuevo a extenderse, y a establecerse en los lugares que la naturaleza lo permitía. No hablo de nuestros volcanes, no sólo por la irregularidad de sus erupciones, sino porque no hay nada que pruebe que no hayan podido existir bajo el mar, y que, por lo tanto, no se les puede hacer servir para la medida del tiempo que ha transcurrido desde su última retirada.

Terreros, montículos de arena

Los señores Deluc y Dolomieu[162] son los que han examinado más cuidadosamente el curso de los

---

[162] [Jean André de Luc (1727–1817), geólogo y meteorólogo suizo, nacido en Ginebra el 8 de febrero de 1727, descendía de una familia que había emigrado de Lucca y se había establecido en Ginebra en el siglo XV. Construyó poco a poco, junto con su hermano Guillaume Antoine, un espléndido museo de mineralogía y de historia natural en general, que luego fue ampliado por su sobrino J. André Deluc (1763-1847), que también fue un escritor sobre geología. Se traslada a Inglaterra en 1773. Ese mismo año fue nombrado miembro de la Royal Society. En Alemania pasó el sexenio de 1798 a 1804; y tras su regreso emprendió un viaje geológico por Inglaterra. Según Cuvier, estuvo entre los primeros geólogos de su época. Su principal obra geológica, *Lettres physiques et morales sur les montagnes el sur l'histoire de la terre et de l'homme*, publicada por primera vez en 1778 y en una forma más completa en 1779. Trataba de la aparición de las montañas y de la antigüedad de la especie humana, explicaba los seis días de la creación mosaica como otras tantas épocas anteriores al estado actual del globo, y atribuía el diluvio al llenado de cavidades que se suponía habían quedado vacío en el interior de la tierra. Publicó posteriormente una importante serie de volúmenes sobre viajes geológicos por el norte de Europa (1810), Inglaterra (1811) y Francia, Suiza y Alemania (1813). Estos fueron traducidos al inglés. De Luc pretendía principalmente refutar el sistema vulcanista de Hutton y Playfair, quienes deducían los cambios de la estructura terrestre a partir de la operación del fuego, y atribuyó al estado actual de los continentes una antigüedad mayor que la requerida

desembarcos; Aunque se oponen mucho en un gran número de puntos de la teoría de la tierra, están de acuerdo en éste: los aterrizajes aumentan muy rápidamente; Deben haber aumentado mucho más rápidamente al principio, cuando las montañas proporcionaron más material para los ríos, y sin embargo su extensión es todavía bastante limitada.

Las Memorias sobre Egipto de Dolomieu tienden [163]a probar que, en tiempos de Homero, la lengua de tierra en la que Alejandro construyó su ciudad aún no existía; que era posible navegar inmediatamente desde la isla del Faro hasta el golfo que después se llamó lago Mareolis, y que este golfo era entonces de la longitud indicada por Menelao;

de unas quince a veinte leguas. Por lo tanto, sólo se habrían necesitado los novecientos años que habían transcurrido entre Homero y Estrabón para poner las cosas en el estado en que este último las describe, y reducir este golfo a la forma de un lago de seis leguas de largo.

Lo que es más cierto es que, desde entonces, las cosas han cambiado mucho. Las arenas que el mar y el viento han levantado han formado, entre la isla del Faro y la ciudad vieja, una lengua de tierra de doscientas brazas de ancho, sobre la cual se construyó la nueva ciudad. Han obstruido la desembocadura más cercana del Nilo y reducido el lago Mareotis a casi nada. Mientras tanto, el aluvión del Nilo se depositó a lo largo del resto de la costa, y se extendió inmensamente.

---

en el sistema neptuniano adoptado por Deluc según D. Dolomieu. NOTA del traductor]

[163] Nota edición 1830 (1) *Journal de Physique*, tomoLII, pag. 40 y siguientes (1791)

Los antiguos no eran ajenos a estos cambios. Herodoto dice que los sacerdotes de Egipto consideraban a su país como un regalo del Nilo. Ha pasado, por así decirlo, añade, poco tiempo desde que apareció el Delta (i).[164] Ya Aristóteles observa que Homero habla de Tebas como si hubiera estado sola en Egipto, y no se menciona a Memphis (2).[165]

Las bocas canópica y pelusíaca del Delta del Nilo[166] eran antiguamente las principales, y la costa se extendía en línea recta de una a otra; todavía aparece en los mapas de Ptolomeo, desde entonces el agua ha fluido hacia las bocas bolbitina y fatnítica;
Fue a sus salidas donde se formaron los desembarcos más grandes, lo que dio a la costa un contorno semicircular. Las ciudades de Rosetta y Damietta, construidas a la orilla del mar en estas desembocaduras, hace menos de mil años, están ahora a dos leguas de ella. Según Demaillet, sólo se habrían necesitado veintiséis años para extender media legua un cabo frente a Rosetta (1)[167]

---

[164] Nota edición 1830 (1) Herodoto. *Euterpe*, V y XV.
[165] Nota edición 1830 (2) Aristóteles, *Meteor.*, libro I, capítulo 14.
[166] [Antiguamente, Plinio el Viejo, en *Naturalis Historia* (Libro 5, capítulo 11), decía que al llegar al delta, el Nilo se dividía en siete brazos (de este a oeste): el Pelusiano, el Tanis, el Mendes, el Phatnitico, el Sebennitico, el Bolbitina y el Canopico. Ahora sólo quedan dos brazos principales, debido al control de inundaciones, la sedimentación y el cambio de suelo: la Damietta (correspondiente al Phatnitico) al este, y la Rosetta (correspondiente a la Bolbitina) en la parte occidental del Delta. El Delta solía inundarse anualmente, pero esto acabó con la construcción de la presa de Asuán .NOTA del traductor]
[167] Nota edición 1830 (1) Demaillet. *Description de l'Egypte*, p. 102 et 103- nota edición 1880: Las observaciones más precisas

La elevación del suelo de Egipto tiene lugar al mismo tiempo que esta extensión de su superficie, y el fondo del lecho del río se eleva en la misma proporción que las llanuras adyacentes, de modo que cada siglo la inundación supera con creces las marcas que ha dejado en siglos anteriores. Según Herodoto, un espacio de novecientos años había bastado para establecer una diferencia de nivel de siete u ocho codos (2)[168].

En Elefantina, la inundación está ahora siete pies por encima de las mayores alturas que alcanzó bajo Septimio Severo, a comienzos del siglo III. En El Cairo, para que se considere suficiente para regar, debe exceder tres pies y medio de la altura que era necesaria en el siglo IX. Los monumentos antiguos de esta famosa tierra están todos más o menos enterrados por su base. El limo traído por el río cubre incluso por varios pies los

---

hechas en las bocas del Mississipi y del Amazonas han indicado que el aterrizamiento es aún más rápido.

[168] Nota edición 1880: En una nota adjunta a la mayor parte de las ediciones, Cuvier expresa su arrepentimiento de que en ninguna parte de sus trabajos ha tratado de examinar cuál es el espesor que hoy se encuentran en los terrenos debajo del suelo primitivo. El intento ha sido hecho por los autores científicos ingleses. Estos la han encontrado en las excavaciones situadas en la orilla de los ríos a una profundidad de 30 metros. Más por afición de buscar cosas maravillosas que por encontrar la verdad, ellos han podido deducir de esta profundidad la edad de su descubrimiento, basándose en el hecho de que el suelo egipcio se levanta dos milímetros en cada inundación del río Nilo, y sin hacer caso de las medidas realizadas, ni de las diversas circunstancias propias de las localidades exploradas, han llegado a la conclusión, después de sus cálculos, de hacer remontar a 15.000 años esta obra, mientras que el hombre en estas tierras de civilizaciones antiguas no se podían remontar más allá de 4 mil años apenas.

montículos artificiales sobre los que se asienta el río, y
en sus orillas se asientan las ciudades antiguas. (1)[169]

El delta del Ródano no es menos notable por sus
aumentos. Astruc da los detalles en su *Historia Natural
de la Languedoc*, y; mediante una cuidadosa
comparación de las descripciones de Mela, Estrabón y
Plinio con el estado de las cosas a principios del siglo
XVIII, demuestra, en. apoyándose en varios escritores
de la Edad Media, que las armas del Ródano se han
alargado tres leguas durante los últimos mil
ochocientos años; que se han hecho desembarcos
similares al oeste del Ródano, y que muchos lugares,
todavía situados hace seiscientos u ochocientos años
en la orilla del mar o en los estanques, están ahora a
varias millas en tierra firme.

Todo el mundo en Holanda e Italia puede
aprender con qué rapidez el Rin, el Po y el Arno, ahora
rodeados de ellos, levantan sus fondos; ¡Hasta dónde se
adentran sus desembocaduras en el mar, formando
largos promontorios a sus lados, y juzguen por estos
hechos los pocos siglos que estos ríos han empleado en
depositar las llanuras bajas por las que ahora pasan!

Muchas de las ciudades, que en períodos bien
conocidos de la historia fueron puertos marítimos
florecientes, se encuentran ahora a unas pocas leguas

---

[169] Nota edición 1830 (1) Véanse las Observaciones sobre el Valle
de Egipto y en la elevación secular del terreno que lo cubre, por M.
Girard (gran obra sobre Egipto, Et. Mod. Mena., Tom. il, pag. 343).
Con lo cual volveremos a comentar a quien Dolomieu, Shaw y otros
autores respetaban. Estas elevaciones seculares eran mucho más
estimadas. más alto que el Sr. Girard. Es lamentable que en
ninguna parte tengamos- Traté de examinar qué tan gruesos son
estos hoy en día. tierra por encima del suelo primitivo, la roca
natural.

de tierra[170]; muchas incluso han sido arruinadas como consecuencia de este cambio de posición. Venecia lucha por mantener las lagunas que la separan del continente; y, a pesar de sus mejores esfuerzos, EHE inevitablemente un día se verá obligado a tierra firme (i).[171]

Sabemos por el testimonio de Estrabón que en tiempo de Augusto Rávena estaba en las lagunas como ahora Venecia, y ahora Rávena está a una legua de la orilla. Spina fue fundada por los griegos a la orilla del mar, y en la época de Estrabón estaba a noventa estadios de ella, y ahora está destruida. Adria, en Lombardía, que dio su nombre al mar, del que era hace veintitantos siglos el puerto principal, está ahora a seis leguas de él. Fortis incluso ha hecho plausible que en un momento anterior las montañas Euganeas podrían haber sido islas.

Mi erudito colega del Instituto, M. de Prony, Inspector General de Caminos y Puentes, me ha dado información muy valiosa para la explicación de estos cambios en la costa adriática[172]. Habiendo recibido instrucciones del Gobierno para que estudie los remedios que podrían aplicarse a la devastación causada por las crecidas del río Po, encontró que este río, desde el tiempo en que estaba cercado con diques, ha elevado tanto su fondo, que la superficie de sus

---

[170] Nota edición 1881: Desde Algas Muertas, o San Luis se embarca en 1248 para Egipto, y hoy está a seis kilómetros del mar.

[171] Nota edición 1881: (i) Véanse las Memorias de M. Forfait sobre las lagunas de Venecia. (Memoria de la Clase Física del Instituto, tomo V, pág. 2i 3.)

[172] [Para mayor facilidad de lectura, lo ponemos al final de este apartado. NOTA del traductor]

aguas es ahora más alta que los techos de las casas de
Ferrara; Al mismo tiempo, sus desembarcos han
avanzado en el mar con tal rapidez, que comparando
los mapas antiguos con el estado actual, se ve que la
costa ha ganado más de seis varas desde 1604, que es
ciento cincuenta o ciento ochenta pies, y en algunos
lugares doscientos pies al año. Los ríos Adigio y Po son
ahora más altos que toda la tierra intermedia; y sólo
abriéndoles nuevas capas en las partes inferiores que
antes han tendido, se pueden prevenir los desastres con
los que ahora amenazan. Las mismas causas han
producido los mismos efectos a lo largo de los brazos
del Rin y del Mosa, y así es como los cantones más ricos
de Holanda tienen continuamente el espantoso
espectáculo de los ríos suspendidos a veinte y treinta
pies sobre su suelo.

M. Wiebeking, director de Caminos y Puentes del
Reino de Baviera, ha escrito una Memoria sobre este
curso de cosas, tan importante de conocer bien para los
pueblos y los gobiernos, en la que muestra que esta
propiedad de elevar su fondo pertenece más o menos a
todos los ríos.

Los montículos de arena a lo largo de las costas
del Mar del Norte no son más lentos que en Italia. Se
remontan fácilmente a Frisia y a la región de Groninga,
donde conocemos la época de los primeros diques
construidos por el gobernador español Gaspar Ro-Lies,
en 1570. Cien años más tarde, ya se habían ganado tres
cuartos de legua de tierra en algunos lugares fuera de
estos diques, y la ciudad misma de Groninga, construida
en parte sobre el suelo antiguo, sobre una piedra caliza
que no pertenece al mar actual, y donde se encuentran
las mismas conchas que en nuestra tosca piedra caliza

en las cercanías de París. la ciudad de Groninga está a sólo seis leguas del mar.

Después de haber estado en el lugar, puedo confirmar, por mi propio testimonio, hechos que son muy bien conocidos, y de los cuales el señor De Luc ya ha expuesto muy bien la mayor parte[173]. El mismo fenómeno, y con la misma precisión, pudo observarse a lo largo de todas las costas de Ost-Friesland, el país de Bremen y Holstein, porque conocemos los tiempos en que las nuevas tierras fueron rodeadas por primera vez. y que puedas medir lo que has ganado desde entonces.

Esta frontera, de admirable fertilidad, formada por los ríos y el mar, es para estos países un don tanto más precioso cuanto que el suelo antiguo, cubierto de brezos y turberas, se niega a cultivarse casi en todas partes; sólo el aluvión proporciona la subsistencia de las populosas ciudades, construidas a lo largo de esta costa desde la Edad Media. y que no hubieran alcanzado este grado de esplendor si no hubiera sido por los ricos suelos que los ríos habían preparado para ellos, y que continuamente aumentan.

Si la magnitud que Herodoto atribuye al mar de Azof, que hace casi igual al Euxino[174], se expresara en términos menos vagos, y si supiéramos bien lo que quiere decir con el Gerro[175], todavía encontraríamos en él pruebas contundentes de los cambios producidos por

---

[173] Nota edición 1881: En diferentes lugares de los dos últimos volúmenes de sus *Cartas a la reina de Inglaterra.*

[174] Nota edición 1830: Treinta y tres mil metros del meridiano de Adria; Por lo tanto concluye que la tasa aluvial promedio es de alrededor de setenta metros al año para los dos últimos siglos, una marcha que, cuando se refiere a períodos más remotos p asaría a ser mucho más rápido. De Prony (1) *Melpora.,* LXXXVI.

[175] Nota edición 1830: (2) Ibíd., LVI.

los ríos y de su rapidez; porque sólo el aluvión de los ríos podría haber (i)[176]Desde entonces, es decir, durante los últimos doscientos o trescientos años, para reducir el mar de Azof tal como está, para cerrar el curso de este Gerro o rama del Dniéper que habría desembocado en el Hypacyris, y con él en el golfo de Carcinites u Olu-Degnitz, y reducir el Hypacyris mismo a casi nada[177].

O no sería menos fuerte si fuera completamente cierto que el Oxus o Sihoun, que ahora desemboca en el lago de Aral, cayó una vez en el mar Caspio; pero tenemos cerca de nosotros hechos suficientemente demostrativos para no alegar equívocos, y para no explotar nosotros mismos al hacer de la ignorancia de los antiguos en geografía la base de nuestras proposiciones físicas[178].

---

[176] Nota edición 1830: (1) Esta supuesta disminución también se ha atribuido a la desde el Mar Negro y el Mar de Azof hasta la ruptura del Bósforo que se dice que llegó en el momento de la supuesta inundación De. Deucalión y, sin embargo, para establecer el hecho en sí mismo, nos basamos en las disminuciones sucesivas de la extensión atribuida a estos mares en Herodoto, en Estrabón, etc. Pero es demasiado obvio que si esta disminución si hubiera venido de la ruptura del Bósforo, debería haber sido mucho antes de Herodoto, y ya en la época incluso donde se coloca a Deucalión.

[177] Nota edición 1830: (2) Véase la *Geografía de Herodoto*, de M. Renne, págs. 56 y ss., y una parte de la obra de M. Dureau de Lamalle, titulada Geografía física del Mar Negro, etc. Sólo el pequeño río de Kamennoipost puede representar ahora a Gerro e Hipaciris tal y como los describió Herodoto. Ar. B. M. Dureau, según dice en la pág. pag. 170, atribuido a Herodoto debia haber hecho que el Borístenes y el Hypanis se abrieran en el los Palus-Meotis; pero Herodoto sólo dice que estos dos ríos desembocan juntos en el el mismo lago, es decir, en el Limán, como lo es hoy. Herodoto no hace que el Gerro vaya más lejos hus et l'Hypacyris.

[178] Nota edición 1881: (1) Por ejemplo, M. Dureau de Lamille, en su Geografía física del Mar Negro, cita a Aristóteles (Meteor., 1. t, c. i3)

ANEXO: (1) Extracto de las Investigaciones de M. de Prany sobre el sistema hidráulico de Italia.
Desplazamiento de la parte de la orilla adriática ocupada por las desembocaduras del Po.

La parte de la orilla del Adriático entre las extremidades meridionales del lago o de las lagunas de Comacchio y las lagunas de Venecia, ha sido desde entonces cambios considerables, atestiguados por los testimonios de los autores más fidedignos, y que el estado actual del suelo, en. Países. situado cerca de esta orilla, no permite la revocación en caso de duda; Pero es imposible dar detalles exactos del progreso sucesivo de estos cambios, y especialmente mediciones precisas, para períodos anteriores al siglo XII de nuestra era.

Se asegura, sin embargo, que la ciudad de Hatria, ahora Adria, estuvo una vez a la orilla del mar; y aquí hay un punto fijo y conocido de la orilla primitiva, cuya distancia más corta a la costa actual, tomada en la

---

como "enseñándonos que en su tiempo "Todavía había varios períodos y viajes antiguos" que atestiguan que había un canal que partía del mar "Caspio en el Palus-Meotis. Así es como se ve Las palabras de Aristóteles se reducen al lugar citado (edición de Duval, i, 545, B.) "De la descendencia de Paropamisus "Entre otros ríos, el Bâclais, el Choaspes y el "El Araxes, de donde el Tanais, que es una rama de él, de-"Aterriza. el Palus-Meotis. ¿Quién no ve nada más que este galimatías? que no se base en viajes o períodos. Es sólo la extraña idea de los soldados de Alejandro, que tomó el Jaxartes o Tanaïs de Transoxiana para el Don o Tanaïs de allí Escitia. Arriano y Plinio hacen la distinción; pero parece que no estaba hecho de la época de Aristóteles. ¿Y cómo querer extraer documentos de tales geógrafos?

desembocadura del Adigio, es de veinticinco mil yardas.[179] Los habitantes de esta ciudad tienen pretensiones de antigüedad exagerado en muchos aspectos; pero no se puede negar que es una de las más antiguas de Italia: dio su nombre al mar que bañaba sus paredes. Se ha reconocido, por algunas excavaciones realizadas en su interior y en sus alrededores, la existencia de una capa de tierra sembrada de fragmentos de cerámica etrusca, sin mezcla alguna de obra romana, en el que se han descubierto los restos de un teatro; Ambas capas están muy por debajo del suelo actual; y he visto en Adria algunas colecciones curiosas, donde se clasifican y separan los monumentos que contienen.

El príncipe virrey, a quien le comenté hace algunos años lo interesante que era para la historia y la geología ocuparse en gran escala de los trabajos de las excavaciones de Adria, y determinar las alturas en relación con el mar, tanto del suelo primitivo como de las capas sucesivas de aluvión, apreció mucho mis ideas a este respecto. No sé si ha habido algún seguimiento a mis propuestas.

Siguiendo la costa, desde Hatria, que estaba situada en el fondo de un pequeño golfo, había al sur una rama del Athcsis (el Adigio) y las trincheras filisteas. cuya huella corresponde a la que podrían tener el Mincio y el Tártaro juntos, si el Po fluyera todavía al sur de Ferrara; luego vino el Delta Yenetum, que parece haber ocupado el lugar donde se encuentra el lago o laguna de Comacchio. Este delta estaba atravesado por

---

[179] Nota ediciones 1830 y 1881: (1) Pronto se verá que la punta del promontorio aluvial, formado por el Po, está a unos diez mil metros más adentro del mar que la desembocadura del Adigio.

siete bocas del Eridanus, o Yadir, Padus o Podincus, que tenía en su orilla izquierda, en el punto de desecación de estas bocas, la ciudad de Trigopolif, cuya posición no muy lejos de la de Ferrara. Siete lagos encerrados en el delta tomaron el nombre de *Septem Maria*, y Hatria a veces se llama *Urbs Septem Marium.*

Subiendo por la orilla en el lado norte, desde Hatria, estaba la boca principal del Athesis, también llamado Fossa Phildistina, luego Aestuarium Altini, un mar interior, separado del grande por una línea de islotes, en medio de los cuales había un pequeño archipiélago de otros islotes, llamado Rialtum; Es en este pequeño archipiélago donde ahora se encuentra Venecia: el Aestuarium Altini, más con el mar que a través de cinco pasos, habiéndose unido los islotes para formar un continuo.

Al este de las lagunas y al norte de la localidad de Este se encuentran las Colinas Euganeas, formando, en medio de una vasta llanura aluvial, un grupo aislado y notable de pitones, en cuyas proximidades. La ubicación de la famosa caída de Faetón. Algunos autores afirman que que enormes masas de materia llameante, arrojadas por explosiones volcánicas en las desembocaduras del Eridanus, dio origen a esta fábula. Es muy cierto que Hay mucho espacio en las cercanías de Padua y Verona productos que muchos creen que son volcánicos.

La información que recopilé sobre el depósito desde la costa adriática hasta la desembocadura del Po, en el siglo XII para tener cierta precisión en este sentido. En ese momento, todas las aguas del Po fluían al sur de Ferrara en el Po de Volano y en Po de Primaro, derivación que abarcó el espacio ocupado por la laguna de Comacchio. Las dos bocas en las que después desembocó el Po, hicieron una irrupción al norte de Ferrara, fueron nombrados, une, río Corbola, Longola ou, Mazorno ou el otro, río Toi. El primero, que era el más septentrional, recibía cerca del mar el Tártaro o canal Bianco, el segundo, se amplió a Ariano por una circunvalación del Po, llamado río Goro.

El río desde el mar se dirigía sustancialmente desde el sur hacia el norte, a una distancia de diez u once mil yardas de la Adria Meridiana; Estaba pasando hasta el punto en el que está ahora la esquina occidental del recinto de Mesola; y Lorco, al norte de la Mesola, estaba a poca distancia de ella unos doscientos metros.

Hacia mediados del siglo XII, las grandes aguas del Po pasaron a través de los hombres dignos que los apoyaron desde el principio. en su orilla izquierda, cerca de la pequeña ciudad de Ficarolo, situado a diecinueve mil metros al noroeste de Ferrara, se extendió a la parte En el territorio de Ferrara y en el Polesine de Rovigo, desembocaban en los dos canales mencionados anteriormente de Mazorno y Toi. Parece bien sabido que el trabajo de los hombres ha contribuido mucho a esta distracción.

Los historiadores que han hablado de este hecho notable difieren entre sí sólo en algunos detalles. La tendencia del río a seguir las nuevas rutas que se le habían tespeciedo, haciéndose cada vez más enérgica, sus dos brazos del Rolano y del Primaro se empobrecieron rápidamente, y en menos de un siglo se redujeron casi al estado en que se encuentran actualmente.

El régimen del río se estableció entre la desembocadura del río del Adigio y la punta que ahora se llama Porlo di Goro; los dos canales de los que se había apoderado primero habiéndose vuelto inadecuadas, se cavaron otras nuevas para sí mismo; y A principios del siglo XVII su boca principal, llamado Sbocco di Tramontana, estando muy cerca de de la desembocadura del Adigio, este barrio alarmó a los venecianos, que se atrincheraron en el nuevo lit appelé Taglio di Porto Viro, o Po delle Fornaci, por medio de la cual se encontró la Bocca Maestra lejos del Adigio en el lado sur.

Durante los cuatro siglos transcurridos desde finales del siglo XII hasta el siglo XVI, el aluvión del Po ha ganado una extensión considerable del mar. La boca por el norte, la que se había apoderado del canal de Mazorno, y formó el Ramo di Tramontana fue, en 1600, a veinte mil metros del meridiano de Adria y la boca sur, la que había invadido el canal Toi, al mismo tiempo, estabas a diecisiete mil metros de distancia. A partir de este meridiano, la orilla se retranqueó nueve o diez mil yardas al norte,·y seis o siete mil metros al sur. Entre las dos bocas acabo de Había una ensenada o parte de la orilla menos que se llamaba *Sacca di Goro*.

Las principales obras de dique del río, y una parte considerable del desmonte de las laderas meridionales de los Alpes, tuvo lugar en este intervalo del siglo XIII hasta el siglo XVII.

Le Taglio de Porto Viro determina la pérdida de materiales de aluvión en el eje del vasto promontorio que ahora está formado por el las bocas del Po, a medida que las salidas al mar retrocedía, la cantidad anual de yacimientos aumentaba en una proporción aterradora, tanto por la disminución de la de la pendiente del agua (consecuencia necesaria de la elongación de la del lecho), que por el aprisionamiento de estas aguas entre diques, y por la facilidad con que se desmonta el terreno dio a los torrentes tributarios para que los llevaran el suelo de las montañas. Pronto la cala de Sacca di Goro fue rellenado, y los dos promontorios formados por las dos primeras bocas se unieron en una sola, de las cuales el punto actual está en treinta y dos o treinta y tres a mil metros del meridiano de Adria; de modo que, durante la hace dos siglos, las bocas del Po han ganado catorce mil metros Sobre el mar.

De los hechos que acabo de exponer se deduce rápido, 1- que en la antigüedad, la fecha precisa de la cual no se puede asignar, el mar Adriático estaba bañando los muros de Adria.

2. En segundo lugar, que en el siglo XII, antes de la apertura de la Ficarolo, un camino hacia las aguas del Po en su orilla izquierda, la orilla del mar se había alejado de Adria de nueve a diez mil metros.

3.º Que las puntas de los promontorios formados por las dos bocas principales del río Po se encontraban, en el año 1609, delante del Taglio di Porto Viro, a cierta distancia promedio de dieciocho mil quinientos metros de Adria, y que, desde el año 1200, ha dado una marcha aluvial de veinticinco metros por año.

4º. Que la punta del promontorio único formado por el está a unos treinta y dos metros de distancia de las bocas actuales, a treinta y tres mil metros del meridiano de Adria; por lo tanto, concluye, que la tasa aluvial promedio es de alrededor de setenta metros al año para los dos últimos siglos, una marcha que, cuando se refiere a períodos más remotos, pasaría a ser mucho más rápido. Firmado: De Prony[180].

---

[180] [Gaspard de Prony es uno de los 72 científicos cuyo nombre se encuentra en el primer piso de la Torre Eiffel. Él es 18, en la cara

hacia el sur. Gaspard-Clair-François-Marie-Riche, ingeniero, barón de Prony, nació en Chamelet (Ródano) el 22 de julio de 1755. Falleció en París el 31 de julio de 1839. Su padre era miembro del antiguo Parlamento de Dombes. Estudió en Toissey, en su país natal, y entró en la Ecole des Ponts et Chaussées el 5 de abril de 1776. Prony, que trabajó hasta la edad de ochenta y cuatro años, se había convertido pronto, en Francia, en la personificación del arte de la ingeniería. La administración pública habría pensado que incurría en la más severa culpa si hubiera empezado a trabajar de alguna importancia antes de consultar al académico. Napoleón, por ejemplo, al hablar de proyectos en el campo de la ingeniería civil antes que él, siempre hizo sonar estas palabras sacramentales: "¿Qué piensa Prony?"Prony merecía todos estos votos haciendo uso del conocimiento analítico de primer orden, perfeccionando la difícil teoría de la bóveda, la teoría no menos ardua del empuje de la tierra y el grosor de las paredes. revestimiento, estableciendo reglas a seguir en todos los asuntos relacionados con el agua corriente de los ríos, canales, tuberías, el uso de la fuerza elástica del vapor de agua y la temperatura, etc.Después de colaborar en la construcción del Pont de la Concorde, en París, para la reparación del puerto de Dunkerque, Napoleón le encargó grandes obras en Italia: la regularización del curso del Po; mejora de los puertos de Génova, Ancona, Venecia; Saneamiento de las marismas pontinas. Es el inventor del flotador de nivel constante, que presta muchos servicios a la hidráulica física, así como el freno al que el público agradecido ha vinculado su nombre. Este instrumento proporciona una base sincera, libre de controversia razonable, a las transacciones de los fabricantes de máquinas y compradores. Proporciona los medios para estudiar la fuerza de los motores más fuertes, en todas las condiciones posibles de velocidad. Ya ha prestado grandes servicios a la mecánica práctica. Finalmente, satisfizo una inmensa necesidad de ciencia y sus aplicaciones industriales. La introducción del sistema métrico, cuyo corolario natural es la sustitución de la división centesimal del círculo por la división sexagesimal, requirió la combinación de nuevas tablas trigonométricas. La Convención Nacional, en el informe de Carnot, invitó a Prony, entonces director del catastro, a componerlos. Fue en el año II. El gobierno quería que no dejaran nada que desear en cuanto a la precisión y, agregó, debían formar el monumento más

Cambios en las dunas

Hemos hablado más arriba de las dunas, o de esos montículos de arena que el mar arroja sobre las costas bajas cuando su fondo es arenoso. Dondequiera que la industria humana no ha podido fijarlas, estas dunas avanzan tierra adentro tan irresistiblemente como el aluvión de los ríos avanza hacia el mar; empujan ante sí estanques formados por el agua de lluvia de la tierra que bordean, y cuya comunicación con el mar impiden, y su progreso tiene, en muchos lugares, una rapidez espantosa. Los bosques, los edificios, los campos cultivados, lo invaden todo.

---

grande e imponente que se haya ejecutado o incluso concebido. No dudamos nada en ese momento. Prony quería estar a la altura de una misión formulada en términos tan inusuales. Los diecisiete volúmenes del gran formato de folio que contiene las tablas, aún manuscritas en 1891, del Catastro de Prony, superaron con creces, según lo prescrito por el programa republicano, no solo todas las obras de este tipo que los hombres habían emprendido. Hasta entonces, pero también lo que jamás se habían atrevido a concebir más extenso. Estas prodigiosas mesas pertenecen a la Biblioteca del Observatorio de París. El gobierno que ordenaría la impresión honraría y salvaría a este monumento científico de los peligros de una destrucción problemática pero posible. Prony tenía un gran genio y un corazón cálido. Arago relató que en 1837, a la edad de ochenta y dos años, medio siglo después del evento, había venido a rogarle que no olvidara, al escribir el elogio de Carnot, que este gran ciudadano Había salvado su vida en 1793. La ciudad de París le dio el nombre de Prony a una de sus calles en la orilla derecha del Sena. El retrato anterior representa a este erudito ingeniero, el glorioso antepasado y modelo de nuestros modernos ingenieros, se realizó en un dibujo ejecutado. por Louis Boilly en 1796. Prony tenía entonces cuarenta y un años. NOTA del traductor]

Las del golfo de Gascoña(1)[181] han abarcado ya un gran número de aldeas mencionadas en títulos de la Edad Media, y en la actualidad, sólo en el departamento de las Landas, amenazan a diez de ellas con una destrucción inevitable. Uno de estos pueblos Mimisan ha estado luchando contra ellos durante veinte años, y una duna de más de sesenta pies de altura se acerca, por así decirlo, a la vista. En 1802, los estanques invadieron cinco hermosas granjas en la de St. Julien (2);[182] desde hace mucho tiempo recorrieron una antigua calzada romana que conducía de Burdeos a Bayona, y que todavía se podía ver hace cuarenta años, cuando el agua estaba baja (3).[183] El Adour, que en épocas conocidas pasaba por el viejo Boucaut y desembocaba en el mar en el cabo Bretón, se desvía ahora a más de mil toesas.

El difunto M. Bremontier, inspector de caminos y puentes, que ha hecho un gran trabajo en las dunas, estimó su progreso en sesenta pies por año, y en algunos lugares en setenta y dos. Según sus cálculos,

---

[181] Nota edición 1830 (1) Véase el Informe sobre las Dunas del Golfo de Gascoña, par M. Tassin. Mont-de-Marsan, *Dunes du golfe de Gascogne.* Mont-de-Marsan, año X (informe). NOTA en edición 1881: De la inmensidad de trabajos publicados han cambiado muchos aspectos de muchos temas. El cambio en las dunas se ha aclarado desde dos puntos de vista. Por un lado, la construcción diques de tablones para circunscribir el alzado de las crestas y la fijación del suelo motivado por el cultivo de diverdas gramíneas con numerosas raíces de plantas rastreras. Una vez que el terreno está fijado, se hace más productivo para la plantación de pinos marítimos que, después de 40 años, han cambiado totalmente estas tierras abandonadas.

[182] Nota edición 1830: (2) Memoria de M. Bremoutier, sobre la fijación de las dunas.

[183] Nota edición 1830: (3) Tassin, loc. cit.

sólo tardarían dos mil años en llegar a Burdeos; y, de acuerdo con su extensión actual, debe haber un poco más de cuatro mil de ellos que han comenzado a formar.[184]

La cobertura de la tierra cultivable de Egipto por las áridas arenas de Libia, arrojadas a ella por el viento del oeste, es un fenómeno de la misma clase que las dunas. Estas arenas han invadido una serie de ciudades y aldeas, cuyas ruinas aún son visibles, y esto desde la conquista del país por los mahometanos, ya que las cimas de los minaretes de algunas mezquitas se ven perforando la arena[185]; con una marcha tan rápida, sin duda habrían llenado las partes estrechas del valle; si hubiesen pasado tantos siglos desde que habían comenzado a ser arrojados a ella (1)[186], no quedaría nada entre la cadena libia y el Nilo. Se trata, además, de un cronómetro cuya medición sería tan fácil como interesante.

Turberas y deslizamientos

Las turberas que se producen tan generalmente en el norte de Europa, por la acumulación de restos de esparto y otros musgos acuáticos, también dan una medida del tiempo; Envuelven así los pequeños montículos de la tierra en la que se forman, varios de los cuales han quedado enterrados en la memoria de los hombres. En otros lugares, la turbera desciende por los valles; avanza como glaciares; Pero los glaciares se

---

[184] Nota edición 1830: (1) Consultar la Mémoire de M. Bremontier.
[185] Nota edición 1830: (2) Denon. *Viaje a Egipto.*
[186] Nota edición 1830: (1) Podemos enumerar aquí todos los viajeros que han atravesado el borde occidental de Egipto.

derriten en su borde inferior, y la ciénaga no se detiene por nada en el camino. Sondeando hasta la tierra firme, juzgamos de su antigüedad, y encontramos, tanto en el caso de las turberas como en las dunas, que no pueden remontarse a una época indefinidamente remota. Lo mismo ocurre con los deslizamientos de tierra que se producen con prodigiosa rapidez al pie de todos los escarpes, y que aún están muy lejos de haberlos cubierto; Pero, como todavía no se han aplicado medidas precisas a estas dos clases de causas, no nos detendremos más en ellas (1)[187]

Siempre vemos que en todas partes la naturaleza nos habla el mismo idioma, en todas partes nos dice que el orden actual de las cosas no se remonta muy alto; Y, lo que es muy notable, el hombre nos habla en todas partes como lo hace la naturaleza, ya sea que consultemos las verdaderas tradiciones de los pueblos, o examinemos su estado moral y político, y el desarrollo

---

[187] Nota edición 1830: (1) Estos fenómenos están bien documentados en la Cartas de M. de Luc a la reina de Inglaterra, a los Endroils donde describe las ciénagas de Westfalia; y en sus Cartas a Lametherie, insertas en el Diario de Física de 1791, etc.; asi como en los que ha dirigidas al Sr. Blumenbach, y que han sido impresas en Franchais, en un solo volumen. París, 1798. A esto podemos añadir los interesantes detalles que da en sus *Viajes Geológicos*, tom. I, en las islas de la costa oeste del Ducado de Sleswik, y la manera en que fueron reunidos, ya sea entre ellos o con el continente, por aluvión y turberas, así como en las irrupciones que de tiempo en tiempo han destruido o separado algunas partes de ellas. Con respecto a los deslizamientos de tierra, el Sr. Jameson, en una nota de la traducción al inglés de este discurso, cita un ejemplo notable tomada de las escarpadas rocas llamadas Salisbury-Craig, cerca de Edimburgo. Aunque de uno, la altura mediocre, su cara abrupta y vertical aún no es oculto por la masa de derrubios que se acumula en su pie, y sin embargo que aumenta cada año.

intelectual que habían alcanzado en el momento en que comienzan sus monumentos auténticos.

La historia de los pueblos confirma la novedad de los continentes.

De hecho, aunque a primera vista las tradiciones de algunos pueblos antiguos, cuyo origen se remonta a tantos miles de siglos, parecen contradecir fuertemente esta novedad del mundo actual, cuando examinamos estas tradiciones más de cerca, no tardamos en darnos cuenta de que no tienen nada de históricas: uno pronto se convence, por otra parte, de que la verdadera historia, y todo lo que es El hecho de que nos haya conservado documentos positivos relativos a los primeros asentamientos de las naciones, confirma lo que los monumentos naturales habían anunciado.

La cronología de ninguno de nuestros pueblos de Occidente se remonta, por un hilo continuo, a más de tres mil años. Ninguno de ellos puede ofrecernos antes de esa época, ni siquiera dos o tres siglos después, una serie de hechos conectados entre sí con algún grado de probabilidad. El norte de Europa no tiene historia desde su conversión al cristianismo. La historia de España, la Galia y la Inglaterra no se remonta a ninguna que las conquistas de los romanos; la del norte de Italia, antes de la fundación de Roma es ahora casi desconocida. Los griegos confiesan que no tienen parte en la escritura que desde que los fenicios les enseñaron hace treinta y tres o treinta y cuatro años y durante mucho tiempo después, su historia está llena de fábulas, y no remontan trescientos años atrás los primeros vestigios de su reunión en un cuerpo de pueblos. Nosotros no. de la historia del Asia occidental sólo unos pocos extractos contradictorios, que, con un poco de continuidad, sólo llegan a veinticinco siglos[188], y admitiendo lo que se relata de ella, con algunos detalles históricos, difícilmente ascendería a cuarenta (2).[189]

El primer historiador profano de cuyas obras hemos sobrevivido, Herodoto, no tiene dos mil trescientos años[190]. Los primeros historiadores que pudo consultar no databan de un siglo anterior a él (4).[191] Incluso podemos juzgar lo que fueron por las extravagancias que nos quedan, extraídas de Aristeo de Proconeso y algunos otros.

Antes de ellos, sólo había poetas; y Homero, el más antiguo que poseemos, Homero, el eterno maestro y modelo de todo Occidente, precedió a nuestra época en sólo dos mil setecientos o dos mil ochocientos años.

Cuando estos primeros historiadores hablan de acontecimientos antiguos, ya sea de su propia nación o de naciones vecinas, sólo citan tradiciones orales y no obras públicas. No fue sino hasta mucho después de ellos que se dieron los llamados extractos de los anales egipcios, fenicios y babilónicos. Beroso escribió sólo en el reinado de Seleuco Nicátor, Jerónimo sólo en el

---

[188] Nota edición 1830: (1) A Ciro, unos seiscientos cincuenta años antes de Cristo

[189] Nota edición 1830: (2) A Nino, unos dos mil trescientos cuarenta y ocho años antes de Cristo, según Ctesias y los que lo siguió; pero sólo mil doscientos cincuenta según Volney, según Herodoto.

[190] Nota edición 1830: (3) Herodoto vivió cuatrocientos cuarenta años antes de Jesucristo.

[191] Nota edición 1830: (4) Cadmus, Ferécides, Aristeo de Proconnesse, Acusilao, Hecateo de Mileto, Caronte de Lampsaco, etc. Véase Vossius de *Historcis Graecis*, lib. I, y especialmente su cuarto libro.

reinado de Antíoco Sóter, y Manetón sólo en el reinado de Ptolomeo Filadelfo. Solo hay tres de ellos del siglo III a.C.

Si Sanchoniaton era un autor real o supuesto, no se supo hasta que Filón de Biblos publicó una traducción de él bajo Adriano; en el siglo II después de Cristo, y cuando se hubiera conocido, se habría encontrado en los primeros tiempos, como en todos los escritores de esa clase, sólo una teogonía pueril, o una metafísica tan disfrazada bajo alegorías, que era irreconocible.

Sólo un pueblo nos ha conservado registros escritos en prosa antes de la época de Ciro; Este es el pueblo judío. La parte del Antiguo Testamento que se llama el Pentateuco ha existido en su forma actual por lo menos desde el cisma de Jeroboam.
puesto que los samaritanos lo reciben como los judíos, es decir, lo tienen ahora, Ciertamente, más de dos mil ochocientos años.

No hay razón para que la escritura del Génesis no deba atribuirse al mismo Moisés, lo que la haría retroceder quinientos años antes, a treinta y tres siglos; Y basta leerlo para darse cuenta de que fue compuesto en parte con fragmentos de obras anteriores, por lo que no cabe duda de que es el escrito más antiguo del que dispone Occidente.

Ahora bien, esta obra, y todas las que se han hecho desde entonces, por muy extraños que hayan sido sus autores a Moisés y a su pueblo, nos presentan a las naciones de las orillas del Mediterráneo como nuevas; Nos las muestran todavía medio salvajes algunos siglos antes, todas nos hablan de una catástrofe general, de una irrupción de las aguas, que ocasionó una regeneración casi total de la especie humana, y no remontan la época a un intervalo muy remoto.

Los textos del Pentateuco que más alargaron este intervalo no lo sitúan en más de veinte siglos antes de Moisés, ni, por consiguiente, en más de cinco mil cuatrocientos años antes del nuestro (1)[192]

Las tradiciones poéticas de los griegos, fuente de toda nuestra historia profana de aquellas épocas remotas, no tienen nada que contradecir los anales de los judíos; por el contrario, concuerdan admirablemente con ellos, por la época que asignan a los colonos egipcios y fenicios que dieron a Grecia los primeros gérmenes de la civilización; muestra que aproximadamente en el mismo siglo en que la tribu israelita salió de Egipto para llevar a Palestina el sublime dogma de la unidad de Dios, otros colonos salieron del mismo país para llevar a Grecia una religión más grosera, al menos en el extranjero, cualesquiera que fuesen las doctrinas secretas que reservaba para sus iniciados, mientras que otros también vinieron de Fenicia y enseñaron a los griegos el arte de la escritura y todo eso que tiene que ver con la navegación y el comercio (1)[193].

---

[192] Nota edición 1830: (L) El *septante,* tienen cinco mil trescientos cuarenta y cinco; el texto samaritano en cuatro mil ochocientos sesenta y nueve; el texto hebreo en cuatro mil ciento setenta y cuatro. 1881 [el mismo texto, pero con firma: Cuvier. NOTA del traductor]

[193] Nota edición 1830: (1) Se sabe que los cronólogos varían varios años en cada uno de estos acontecimientos; pero todas estas migraciones juntas forman el carácter peculiar y muy notable; de los siglos XV y XVI a.C. Así, siguiendo sólo los cálculos de Usserius, Cecrops habría venido de Egipto a Atenas hacia 1556 a.C.; Deucalión se estableció en el Parnaso alrededor de 1548; Se dice que Cadmo llegó a Tebas desde Fenicia alrededor de 1493; Se dice

Es indudable que Fou ha tenido una historia continua desde entonces, ya que una multitud de acontecimientos mitológicos y aventuras en las que intervienen dioses y héroes se sitúan todavía después de estos fundadores de colonias, y estos jefes están ligados a la historia verdadera sólo por genealogías que son evidentemente artificiales (2)[194]; pero lo que es aún más cierto es que todo lo que había precedido a su llegada sólo podía haber sido conservado en recuerdos muy confusos, y sólo podía haber sido suministrado por puras invenciones, como las de nuestros monjes de la

---

que Dánao llegó a Argos alrededor de 1485; Se dice que Dàrdanus se estableció en el Helesponto alrededor de 1449. Todos estos jefes de naciones habrían sido más o menos contemporáneos de Moisés, cuya emigración data de 1494 (Cuvier)

En la edición de 1881 falta este texto final: Véase en otra parte sobre el sincronismo de Moisés', 'dé Danaus, Cadmus, Diodire, libro XI, en Focius, pag.1152 . Véase, además, sobre el sincronismo de Moisés', y el interés por restablecer una especie de historia primitiva de Grecia; pero cuando tenemos las genealogías de los árabes, las de los tártaros y todas las que nuestros antiguos monjes-cronistas habían imaginado para los diferentes soberanos de Europa, y aun para los particulares, comprendemos muy bien que los escritores griegos debieron hacer por las primeras veces de su nación lo que se hizo por todas las demás en momentos en que la crítica no arrojaba luz sobre la historia.

[194] Nota edición 1830 y 1881: (2) (i) Todo el mundo está familiarizado con las genealogías de Apolodoro, y la ventaja que el difunto Clave trató de hacer de ellas para restablecer una especie de historia primitiva de Grecia; pero cuando tenemos las genealogías de los árabes, las de los tártaros y todas las que nuestros antiguos monjes-cronistas habían imaginado para los diferentes soberanos de Europa, y aun para los particulares, comprendemos muy bien que los escritores griegos debieron hacer por las primeras veces de su nación lo que se hizo por todas las demás en momentos en que la crítica no arrojaba luz sobre la historia. [la nota de 1881 firmada por Cuvier]

Edad Media sobre los orígenes de los pueblos de Europa.

No es de extrañar, por lo tanto, que incluso en la antigüedad hubiera muchas dudas y contradicciones en cuanto a las épocas de Cécropes, Deucalión, Cadmo y Dánao, pero sería pueril dar la menor importancia a cualquier opinión sobre las fechas precisas de Inachus[195] u Ogyges[196]; Pero si algo sorprende es que

---

[195] *Nota edición 1830: Mil ochocientos cincuenta y seis. o mil ochocientos veintitrés a.C., u otras fechas; pero siempre unos trescientos cincuenta años antes de los principales pobladores fenicios o egipcios.*

[196] *Nota edición 1830:* (1) *La fecha vulgar de Ogyges, según Aculisao, seguido de Eusebio, es mil setecientos ochenta y cinco años antes de Cristo; en consecuencia, varios años después de Ínaco.* [Esto merece una aclaración. Según la tradición antigua, la primera inundación mundial en la mitología griega, el diluvio Ogigio, ocurrió durante su reinado y deriva su nombre de él, aunque algunas fuentes lo consideran como una inundación local, como una inundación del lago Copais, un gran lago que alguna vez estuvo en el centro de Beocia. Otras fuentes lo ven como una inundación asociada con el Ática. Este último punto de vista fue aceptado por Africano, quien dice "esa gran y primera inundación ocurrió en el Ática, cuando Foroneo era rey de Argos, como relata Acusilao ".Cuando se ha considerado este diluvio como global, se advierte una similitud con el diluvio de Noé en la Biblia . Se han asignado varias fechas al evento, incluido el 9500 a. C. (Platón), 2136 a. C. (Varro) y 1793 a. C. (Africanus). Ogiges es también conocido como rey de los Ectenes , quienes según Pausanias fueron los primeros habitantes de Beocia, donde más tarde se fundaría la ciudad de Tebas. Como tal, se convirtió en el primer gobernante de Tebas, que en esa época temprana recibió el nombre de *Ogigia* (Ὠγυγία) en su honor. Posteriormente, los poetas se refirieron a los tebanos como *Ogygidae* (Ὠγυγίδαι). Pausanias , escribiendo sobre sus viajes en Beocia en el siglo II EC, dijo: "Se dice que los primeros en ocupar la tierra de Tebas fueron los Ectenes, cuyo rey era Ogygus, un aborigen. De su nombre se deriva Ogygian , que es un epíteto

estos personajes no hayan sido colocados infinitamente más arriba. Es imposible que no haya existido. Una de las fechas asignadas al diluvio de Ogyges concuerda tanto con una de las que se han atribuido al diluvio de

---

de Tebas utilizado por la mayoría de los poetas." En otra versión más de la historia, la tradición beocia se combina con la de otra parte de Grecia: Ogiges era rey de los Ectenes, que fueron los primeros en ocupar Beocia, pero él y su pueblo se establecieron más tarde en la zona entonces conocida como Acte (Akte). Posteriormente, la tierra se llamó Ogigia en su honor, pero más tarde se conoció como Monte Athos. Sexto Julio Africano, escribiendo después del 221 d.C., añade que Ogiges fundó Eleusis. En un relato, su predecesor se llamaba Kalydnos, hijo de Ouranos. Según Africanus, Ogygus vivió en la época del Éxodo de la Casa de Israel de Egipto. Ogiges es posiblemente el homónimo de la isla fantasma Ogigia, mencionada en la Odisea de Homero. Otra posibilidad para la isla es la Niobid llamada Ogygia. El historiador Josefo menciona a Ogiges como el nombre del roble junto al cual habitó el patriarca hebreo Abram mientras vivía cerca de Hebrón. [16] Además, Og, también llamado "Ogias el Gigante", que fue rey de Basán en el Antiguo Testamento; fue descrito como un gigante en Deuteronomio 3:11, considerado por los hebreos como quien había ayudado a Noé en la construcción del Arca, por lo que Noé le permitió permanecer en la cubierta del Arca. Ogiges sobrevivió al diluvio pero muchas personas murieron. Después de su muerte, la devastada Ática estuvo sin reyes durante 189 años, hasta la época de Cécrops (Cecrops Diphyes). Africano dice: "Pero después de Ogiges, a causa de la gran destrucción causada por el diluvio, lo que ahora se llama Ática permaneció sin rey ciento ochenta y nueve años hasta la época de Cécrops. Porque Filocoro afirma que Acteón quién viene después de Ogiges, y los nombres ficticios, ni siquiera existieron." Parece que el diluvio de Deucalión de la mitología griega es la versión griega de la leyenda más antigua. Deucalión y Pirra fueron los únicos supervivientes del gran diluvio. Su hijo Hellen, que llegó a ser gobernante de Ftía, en el sur de Tesalia, era el patriarca de los helenos. NOTA del traductor]

Noé, que es casi imposible que no haya sido tomada de alguna fuente donde fue de este último diluvio que oímos[197]

En cuanto a Deucalion[198], ya sea que consideremos a este príncipe como un personaje real o ficticio, si Ion sigue la manera en que su diluvio fue

---

[197] Nota edición 1830: (2) Varrón situó el diluvio de Ogiges, al que llama el primer diluvio, en cuatrocientos años antes de Iriachiis ("a priore cataclismo quem Ogygium dicunit; ad Inachi regnum", y por consiguiente mil seis años antes de la primera Olimpiada; lo que lo llevaría a dos mil trescientos setenta y seis años: teniendo a Jesucristo, y el diluvio de Noé, según el texto hebreo, es de dos mil trescientos cuarenta y nueve, una diferencia de sólo veintisiete años. Este testimonio de Varrón es relatado por Censorino, de Die natali, cap. XXI. En verdad, Censorino escribió sólo en el año doscientos treinta y ocho d.C., y parece por Julio el Africano (de acuerdo con Eusebio, *Praep. CVj,*; qui Acusilao, es el primer autor que sitúa el Diluvio bajo el reino de Ogyges, haciéndolo cotemporáneo de Foroneo, lo que le habría acercado mucho más a la primera olimpiada. Julio Africano pone sólo mil veinte años entre las dos épocas, e incluso hay un pasaje en Censorino que se ajusta a esta opinión; así que algunos de ellos quieren creer lo que acabamos de citar de Censorino, *erogitium*, en lugar de Ogygium. Pero, ¿qué es un cataclismo *erogitio* del que nadie ha hablado nunca? [La edición de 1881 tiene una larga nota a este respecto. Nota del traductor]

[198] [En la mitología griega, Deucalión (en griego, Δευκαλίων) era el hijo de Prometeo. En un escolio se nos dice que su madre era Clímene, o Prinea según Hesíodo, o bien Hesíone, hija de Océano según Acusilao. Otro escolio más nos dice que su madre era Pandora, aunque el texto está corrupto. Se dice que Deucalión reinó en las regiones próximas a Ftía, pero su esposa fue Pirra, hija de Epimeteo[3] y de Pandora, la primera mujer creada por los dioses. Al menos en una versión la esposa de Deucalión fue la epónima Dodona, y en otra versión se nos dice confusamente que Deucalión tomó dos esposas, Pirra y Pandora, que había sido anteriormente dada como mujer para Epimeteo. Nota del traductor]

introducido en los poemas de los griegos, y los diversos detalles con los que se ha enriquecido sucesivamente, se hace evidente que era solo una tradición del gran cataclismo, alterada y colocada por los helenos en el momento en que también colocaron a Deucalión. porque Deucalión fue considerado como el autor de la nación de los helenos, y su historia fue confundida con la de todos los jefes de las naciones renovadas[199].

---

[199] Nota edición 1830: (1) Ni Homero ni Hesíodo sabían nada del diluvio de Ducalión, ni del de Ogiges. El autor más antiguo que se conserva en el que se menciona el primero es Píndaro (*Odas Olimpicas*, IX). Lo hace para acercarse a Deucalión en el Parnaso, para establecerse en la ciudad de Protogenia (primer nacimiento), y recrear allí a su pueblo con piedras; en una palabra, ya relata, pero aplicándola sólo a una nación, la fábula que Ovidio ha generalizado desde entonces a todo el género humano. Los primeros historiadores posteriores a Píndaro (Herodoto, Tucídides y Jenofonte) no mencionan ningún diluvio, ni en la época de Ogigidos ni en la época de Deucalión, aunque hablan de él como uno de los reyes de los helenos. Platón, en el Timeo, dice sólo unas pocas palabras sobre el diluvio, así como sobre Deucalión y Pirra, para empezar el relato de la gran catástrofe que, abatió a los sacerdotes de Sais, destruyó la Atlántida; Pero en este poquito habla del diluvio en singular, como si fuera el único; incluso dice expresamente que los griegos no conocían más que uno. Coloca el nombre de Deucalion, inmediatamente después del de Foroneo, el primero de los hombres, sin mencionar a Ogiges, de modo que para él sigue siendo un acontecimiento general, un verdadero diluvio universal, y el único que ha sucedido. Lo es. por lo tanto, se consideraba idéntica a la de Ogiges. Aristóteles (*Meteorologica.*, 1, 14) parece ser el primero en haber considerado este diluvio como uno solo. una inundación local que sitúa cerca de Dodona y del río Achaeloiis, pero cerca del Aqueloo y Dodona de Tesalia. En Apolodoro (*Bibliotheca*, 1, 7), el diluvio de Deucalión retoma toda su grandeza y carácter mitológico, llega a la época de la transición de la Edad del Bronce a la Edad del Hierro. Deucalión es hijo del titán Prometeo, el hacedor del hombre; crea de nuevo a la especie humana con piedras; y, sin embargo, Atlas, su tío, Foroneo, que

Esto se debe a que cada tribu de Grecia que había conservado tradiciones aisladas, las comenzó con su propio diluvio particular, porque cada una de ellas había conservado algún recuerdo del diluvio universal, que era común a todos los pueblos; Y cuando, en el futuro, se quiso someter estas diversas tradiciones a una cronología común, parecía que veían acontecimientos

---

vivió antes que él, y varios otros personajes antecedentes, conservan una larga posteridad. A medida que avanzamos hacia los escritores más recientes, se agregan circunstancias de detalle que se asemejan más a las relatadas por Moisés. Así, Apolodoro le da a Deucalión un cofre como medio de salvación; Plutarco habla de las palomas por que buscaba saber si las aguas habían retrocedido, y Lucien de los animales de todas clases que había llevado consigo, etc. En cuanto a la combinación de tradiciones e hipótesis de las que recientemente se ha tratado de concluir que la ruptura del Bósforo de Tracia fue la causa de la inundación de Deucalión, e incluso de la apertura de las Columnas de Hércules, que antes eran mucho más altas y extensas de lo que han sido desde entonces, ya no es necesario tratarlo en detalle, ya que se ha comprobado, por las observaciones de M. Olivier, que si el Mar Negro hubiera estado tan alto como lo ha sido. lo supone, habría encontrado varios derrumbes por pasos y llanuras menos elevadas que las actuales orillas del Bósforo; y por las del señor conde Andréossy, que ¿fue de repente una cascada de un día? Este nuevo paso, la pequeña cantidad de agua que podría haber corrido inmediatamente a través de una abertura tan estrecha, no sólo se habría extendido sobre la inmensa extensión del Mediterráneo sin ocasionar una marea de unas pocas toesas [La toesa era una antigua medida de longitud, francesa, equivalente a 1,949 m (194,9 cm). La original fue construida en el año 1735 por Langlois, quien hizo dos copias de la toesa de Chatelet de París para que sirvieran de patrón en las operaciones geodésicas. NOTA del traductor], sino que la mera inclinación natural necesaria para el flujo de las aguas habría reducido a la nada su exceso de altura en las orillas del Ática. Véase, además, sobre este tema, la nota que he publicado en el encabezamiento del tercer volumen de Ovidio en la colección de M. Lemaire.

diferentes, porque las fechas eran todas inciertas, tal vez todas falsas, pero cada una considerada en su propio país como una diferente. Los autores no se relacionaban entre sí. Así, así como los helenos tuvieron un diluvio de Deucalión, porque consideraron a Deucalión como su primer autor, así los nativos del Ática tuvieron un diluvio de Ogiges, porque fue a través de Ogyges que todo esto comenzó su historia. Los pelagos de Arcadia tenían el que, según escritores posteriores, obligó a Dárdano a ir al Helesponto[200]. La isla de Samotracia, una de aquellas en las que una sucesión de sacerdotes, un culto regular y tradiciones seguidas habían sido más antiguas, tuvo también un diluvio, que se consideró el más antiguo de todos[201], y que se atribuyó a la ruptura del Bósforo y el Helesponto. Alguna idea de un evento similar se conservó en Asia Menor[202] y Siria[203], y después los griegos le dieron el nombre de Deucalión[204].

Pero ninguna de estas tradiciones pone este cataclismo muy alto; ninguno de ellos se niega a explicar, en cuanto a su fecha y otras circunstancias, por las variaciones que siempre están sujetas a narraciones que no están fijadas por la Escritura.

---

[200] Nota edición 1830: (1) Denis de Halicarnasia. *Antiquitates romanae*, libro I, capítulo 61.

[201] Nota edición 1830: (2) Diodoro Sicilia, lib. V, cap. 47.

[202] Nota edición 1830: (3) Esteban de Bizancio, *Voce Iconium:* Zenodoto, *Prov. cent.* VI, número 10; y Suidas, *Voce Nannacus.*

[203] Nota edición 1830: (4) Luciano de Samosata, *Deâ Syra.*

[204] Nota edición 1830: (5) Arnobe, *Contra Gentiles.*, libro V, p.m. 158.

*La excesiva antigüedad atribuida a algunos
pobladores no tiene nada de histórica*

Los hombres que quieran atribuir a los continentes y al establecimiento de las naciones una antigüedad muy remota se ven obligados, pues, a dirigirse a los indios, a los caldeos y a los indios, tres pueblos, en efecto, que parecen ser los más civilizados de la especie caucásica, pero tres pueblos extraordinariamente similares entre sí, no sólo en temperamento, clima y naturaleza del suelo que habitaban, sino también en la constitución política y religiosa que se habían dado, y de la cual esta misma constitución debe hacer igualmente sospechoso el testimonio.[205]

En los tres, una casta hereditaria se encargaba exclusivamente del depósito de la religión, las leyes y las

---

[205] Nota edición 1830: (1) Esta semejanza de instituciones es tan grande que es muy natural suponer que tienen un origen común. No hay que olvidar que muchos de los autores antiguos pensaban que las instituciones egipcias acababan de Etiopía, y que el *Syncellus*, (pag. 151), nos dice positivamente que los etíopes habían venido de las orillas del río Indus, en tiempos del rey Amenofis. [Jorge Sincelo (griego Γεώργιος ὁ Σύγκελλος, llamado Synkellos, latín Georgius Syncellus) o Jorge *el Monje*, denominado así por su oficio eclesiástico, fue secretario personal (sincelo) del patriarca Tarasio y vivió a finales del siglo VIII e inicios del IX. Es la principal fuente de conocimiento y transmisión de la *Aegyptiaca*, o Historia de Egipto de Manetón, en su obra *Eklogué Cronografías*, una historia del mundo que partiendo desde Adán llegaba hasta la época del emperador Diocleciano. Sincelo quería demostrar que Jesucristo había nacido el año 5500 después de la *Creación del Mundo*, describiendo resumidamente la historia de las dinastías egipcias que alcanzaban desde el *Diluvio Universal* hasta los tiempos de Darío I de Persia, sirviéndose de los epítomes de Manetón. Nota del traductor]

ciencias; en los tres, esta casta tenía su lenguaje alegórico y su doctrina secreta; En los tres se reservó el privilegio de leer y explicar los sagrados espíritus libres en los que todos ellos se encontraban. El conocimiento había sido revelado por los propios dioses.

Podemos comprender lo que la historia podría llegar a ser en tales manos, pero sin entregarnos a ningún gran esfuerzo de razonamiento, podemos conocerlo por el hecho, examinando lo que ha sido de ella entre las tres naciones que todavía existen: entre los indios.

La verdad es que allí no existe en absoluto. En medio de este número infinito de libros de teología mística o de metafísica abstrusa que poseen las losas, y que la ingeniosa perseverancia de los ingleses ha llegado a conocer, no hay nada que pueda instruirnos de una manera ordenada sobre el origen de su nación y las vicisitudes de su sociedad. Incluso pretenden que su religión les prohíbe conservar la memoria de lo que está sucediendo en la era actual, en la era de la desgracia (2)[206]

Después de los Vedas, las primeras obras, las primeras obras reveladas y el fundamento de toda la creencia de los hindúes, la literatura de este pueblo, como la de los griegos, comienza con dos grandes epopeyas, la Kamaian y la Mahabarat, mil veces más monstruosas en su maravilla que la Ilíada y la Odisea, aunque también hay rastros de una doctrina metafísica del tipo que hemos convenido en llamar sublime. Los otros poemas, que, con los dos primeros, forman el gran cuerpo de los *Puranas* no son más que leyendas o

---

[206] Nota edición 1830: (2) Véase Polier, *Mythologie des Hindus,* tom. I, págs. 89-91.

novelas versificadas, escritas en diferentes épocas y por diferentes autores, y no menos extravagantes en sus ficciones que los grandes poemas.

Se ha creído que en algunos de estos escritos reconocemos hechos o nombres de hombres algo semejantes a los que han hablado los griegos y los latinos; y es principalmente de estas semejanzas de nombres que Mr. Wilfort se ha esforzado por extraer de estos *Puranas* una especie de concordancia con nuestra antigua cronología de Occidente, una concordancia que revela en cada línea la naturaleza hipotética de sus fundamentos, y que, además, sólo puede admitirse contando absolutamente por nada las fechas dadas por los mismos Puranas (3)[207].

Las listas de reyes que los pandits o doctores indios han pretendido haber compilado a partir de ellas; Los Puranas, no son toscos- simples catálogos sin. detalles, o adornados con detalles absurdos, como tenían los caldeos y los egipcios como Trithemius y Saxon el gramático dio para los pueblos de Norte (2).[208] Estas listas "están muy lejos de ponerse de acuerdo; Ninguno de ellos presupone una historia, registros o títulos. La sustancia misma de la misma puede haber

---

[207] Nota edición 1830: (3) Véase la gran obra de Mr. Wilfort, *Memorias de Calcutta,* sobre la cronología de los reyes de Magadha, emperadores de la India, y sobre las épocas de Vicramaditjya (o Bikermadjit) y Salivahanna. *Calcuta Mem.,* volumen LX, edición en 8°, pag. 82.

[208] Nota edición 1830: (2) Véase Johnes, (*Memorias de Calcutta*) sobre la cronología de los hindúes, *Mem.de Calcuta*, edición en 8°, tomo II, pag. 111; traducción Francesa, pag. 164. Véase también Wilfort sobre este tema mismo tema, *Ibidem,* tomo V, pag. 241; y las listas que en su obra citada anteriormente, tomo IX, pag. 116.

sido imaginada por los poetas cuyas obras fueron su fuente.

Uno de los pandits que los proporcionó al Sr. Wilfort estuvo de acuerdo en que llenó arbitrariamente los espacios entre reyes famosos con nombres imaginarios, y confesó que sus predecesores habían hecho lo mismo. Si esto es cierto en el caso de las listas que ahora obtienen los ingleses, ¿cómo no puede serlo en el caso de las que Abu-Fazel ha dado como extraídas de los Anales de Cachemira[209], y que, además, llenas de fábulas como están, datan sólo cuatro mil trescientos años, de las cuales más de mil doscientas están llenas de nombres de príncipes cuyos reinados permanecen indeterminados en cuanto a su duración.

La misma época por la que los indios cuentan ahora sus años, que comienza cincuenta y siete años antes de Cristo, y que lleva el nombre de un príncipe llamado *Vicramaditjia* o *Bickermaddjit,* lo lleva sólo por una especie de convención, pues encontramos, según los sincronismos atribuidos a *Vicramaditjia* que hubo por lo menos tres, y tal vez hasta ocho o nueve príncipes de ese nombre, todos los cuales tienen leyendas similares, todos los cuales tuvieron guerras con un príncipe llamado *Siliwahanna,* y, lo que es más, no está claro si este año cincuenta y siete a.C. es el del nacimiento, reinado o muerte de los Vicramaditjia, de donde lleva el nombre (2)[210].

Finalmente, los libros más auténticos de los indios desmienten, por caracteres intrínsecos y muy

---

[209] Nota edición 1830: (1) Wilfort, *Mém. de Calcutta,* en 8°, tomo IX, pag. 133.

[210] Nota edición 1830: (1) Vea Bentley, sobre los sistemas astronómicos de los hindúes, y su conexión con la historia, *Mém. de Calcutta,* tomo VIII, en 8°, pag. 243.

reconocibles, la antigüedad que estos pueblos les atribuyen. Sus Vedas, o libros sagrados, revelados según ellos por el mismo Brama desde el principio del mundo, y escritos por Viasa (nombre que no significa otra cosa que coleccionista) al comienzo de la era actual, a juzgar por el calendario anexo a ellos, al que se refieren, así como por la posición de los colegiados a los que se refieren: Según el calendario, puede tener tres mil doscientos años de antigüedad, lo que sería más o menos la época de Moisés.[211]

Tal vez incluso los que den crédito a la afirmación de Megástenes,[212] de que en su tiempo los indios no sabían escribir; los que reflexionen que ninguno de los antiguos hizo mención alguna de esos magníficos templos, esas inmensas pagodas monumentos tan notables de la religión de los brames; los que sabrán que las épocas de sus tablas astronómicas han sido calculadas a posteriori, y mal calculados, y que sus tratados de astronomía son modernos y anticuados, se sentirán inclinados a disminuir grandemente esta pretendida antigüedad de los Vedas.

Sin embargo, en medio de todas las fábulas brahmánicas, hay rasgos que asombran en su concordancia con los resultantes de los monumentos históricos más occidentales.

De este modo, su mitología consagra las sucesivas destrucciones que la superficie del globo ha sufrido y sufrirá en el futuro, y sólo a poco menos de

---

[211]Nota edición 1830: (1) Vea la *Mémoire* de M. Colebrocke sur les Vedas, *Mémoria de Calcutta* tomo VIII. En 8°, pag. 493.

[212] Nota edición 1830 (2) Megástenes según *Strabon*, lib. XV, pag. 709. Nota de la edición 1881: Historiador griego que vivió, según Seleuco Nicanor, unos 800 años antes de Jesucristo.

cinco mil años remontan la última (1)[213]. Una de estas revoluciones, que, en verdad, se sitúa infinitamente más distante de nosotros, está descrita en términos casi correspondientes a los de Moisés[214].

Mr. Wilfort afirma incluso que en otro suceso de esta mitología hay un personaje que se parece a Deucalión, en el origen, en el nombre, en las aventuras, y hasta en el nombre y las aventuras de su padre[215].

---

[213] Nota edición 1830: Esta que ha dado nacimiento a la edad presente o *cali yug* (la Edad de la tierra) que se remonta a 4.920 años (3.102 años antes de Jesucristo). Nota de 1881: Esto no es más que 59 años más atrás que el Diluvio de Noé, según el texto samaritano (Cuvier). También en edición de 1881.

[214] Nota edición 1830: (1) El personaje de Satyavrata desempeña el mismo papel que Noé: que se salva con siete parejas de santos. Ver Will. Johnes, *Mém. de Calcutta,* tom. 1, en 8°, p. 230, et la traducción francesa, en 4°, y en *Bagavadam* (ou Bagvata), traducción de Fouché d'Obsonville, pag. 212.

[215] Nota edición 1830 (1) Cala-Javana, o en el tono familiar Cal-Yun, a quien sus seguidores pueden haber dado el epíteto el dcva, deo (dios), habiendo atacado a Chrishna (el Apolo de los indios) a la cabeza de los pueblos del norte (los escitas, como lo era Deucalión según Luciano), fue rechazado por el fuego y el agua. Uno de sus padres, Garga, fue Pramathesa (Prometheus); y según otra leyenda, es devorado por el águila Garuda. Estos detalles han sido extraídos por el Sr. Wilfort (en sus *Memorias*
en el monte Cáucaso, entre los de Calcuta, tomo VI de la edición en 8°, pág. 507, del drama sánscrito titulado Hari-Vansa. Mr. Charles Ritter, en su *Vestíbulo de la historia europea antes de Herodoto,* concluye que toda la fábula de Deucalión era de origen extranjero, y que había sido traída a Grecia con las otras leyendas de esa parte del culto griego que había venido del norte, y que había precedido a los colonos egipcios y fenicios. Pero si es cierto que las constelaciones de la esfera india también tienen nombres de caracteres griegos; que Andrómeda es vista bajo el nombre de Antarmadia, y Cefeo bajo el nombre de Antarmadia de Capita, etc. uno puede estar tentado a llegar a una conclusión completamente opuesta con el Sr. Wilfort. Desafortunadamente, hay muchas

Es también digno de notarse que, en estas listas de reyes, áridas y ahistóricas como son, los indios sitúan el comienzo de sus soberanos humanos (los de la especie del sol y de la luna) en un período que es muy parecido al de Ctesias[216], en una lista enteramente de la misma naturaleza, comienza sus reyes de Asiria (unos cuatro mil años antes del tiempo presente).

Este deplorable estado de conocimiento histórico debe haber sido el de un pueblo en el que los sacerdotes hereditarios de un culto monstruoso en sus formas externas, y cruel en muchos de sus preceptos, eran los únicos que tenían el privilegio de escribir, conservar y explicar libros. Alguna leyenda hecha para poner de moda un lugar de peregrinación, algunas invenciones calculadas para impresionar más profundamente el respeto a su casta, deben haberles interesado más que todas las verdades históricas. Entre las ciencias, podían cultivar la astronomía, lo que les daba crédito como astrólogos; mecánica lo que les ayudaba a erigir monumentos, signos de su poder y objetos de veneración pueblos supersticiosos; geometría, base de la astronomía, así como de la mecánica, y un importante auxiliar de la agricultura, en aquellas vastas llanuras aluviales que sólo podían limpiarse y hacerse fértiles por medio de numerosos canales, podían fomentar las artes mecánicas o químicas que alimentaban su comercio y contribuían a su lujo y al de sus templos; pero tenían

---

dudas entre los estudiosos sobre la autenticidad de los documentos alegados por este escritor. [La edición de 1883 tiene la misma larga nota que no he transcrito sobre Cala-Javana. Nota del traductor]

[216] Nota edición 1881: Médico de Ciro e historiador poco digno de crédito; vivió 400 años antes de Jesucristo.

que temer a la historia, que ilustra a los hombres sobre sus relaciones mutuas.

Lo que vemos en la India, por lo tanto, debemos esperar encontrarlo dondequiera que las especies sacerdotales, constituidas como la de los brahamanes, establecidas en países similares, se arrogaron el mismo imperio sobre la masa del pueblo. Las mismas causas conducen a los mismos resultados; Y, de hecho, si reflexionamos sobre los fragmentos que nos quedan de las tradiciones egipcia y caldea, percibimos que no eran más históricas que las de los tiempos ortodoxos caldeos. de los indios.

Para juzgar de la naturaleza de las crónicas que los sacerdotes egipcios afirmaban poseer, basta recordar los extractos que ellos mismos dieron de ellas en diferentes momentos y a diferentes personas.

Los de Sais, por ejemplo, le dijeron a Solón, unos quinientos cincuenta años antes de Cristo, que, como Egipto no estaba sujeto a inundaciones, habían conservado, no sólo sus propios anales, sino los de otras naciones; que las ciudades de Atenas y Sais habían sido construidas por Minerva la primera por nueve mil años, el segundo sólo por ocho mil; y a estas fechas añadieron las conocidas fábulas sobre los atlantes, sobre la resistencia que los antiguos atenienses hicieron a sus conquistas, así como toda la descripción romántica de la Atlántida[217]; Descripción donde se encuentran hechos y genealogías similares a los de todas las novelas mitológicas.

Un siglo más tarde, alrededor del año 450 d.C., los sacerdotes de Menfis dieron relatos muy diferentes

---

[217] Nota de la edición 1830: ver el *Timeo* y el *Critias* de Platón.

a Herodoto[218]. Menes, el primer rey de Egipto, había construido Menfis, según ellos, y encerrado el Nilo, como si tales operaciones fueran posibles para el primer rey de un país. Desde entonces habían tenido trescientos treinta reyes más hasta Moeris, que reinó, según ellos, novecientos años antes del tiempo del que hablaban (mil trescientos cincuenta años antes de Cristo).

Después de estos reyes vino Sesostris, que llevó sus conquistas hasta la Cólquida;[219] y en total hubo, hasta Sethos, trescientos cuarenta y un reyes y trescientos cuarenta y un sumos sacerdotes, tuvieron trescientas cuarenta y una generaciones, durante once mil trescientos cuarenta años, y en ese intervalo como para servir. Como garantía de su cronología, estos sacerdotes afirmaban que el sol había salido dos veces cuando se ponía, sin ningún cambio en el clima o en las producciones del país, y sin ningún cambio en el clima o en las producciones del país ningún dios se habría mostrado a sí mismo y reinado en Egipto.

A este rasgo, que, a pesar de todas las explicaciones que se han pretendido darle, probó tan grosera ignorancia de la astronomía, añadieron acerca de Sesostris, Pheron, Helen, Rhampsinite, los reyes que construyeron las pirámides, y un conquistador etíope,

---

[218] Nota de la edición 1830: (1) Euterpe, cap. XCIX y siguientes.
[219] Nota de la edición 1830: (3) Herodoto creyó haber reconocido relaciones de figura y color entre los cólquidos y los egipcios, pero es infinitamente más probable que estos cólquidos negros de los que habla fueran una colonia india atraída por el antiguo comercio entre la India y Europa, por el Oxus, el mar Caspio y la Fase. Capítulo I.   Nota de la edición de 1883: Donde los ancianos portaban el famoso Toison de Oro.

llamado Sabacus, cuentos muy dignos del lugar en que fueron consagrados.

Los sacerdotes de Tebas lo hicieron mejor, y mostraron a Herodoto, y antes de eso habían mostrado a Hecateo, trescientos cuarenta y cinco colosos de madera, que representaban a trescientos cuarenta y cinco sumos sacerdotes, que se habían sucedido de padres a hijos, todos hombres, todos nacidos unos de otros, pero que habían sido precedidos por dioses (1)[220].

Otros egipcios le dijeron que tenían registros precisos, no sólo del reinado de los hombres, sino también del de los dioses. Calcularon diecisiete mil años desde Hércules hasta Amasis, y quince mil desde Baco. Pan había precedido a Hércules (2).[221]

Evidentemente, estas gentes tomaron como histórica alguna alegoría relacionada con la metafísica panteísta que formaba la base de su mitología, sin que ellos lo supieran.

Es sólo en Sethos donde comienza una historia un tanto razonable en Herodoto; y, lo que es importante notar, esta historia comienza con un hecho concordante con los anales hebreos por la destrucción del ejército del rey de Asiria, Senaquerib (i);[222] y este acuerdo continúa bajo Necho (i) y bajo Ilophra o Apries.[223]

Dos siglos después de Herodoto (unos doscientos sesenta años antes de Cristo), Ptolomeo Filadelfo, príncipe de especie extranjera, quiso conocer la historia del país que los acontecimientos le habían llamado a

---

[220] Nota de la edición 1830: (t) Euterpe, chapitre CXLIII.
[221] Nota de la edición 1830: (2) Ibid., CXLIV.
[222] Nota de la edición 1830: (1) Euterpe, CXLI.
[223] Nota de la edición 1830: (2) Ibid., eux, et dans le quatrième livre des Rois, chapitre 19 ou dans le deuxième des Pab chap. 32.

gobernar. Otro sacerdote, Manetón, se encargó de escribirlo para él. Ya no era de registros o archivos que afirmaba haberlo sacado, sino de los libros sagrados de Agathodemon, hijo del segundo Hermes y padre de Tot, que lo había copiado de columnas erigidas antes del diluvio por el primer Hermes, en la tierra seriada, y este segundo Hermes, este Agathodemon, este Tot, son personajes de los que nadie había hablado antes; ni de esta tierra seriada, ni de sus columnas. Este diluvio es en sí mismo un hecho completamente desconocido para los egipcios de tiempos anteriores, y del cual Manetón no hace mención de lo que queda de sus dinastías.

El producto se parece a la fuente, no sólo está todo lleno de absurdos, sino que son absurdos en sí mismos, e imposibles de reconciliar con los que los sacerdotes más antiguos habían relatado a Solón y Herodoto.

Es Vulcano quien comienza la serie de los reyes divinos; reina nueve mil años; los dioses y semidioses reinan mil novecientos ochenta y cinco años. Ni los nombres, ni las sucesiones, ni las fechas de Manetón se parecen a lo que se ha publicado antes y después de él, y debe haber sido tan oscuro y confuso como poco de acuerdo con los demás; porque es imposible concordar entre sí los extractos dados por Josefo, Julio Africano y Eusebio. Ni siquiera nos ponemos de acuerdo en las sumas de años de sus reyes humanos. Según Julio el Africano, se remontan a cinco mil ciento un años; según Eusebio, a cuatro mil setecientos veintitrés; según el Syncellus[224], tres mil quinientos cincuenta-Cinco. Uno

---

[224] Nota de la edición 1883: Syncelle es un autor de una cronología que intenta reflejar las dinastías de Egipto. Vivió en 792 y fue patriarca de Constantinopla [Jorge el Syncellus , en latín *Georgius*

podría pensar que las diferencias en nombres y números provienen de los copistas pero Josefo cita extensamente un pasaje cuyos detalles son manifiestamente contradictorios con extractos de sus sucesores.

Una crónica llamada antigua[225], y que algunos consideran anterior y otros posterior a Manetón, da aún otros cálculos: la duración total de sus reyes es de treinta y seis mil quinientos veinticinco años, sobre los cuales el sol reinó treinta mil, los otros dioses tres mil novecientos ochenta y cuatro, los semidioses doscientos diecisiete, y sólo dos mil trescientos treinta y nueve años quedan para los hombres de modo que sólo hay ciento trece generaciones, en lugar de las trescientas cuarenta de Herodoto.

Un erudito de un orden diferente al de Manetón, el astrónomo Eratóstenes, descubrió y publicó bajo Ptolomeo Evergetes, unos doscientos cuarenta años antes de Cristo, una lista particular de treinta y ocho reyes de Tebas, comenzando en Mene, y continuando

---

Syncellus, muerto después de 810, fue un eclesiástico y cronista bizantino. Había vivido durante muchos años en Palestina como monje cuando llegó a Constantinopla para ocupar el importante puesto de syncellus de Tarasio, patriarca de Constantinopla. El syncellus, que servía como secretario privado del patriarca, era generalmente un obispo y el eclesiástico más importante de la capital después del propio patriarca, a quien a menudo sucedía. Sin embargo, Jorge no sucedió a Tarasio y se retiró a un monasterio donde escribió su *Extracto de la cronografía* (Ekloge cronografias), que abarca los acontecimientos mundiales desde Adán y Eva hasta el comienzo del reinado de Diocleciano. NOTA del traductor]
[225] Nota de la edición 1830: (3) Syncell., pag. 40.

durante mil veinticuatro años.[226] Casi ninguno de los nombres que aparece coincide con las otras listas.

Diodoro fue a Egipto bajo Ptolomeo Auletes, unos sesenta años antes de Cristo, es decir, dos siglos después de Manetón y cuatro después de Herodoto. También recogió de labios de los sacerdotes la historia del país, y de nuevo la recogió de manera muy diferente[227]. Ya no fue Menes quien construyó Menfis, sino Ucoro. Mucho antes que él, Busiris II había construido Tebas.

El octavo antepasado de Ucoreo, Osymandyas, fue el amo de Bactriana y reprimió las revueltas allí. Mucho después de él, Sesosis hizo conquistas aún más lejanas; llegó hasta el Ganges y regresó por Escitia y el Tanais. Desgraciadamente, estos nombres de reyes son desconocidos para todos los historiadores anteriores y ninguno de los pueblos que habían conquistado conservaba el menor recuerdo de ella.

En cuanto a los dioses y héroes, según Diodoro, reinaron dieciocho mil años, y los soberanos humanos, quince mil cuatrocientos setenta reyes, habían sido egipcios, cuatro etíopes, además de los persas y macedonios. Los cuentos, en los que se entremezcla el conjunto, no ceden, por otra parte, en puerilidad a los de Herodoto.

En el año 18 d.C., Germánico, sobrino de Tiberio, atraído por el deseo de conocer las antigüedades de esa famosa tierra, fue a Egipto, a riesgo de desagradar a un príncipe tan desconfiado como su tío: remontó el Nilo hasta Tebas. Ya no era Sesostris u Osymandyas a quien los sacerdotes le hablaban como conquistador, sino a

---

[226] Nota de la edición 1830: (i) Syucell., pag. 51.
[227] Nota de la edición 1830: (2) Diod. Sic., lib. 1, sect. m.

Rhamses. A la cabeza de 700.000 hombres había invadido Libia, Etiopía, Media, Persia, Bactriana, Escitia, Asia Menor y Siria (i)[228]

Finalmente, en el famoso artículo de Plinio sobre los obeliscos[229], encontramos nombres de reyes que no se encuentran en ninguna otra parte: Sothies, Mnevis, Zmarreus, Eraphius, Mestires, un Semenpserteus, un contemporáneo de Pitágoras, etc. Un Ramisés, que podría pensarse que es lo mismo que Rhamses, se hace allí contemporánco del asedio de Troya.

Soy consciente de que ha habido un intento de conciliación estas listas, asumiendo que los reyes tenían más de un nombre. A mí, que no sólo considero la contradicción de estas diversas narraciones, sino que me impresiona sobre todo esta mezcla de hechos reales atestiguados por grandes monumentos, con pueril extravagancia, me parece infinitamente más natural concluir que los sacerdotes egipcios no tenían historia; que, inferiores aún a las de las Indias, ni siquiera tenían fábulas acordadas y seguidas; que sólo conservaban listas más o menos erróneas de sus reyes, y algunos recuerdos de los principales entre ellos, especialmente

---

[228] Nota de la edición 1830: N B. De la interpretación que Amiano nos ha conservado, lib. XVU, cap. 4, de los jeroglíficos del obelisco de Tebas, que ahora se encuentra en Roma en la plaza de San Juan de Letrán, parece que un Rhamestesy fue llamado, a la manera oriental, como señor de la tierra
y que la historia dada a Germánico era sólo un comentario sobre esta inscripción. 1881: Según la interpretación que hemos conservado de Ammien, las litoglifos del obelisco de Tebas, que está actualmente en Roma, en la plaza de San Juan de Letrán, parece que Rhamestés estaba cualificado, a la manera oriental, de señor de la tierra habitable y que la historia hace a Germanicus un comentador de esta inscripción.
[229] Nota de la edición 1830: (2) Pline, lib. xxxvi, cap. 8, 9, 10, 11

de los que habían tenido cuidado de que sus nombres se inscribieran en los templos y otras grandes obras que adornaban el país; pero que estos recuerdos eran confusos, que se basaban en poco más que la explicación tradicional dada a las representaciones pintadas o talladas en monumentos, explicaciones fundadas únicamente en inscripciones jeroglíficas concebidas como aquella de las que tenemos una traducción (i)[230] en términos muy generales, y que, pasando de boca en boca, fueron alteradas, en cuanto a detalles, a gusto de quienes las comunicaron a los extraños; y que, por consiguiente, es imposible establecer ninguna proposición relativa a la antigüedad de los continentes sobre los jirones de estas tradiciones, ya tan incompletas en su tiempo, y se han vuelto completamente irreconocibles bajo la pluma de quienes nos los han transmitido.

Si esta afirmación necesitara más pruebas, se encontraría en la lista de las obras sagradas de Hermes[231] que los sacerdotes egipcios llevaban en sus solemnes procesiones. Clemente de Alejandría los nombra[232] a todos en número de cuarenta y dos, y ni siquiera hay una epopeya o un libro en ellos, como entre los brahamanes, que pretende ser una narración, para fijar de alguna manera una gran acción o acontecimiento.

---

[230] Nota de la edición 1830: (1) Celle de Ramestès dans Ammicn, loc. cit.

[231] Nota de la edición 1881: Filósofo egipcio, consejero de Isis, esposa del rey Osiris, hacia 1900 ante de Cristo.

[232] Nota de la edición 1830: (1) Stromat, lib. vi, pag. 633. 1881: Filósofo platónico que se hizo cristiano, perteneció a la escuela de Alejandría, y fue el maestro de Orígenes; vivió hacia el año 200 de la era cristiana.

Las excelentes investigaciones de M. Champollion el joven, y sus asombrosos descubrimientos sobre el lenguaje de los hieroglifos[233], confirman estas conjeturas, lejos de destruirlas. Este ingenioso anticuario ha leído, en una serie de imágenes jeroglíficas en el templo de Abidos[234], los nombres de varios reyes colocados uno tras otro; y habiendo encontrado algunos de estos nombres (los últimos diez) en varios otros monumentos, acompañados de nombres propios, ha llegado a la conclusión de que son los de los reyes que llevaban estos nombres propios. que le dio casi los mismos reyes, y en el mismo orden del que Manetón compone su dinastía XVIII, el que expulsó a los pastores.

Sin embargo, la concordancia no es completa, faltan en la tabla de Ahydos seis de los nombres de la lista de Manetón; hay algunos que no se ven iguales; Por último, desgraciadamente, hay una laguna. antes que el más notable de todos, el Ramsés, que parece ser el mismo que el rey representado en tantos de los mejores monumentos de Egipto con los atributos de un gran conquistador.

Según M. Champollion, en la lista de Manetón, sería Sethos, el jefe de la dinastía XIX, quien, de hecho, se indica como poderoso en barcos y caballería, y como quien llevó sus armas a Chipre, Media y Persia. El señor Champollion piensa, con Marsham y muchos otros, que es este Ramsés o ese Sethos que es el Sesostris o Sesoosis de los griegos; y esta opinión tiene

---

[233] Nota de la edición 1830: (2) Vea le Précis du Système hiéroglyphique des anciens Égyptiens, par M. Champollion le jeune, p.est sa Lettre à M. le duc de Blacas, pages 15 et suivantes.
[234] Nota de la edición 1830: (r) Ce bas-relief important est grave daus le Voyage à Meroe, de M. Caillaud, tom. II, planche XXXII.

probabilidad, en el sentido de que las representaciones de las victorias de Ramsés, probablemente obtenidas sobre los nómadas cerca de Egipto, o a lo sumo en Siria, dieron lugar a esas fabulosas ideas de inmensas conquistas atribuidas, por alguna otra confusión, a un Sesostris; pero en Manetón, es en la Dinastía XII, y no en el dieciocho, que está inscrito un príncipe del nombre de Sesostris, marcado como conquistador de Asia y Tracia (i)[235].

De ahí que Marsham afirme que las dinastías XII y XVIII son una y la misma. Por lo tanto, Alauéthon no habría entendido las listas que él mismo estaba copiando. Por último, si admitiéramos en su totalidad tanto la verdad histórica de este bajorrelieve de Abidos, como su concordancia, ya sea con la parte de las listas de Manetón que parece corresponderle, o con las otras inscripciones jeroglíficas, ya se seguiría esta consecuencia de que la llamada dinastía XVIII, la primera en la que los cronólogos antiguos comienzan a ponerse un poco de acuerdo, es también el primero en dejar rastros de su existencia en los monumentos.

Manetón pudo consultar este documento y otros similares, pero no es menos consciente de que una lista, una serie de nombres o retratos, como los que se encuentran en todas partes, está lejos de ser una historia.

Lo que está probado y se sabe en el caso de los indios, y lo que acabo de hacer tan probable en el caso de los habitantes del valle del Nilo, ¿no debe presumirse también en el caso de los valles del Éufrates y del Tigris?

---

[235] 1881 Nota de la edición 1830: (1) Syncell., pag. 59.

Asentados, como los indios[236], como los egipcios, en una gran ruta comercial, en vastas llanuras que se habían visto obligados a cortar muchos canales, instruidos como ellos por sacerdotes hereditarios, pretendidos depositarios de secretos gratuitos, poseedores privilegiados de las ciencias, astrólogos, constructores de pirámides y otros grandes monumentos[237], ¿no deben parecerse también a ellos en otros aspectos esenciales? ¿No iba a reducirse también su historia a leyendas? Casi me atrevo a decir, no sólo que esto es probable, sino que está demostrado por los hechos.

Ni Moisés ni Homero nos hablan todavía de un gran imperio en el Asia Superior. Herodoto[238] atribuye a la supremacía de los asirios sólo quinientos veinte años de duración, y su origen se remonta sólo a unos ocho siglos antes de él. Después de haber estado en Babilonia y consultado con los sacerdotes, ni siquiera aprendió el nombre de Nino, como rey de los asirios, y sólo habla de él como el padre de Agrón[239], el primer rey Heráclides de Lidia. Sin embargo, él era el hijo de Belus, por lo que muchos estaban allí en ese momento confusión en los recuerdos. Si habla de Semíramis como una de las reinas que dejaron grandes monumentos en

---

[236] Nota de la edición 1830: Toda la mitología antigua de los Brahmines se centra en los planes en el Ganges, y es evidente que este fue el primer asentamiento (Cuvier) id en edición 1881.

[237] Nota de la edición 1830: (2) Las descripciones de los antiguos monumentos caldeos son muy similares a las que vemos de las de los indios y egipcios; Pero estos monumentos no lo son

no se conservan de la misma manera, porque se construyeron solo con ladrillos secados al sol.

[238] Nota de la edición 1830: (1) Clio, cap. XCV.

[239] Nota de la edición 1830: (2) Clio, cap. VII.

Babilonia, la coloca *sólo siete generaciones antes que Ciro.*

Helánico, contemporáneo de Herodoto, lejos de permitir que Semiriamis construyera nada en Babilonia, atribuye la fundación de esa ciudad a Caldea, el decimocuarto sucesor de Nino.

Beroso, un babilonio y sacerdote, que escribió apenas ciento veinte años después de Herodoto, da a Babilonia una antigüedad espantosa; pero es a Nabucodonosor, un príncipe comparativamente muy moderno, a quien atribuye sus principales monumentos.

Tocando al mismo Ciro, ese príncipe tan notable, y cuya historia debería haber sido tan conocida, tan popular, Herodoto, que vivió *sólo cien años* después de él, admite que ya había tres sentimientos diferentes; y, en efecto, sesenta años después, Jenofonte nos da una biografía de este príncipe totalmente opuesta a la de Herodoto.

Ctesias, que fue casi contemporáneo de Jenofonte, pretende haber extraído de los archivos reales de los medos una cronología que hace retroceder el origen de la monarquía asiria en más de ochocientos años, dejando a la cabeza de sus reyes al mismo Nino[240], hijo de Belo, a quien Herodoto había hecho heráclido; y al mismo tiempo atribuye a Ininino y Semíramis conquistas hacia Occidente de una extensión absolutamente incompatible con la historia judía y egipcia de ese tiempo (i)[241].

---

[240] Nota de la edición 1830 (3) Étienne de Byzancc au mol Chalehci

[241] Nota de la edición 1830: (t) Josèphe (contre Appion), lib. i,. cap. ig.

Según Megástenes, fue Nabucodonosor quien hizo estas increíbles conquistas. Los empujó a través de Libia hasta España (2).[242]

Se verá que Nabucodonosor había usurpado por completo la reputación que Semíramis había tenido en el tiempo de Artajerjes; pero sin duda se pensará que Semíramis y Nabucodonosor habían conquistado Etiopía y Libia, de la misma manera que los egipcios habían conquistado la India y Bactriana por Sesostris u Osymandias.

¿Qué sería si examináramos ahora los diversos informes de Sardanápalo, en los que un célebre erudito ha creído encontrar pruebas de la existencia de tres príncipes de ese nombre, las tres víctimas de desgracias similares[243]? de la misma manera que otro erudito encuentra en la India al menos tres Vicramaditjia, también ¿Los tres héroes de tales aventuras?

Al parecer, es por la falta de concordancia de todas estas relaciones que Estrabón[244] creyó poder decir que la autoridad de Herodoto y Ctesias no es igual a la de Hesíodo o Homero.[245] De ahí que Ctesias no fuera más afortunado en copistas que Manetón; y es muy difícil en la actualidad concordar con los extractos que Diodoro nos ha dado; Eusebio y el Syncellus.

Cuando estábamos en el siglo V a. de J.C., ¿cómo podemos esperar que Beroso haya sido capaz de

---

[242] Nota de la edición 1830: (2) Josèphe (contre Appion), lib. i, cap. 6; et Strabon, lib. xv, pag. 687.
[243] Nota de la edición 1830: (i) Vea dans les Mémoires de l'Académie des Belles-
Lettres, tom. v, le Mémoire de Fréret sur l'histoire des Assyriens.
[244] Nota de la edición 1881: Historiador y primer geógrafo de la antigüedad-
[245] Nota de la edición 1830: (2) Strabon lib. xi pag. 507

aclararlos en el III, y podemos dar más crédito a los cuatrocientos treinta mil años que sitúa antes del diluvio, a los treinta y cinco mil años que sitúa entre el diluvio y Semíramis, que a los registros de ciento cincuenta mil años que se jacta de haber consultado[246]?

Se dice que se erigieron obras en provincias lejanas, y que llevaban el nombre de Semíramis, y que han visto en Asia Menor, en Tracia, columnas erigidas por Sesostris[247]; pero así es que, en Persia en la actualidad, los monumentos antiguos, tal vez incluso algunos de estos, llevan el nombre de Roustan; que en Egipto o Arabia lleven las de José, o las de Salomón, es una antigua costumbre de los orientales, y probablemente de todas las naciones ignorantes. Nuestros campesinos llaman campamentos de César a todos los antiguos atrincheramientos romanos.

En una palabra, cuanto más pienso en ello, más me convenzo de que no hubo historia antigua en Babilonia y Ecbatana, como tampoco en Egipto y las Indias; y en lugar de llevar la mitología a la historia como Evhemera o Bannier, soy de la opinión de que una gran parte de la historia debería transferirse a la mitología.

No es sino hasta el tiempo de lo que comúnmente se llama el segundo reino de Asiria que la historia de los asirios y caldeos comienza a aclararse; en el momento en que la de los egipcios se aclara también, cuando los

---

[246] Nota de la edición 1830: (1) Syncelle, pages 38 et 39.
[247] Nota de la edición 1830: (2) N. S. Es muy notable que Herodoto diga que sólo ha visto monumentos de Sesostris en Palestina, y hable de los de Jonia sólo por cuenta de otros, y añada que Sesostris no se nombra en las inscripciones, y que los que han visto estos monumentos los atribuyen en Memnón. Véase Euterpe, capítulo CVI.

reyes de Nínive, Babilonia y Egipto comienzan a encontrarse y a luchar entre sí en el teatro de Siria y Palestina.

Parece, sin embargo, que los autores de esos países, o los que habían consultado sus tradiciones, y Beroso, y Jerónimo, y Nicolás de Damasco, estuvieron de acuerdo en hablar de un diluvio; Beroso incluso la describió en circunstancias tan similares a las del Génesis, que es casi imposible que lo que dice de ella no se saque de las mismas fuentes, aunque hace retroceder la época de ella en un gran número de siglos, al menos como se puede juzgar por los extractos confusos que Josefo, Eusebio y el Syncellus nos han conservado de sus escritos.

Pero debemos observar, y es con esta observación que concluiremos lo que concierne a los babilonios, que estos numerosos siglos y esta gran sucesión de reyes colocados entre el diluvio y Semíramis son una cosa nueva, enteramente peculiar de Beroso, y Ctesias y los que le siguieron no habían tenido la idea, que ni siquiera fue adoptada por ninguno de los escritores profanos posteriores a Beroso.

Justino y Velleius consideran a Nino como el primero de los conquistadores, y los que, contra toda probabilidad, lo colocan en lo más alto, lo hacen sólo cuarenta siglos antes de la época actual[248].

Los escritores armenios de la Edad Media concuerdan más o menos con uno de los textos del Génesis, cuando fechan el diluvio en cuatro mil novecientos dieciséis años; y podría pensarse que, habiendo recogido las viejas tradiciones, y tal vez

---

248 Nota de la edición 1830: (1) Justin, lib. 1, cap. 1; *Velleius Patercuhis* lib. 1, cap. 7.

extraído las viejas crónicas de su país, forman una autoridad adicional en favor de la novedad del pueblo; pero cuando reflexionamos que su literatura histórica data sólo del siglo V, y que conocían a Eusebio, entendemos que deben haberse acomodado a su cronología y a la de la Biblia. Moisés de Chorene hace su profesión expresa de haber seguido a los griegos, y vemos que su historia antigua está modelada en Ctesias.

Es cierto, sin embargo, que la tradición del diluvio existía en Armenia mucho antes de la conversión de los habitantes al cristianismo; y la ciudad que, según Josefo, fue llamada el lugar del Descenso, todavía existe al pie del monte Ararat, y lleva el nombre de Najicheván, que de hecho tiene ese significado[249].

Lo mismo diremos de los árabes, de los persas, de los turcos, de los mongoles, de los abisinios de hoy, así como de los armenios. Sus viejos libros, si es que los tenían, ya no existen; no tienen más historia antigua que la que han hecho últimamente para sí mismos, y que han modelado en la Biblia, de modo que lo que dicen del diluvio está tomado del Génesis, y no añade nada a la autoridad de ese libro.

Era curioso indagar cuál era la opinión de los antiguos persas sobre este tema, antes de que hubiera sido modificado por las creencias cristianas y mahometanas. Está registrado en su Boundehesh, o Cosmogonía, una obra de los temps sasánidas, pero evidentemente extraída o traducida de obras más antiguas, y que Anquetil du Perron encontró entre los parsis de la India. La duración total del mundo debe ser

---

[249] Nota de la edición 1830: (2) Vea el prefacio de Whiston sobre *Moïse de Chorene*, pag. 4.

de solo doce mil años, por lo que no puede ser muy antiguo. La aparición de Cayumorlz (el hombre toro, el primer hombre) es precedida por la creación de una gran agua (i).[250]

Además, sería tan inútil pedir a los parsis una historia seria de la antigüedad como lo sería pedir a los demás orientales; los magos no han dejado más que los brames o los caldeos. Basta con mirar las incertidumbres sobre la época de Zoroastro como prueba de ello. Incluso se pretende que la poca historia que pudieron haber tenido, que concierne a los aqueménidas, los sucesores de Ciro hasta Alejandro, fue alterada a propósito, y por una orden oficial de un monarca sasánida[251].

Para encontrar fechas auténticas de los comienzos de los imperios y rastros del gran cataclismo, debemos ir hasta los grandes desiertos de Tartaria. Al este y al norte habita otra especie, cuyas instituciones y procesos difieren tanto de los nuestros como su figura y temperamento. Habla con monosílabos; escribe en jeroglíficos arbitrarios, no tiene más que una moral política sin religión, pues las supersticiones de Fo le vinieron de los indios.

Su tez amarilla, sus mejillas prominentes, sus ojos estrechos y rasgados, su barba escasa, la hacen tan diferente de nosotros, que estamos tentados de creer que sus antepasados y los nuestros escaparon a la gran catástrofe de dos maneras diferentes; pero, sea como

---

[250] Nota de la edición 1830: (3) Zendavesta de Anquetil, tomo III, pag. 354.
[251] Nota de la edición 1830: (1) Mazoudi, ap. Sacy, manuscritos de la Biblioteca del Rey, tom. VIII, pag. 161.

fuere, fechan su inundación alrededor del. misma época que nosotros.

El Chouking es el más antiguo de los libros chinos, y se dice que fue escrito por Confucio con retazos de obras anteriores, hace unos dos mil doscientos cincuenta y cinco años. Doscientos años más tarde, se dice, vino la persecución de los literatos y la destrucción de libros bajo el emperador Chi-Hoangti, que deseaba destruir las huellas del gobierno feudal establecido bajo la dinastía anterior a la suya. Cuarenta años después, bajo la dinastía que había derrocado a la que pertenecía, Chi-Hoangti, una parte del Chouking fue restaurada de la memoria por un viejo erudito y otro fue hallado en un sepulcro; pero casi la mitad se perdió para siempre[252].

Ahora bien, este libro, el más auténtico de China, comienza la historia de ese país con un emperador llamado Yao, a quien nos representa como ocupado en el flujo de las aguas que, habiendo subido al cielo, todavía bañaban el pie de las montañas más altas, cubrían las colinas más bajas y hacían intransitables las llanuras[253]. Este Yao data de cuatro mil ciento sesenta y tres, según otros, de tres mil novecientos cuarenta y tres años antes del tiempo presente. La variedad de opiniones sobre este período llega incluso a doscientos ochenta y cuatro años.

Unas páginas más adelante, se nos muestra a Yu, ministro e ingeniero, restaurando el curso de las aguas, erigiendo diques, cavando canales y liquidando los

---

[252] Nota de la edición 1830: (2) Vea el prefacio de la edición de Choukinb, dados por M. de Guignes.
[253] Nota de la edición 1830: (3) Choukinb, traducción francesa, pag. 9.

impuestos de todas las provincias de China, es decir, en una tumba restaurada de memoria, y otra fue encontrada en una tumba; pero casi la mitad se perdió para siempre.

Ahora bien, este libro, el más auténtico de China, comienza la historia de ese país con un emperador llamado Yao, a quien representa ocupado en hacer fluir las aguas, las cuales, habiendo subido al cielo, aún bañaban el pie de las montañas más altas, cubrían las colinas más bajas y hacían intransitables las llanuras. Este Yao data de cuatro mil ciento sesenta y tres, según otros, de tres mil novecientos cuarenta y tres años antes del tiempo presente. La variedad de opiniones en esta época llega incluso a doscientos ochenta y cuatro años.

Unas páginas más adelante, se nos muestra a Yu, ministro e ingeniero, restableciendo el curso de las aguas, levantando diques, cavando canales y liquidando los impuestos de todas las provincias de China, es decir, en un imperio de seiscientas leguas en todas direcciones.

Pero la imposibilidad de tales operaciones, después de tales acontecimientos, muestra claramente que se trata sólo de una novela moral y política(r)[254].

Los historiadores más modernos han añadido una sucesión de emperadores antes de Yao, pero con una multitud de circunstancias fabulosas, sin atreverse a asignarles períodos fijos, que varían constantemente entre sí, incluso en cuanto a su número y nombres, y sin ser aprobados por todos sus compatriotas. Fouhi, con su cuerpo de serpiente, su cabeza de buey y sus dientes de tortuga, sus sucesores no menos monstruosos, son

---

[254] Nota de la edición 1830: (1) este es el Yu-Kong o el primer capítulo de la segunda parte de Chouking, pag; 43.

tan absurdos y no han existido más que Encélado[255] y Briareo[256].

¿Es posible que sea un mero accidente el que da un resultado tan sorprendente y que nos hace retroceder unos cuarenta siglos hasta el origen tradicional de las monarquías asiria, india y china? ¿Estarían de acuerdo en este punto las ideas de los pueblos que han tenido tan poco trato entre sí, cuya lengua, religión y leyes no tienen nada en común, si no se basaran en la verdad?

No pediremos a los americanos fechas precisas, porque no tenían una escritura real, y cuyas tradiciones más antiguas se remontaban sólo a unos pocos siglos antes de la llegada de los españoles; y, sin embargo, todavía creemos que se pueden ver rastros de un diluvio en sus toscos jeroglíficos. Tienen su Noé, o su Deucalión, como los indios, como los babilonios, como los griegos[257].

---

[255] Nota de la edición 1881: Gigante de la mitología griega

[256] Nota de la edición 1881: Otro gigante de la misma mitología, aquel que tenía cien brazos y 50 cabezas [En la mitología griega, Briareo o Briáreo (en griego Βριαρεύς o Βριάρεως *Briareôs*, Βριάρηος *Briarêos* u Ὀβριάρεως *Obriareôs*, 'fuerte'; en latín *Briareus*) era un Hecatónquiro, gigante de cien brazos y cincuenta cabezas, hijo de Urano y Gea, y hermano de Coto y Giges. En la *Ilíada* de Homero los hombres le llaman Egeón ('cabruno'), si bien este es también el nombre de un dios del mar, que según algunas fuentes sería su padre. Aun en otras, sería hijo de Thalassa, la diosa primordial del mar, o de Éter y Gea. NOTA del traductor]

[257] Nota de la edición 1830: (1) Vea la excelente y magnífica obra de M. de Humboldt, sobre los monumentos mexicanos. [Humboldt llegó a las costas de Acapulco en el año de 1803, iniciando la travesía por nuestro país durante aproximadamente un año. La información acumulada la publicaría bajo el título "Ensayo Político sobre el Reino de la Nueva España", considerado uno de los libros

La más degradada de las especies humanas, la de los negros, cuyas formas se aproximan más a la de los brutos, y cuyo intelecto no se ha elevado en ninguna parte hasta el punto de alcanzar un gobierno regular, o la más mínima apariencia de conocimiento continuo, no ha conservado en ninguna parte anales o tradiciones antiguas. No puede, por lo tanto, instruirnos en cuanto a lo que buscamos, aunque todos sus caracteres nos muestran que no es así. Está claro que ha escapado a la gran catástrofe en un aspecto diferente al de las especies caucásica y altaica[258], del que puede haber estado separado durante mucho tiempo cuando llega la catástrofe.

Pero, se dice, si los pueblos antiguos no nos han dejado historia, su larga existencia como cuerpo de nación no deja de estar atestiguada por los progresos que habían hecho en astronomía; por observaciones, cuya fecha es fácil de asignar, e incluso por monumentos que aún existen, y que llevan sus propias fechas.

Así, la duración del año, tal como se supone que los egipcios lo determinaron a partir de la salida heliaca[259] de Sirio[260], es correcta para un período comprendido entre el año tres mil y el año mil antes de Cristo, período en el que también caen las tradiciones

---

más influyentes no sólo del periodo colonial, sino también, durante el transcurso de la vida independiente. Nota del traductor]

[258] Nota de la edición 1881 Nombre con el que se designa a la especie amarilla de los mongoles, porque se creía que eran originarios del monte Altai, al sur de Siberia.

[259] Nota de la edición 1881 Se dice de una estrella cuando se eleva en el lugar del mismo meridiano que el sol.

[260] Nota de la edición 1881 Estrella de la Constelación del Gran Perro cuya aparición marca el comienzo del calendario egipcio.

de sus conquistas y gran prosperidad de su imperio. Esta exactitud prueba hasta qué punto habían llevado la exactitud de sus observaciones, y hace parecer que durante mucho tiempo habían estado ocupados en labores similares.

Para apreciar este razonamiento, es necesario entrar aquí en algunas explicaciones. El solsticio es la época del año en que comienza la inundación del Nilo, y la que los egipcios debieron observar con más atención. Habiendo hecho originalmente un año civil o sagrado de trescientos sesenta y cinco días a partir de malas observaciones, quisieron preservarlo de motivos supersticiosos, incluso después de percibir que no concordaba con el año natural o tropical,[261] y no reducía las estaciones a los mismos días[262]. Sin embargo, fue este año tropical el que era importante para ellos marcar con el fin de orientarse en sus operaciones agrícolas. Por lo tanto, deben haber escudriñado el cielo en busca de una señal aparente de su regreso, e imaginaron que encontrarían esta señal cuando el sol volviera a la misma posición, en relación con alguna estrella notable.

Así se aplicaron, como casi todos los pueblos que comienzan esta investigación, para observar las salidas y puestas de sol heliacas de las estrellas. Lo sabemos que eligieron particularmente el ascenso heliaco de Sirio; En primer lugar, sin duda, debido a la de la belleza de la estrella, y especialmente porque en aquellos tiempos antiguos la salida de Sirio, coincidiendo casi

---

[261] Nota de la edición 1881: Que concuerda absolutamente con el curso completo del Sol.

[262] Nota de la edición 1830: (1) Geminus, contemporáneo de Cicerón, explica extensamente sus motivos. Véase la edición dada por el Sr. Halma a continuación de la Ptolomeo, page 43.

con el solsticio, y anunciando la inundación, era para ellos el fenómeno más importante de esta clase. Incluso sucedió que Sirio, bajo el nombre de Sothis, desempeñó el papel más importante en toda su mitología y ritos religiosos.

Suponiendo, por lo tanto, que el retorno de la salida heliaca de Sirio y el año tropical fueran de la misma duración, y finalmente creyendo que esta duración era de tres

ciento sesenta y cinco días y cuarto, imaginaron un período después del cual el año tropical y el año viejo, el año de trescientos sesenta y cinco días solamente, volverían al mismo día; un período que, de acuerdo con estos datos inexactos, fue necesariamente mil cuatrocientos sesenta y un años sagrados, y mil cuatrocientos sesenta de esos años perfeccionados a los que dieron el nombre de los años de Sirio.

Tomaron como punto de partida de este período, al que llamaron el Sothiac o Gran Año, un año civil, cuyo primer día fue, o había sido, también el de una salida heliaca de Sirio; y se sabe, por el testimonio positivo de Censorino[263], que uno de estos grandes años había terminado en ciento treinta y ocho después de Cristo[264]. por consiguiente, comenzó en mil trescientos veinte dioses antes de Cristo, y el que le precedió en dos mil setecientos ochenta y dos.

De hecho, según los cálculos de M. Ideler, se reconoce que Sirio resucitó heliacamente el 20 de julio del año juliano ciento treinta y nueve, el día que en ese

---

[263] Nota de la edición 1881 Sabio del tercer siglo de la era cristiana.

[264] Nota de la edición 1830: (t) Todo este sistema es desarrollado por Censorinus de *Die natali*, caps. XVIII y XXI.

año correspondía al primero de Thoth, o al primer día del año sagrado egipcio[265].

Pero no sólo la posición del sol, en relación con las estrellas de la eclíptica, o del año sideral, no es la misma que la del año tropical, a causa de la precesión de los equinoccios,[266] el año heliaco de una estrella, o el período de su salida heliaca, especialmente cuando está distante de la eclíptica, también difiere del año sideral, y difiere de él diversamente según las latitudes de los lugares donde se observa. Esto, sin embargo, es bastante singular, y lo que Bainbridge (2)[267] y el padre Petau (3)[268] ya han señalado (4)[269] Ha sucedido, por una notable coincidencia de posición, que bajo la latitud del Alto Egipto, en un cierto período y durante cierto

---

[265] Nota de la edición 1830: (i) Ideler. *Recherches historiques sur les observations astronomiques des anciens,* traducción de M. Halma siguiendo su Canon de Ptolomeo, pag. 32 y ss..

[266] Nota de la edición 1881: Debido a la atracción del Sol sobre el ecuador, combinado con el movimiento diurno, el eje de la Tierra no está inmóvil; oscila sobre si mismo de manera que describe en el espacio una superficie cónica como hace la cabeza de una peonza durante su rotación. Estas oscilaciones del eje terrestre hacen retroceder cada equinoccio y constituye el fenómeno designado con el nombre de precesión de los equinoccios.

[267] Nota de la edición 1830: (2) Bainbridge. *Canicul.* Nota de la edición 1881: Astrónomo inglés del siglo XVII.

[268] Nota de la edición 1830: (3) Petau. *Var. Diss.*, lib. v, cap. 6, pag. 108.- Nota de la edición 1881 Jesuita francés y célebre astrónomo del siglo XVII. . [Denis Pétau, en latín, *Dionysius Petavius,* (1583-1652) fue un jesuita francés, teólogo, físico y autor de diversas obras sobre cronología histórica, dinastías, ciudades, etc. Se formó en la Sorbona, donde defendió su tesis para Maestro en Artes en griego. NOTA del traductor]

[269] Nota de la edición 1830: (4) Vea también La Nauze, *sur l'année égypte, Académie des belles-lettres,* tom. XIV, pag. 346; y las Memorias de M. Fourier, en la gran obra sobre Egipto, *Mém.* tom. I pag. 803.

número de *siglos*, el año de Sirio fue realmente muy cercano a trescientos sesenta y cinco días y cuarto; de modo que la salida heliaca de esa estrella volvió en verdad *el mismo día del año juliano; al 20 de julio, en 1322 a.C. y en 138 d.C.* (i).[270]

De esta coincidencia real, en ese momento M. le Baron Fourier, que ha observado que todos estos informes por una gran cantidad de trabajo et de nuevos cálculos, concluye que dado que la duración del año de Sirio era tan perfectamente debe haber sido conocido por los egipcios, y deben haberlo determinado a partir de observaciones hechas durante mucho tiempo y con gran exactitud, observaciones que se remontaban por lo menos a dos mil quinientos años antes de nuestra era, y que no podrían haberse hecho mucho antes o mucho después de ese intervalo de tiempo[271].

Ciertamente, este resultado sería muy sorprendente si hubieran fijado la duración del año de Sirio directamente, y por observaciones hechas en el mismo Sirio; pero los astrónomos experimentados afirman que es imposible que la salida heliaca de una estrella pudiera haber servido de base para observaciones exactas sobre tal tema, especialmente en

---

[270] Nota de la edición 1830: (1) Petau, loc. cit. El Sr. Ideler afirma que este encuentro de la salida heliaca de Sirio también tuvo lugar antes de Cristo. (Investigaciones históricas en Ptolomeo de M. Halma, vol. III, p. 34.) Pero para. En el año juliano 1538 de Jesucristo, que es también el último de un gran año, el padre Petau y el señor Ideler tuvieron una gran discusión entre ellos. Este último sitúa la salida heliaca de Sirio el 22 de julio, el primero lo sitúa en el 20 de agosto.

[271] Nota de la edición 1830: (1) Vea, en la gran obra sobre Egipto, Antigüedades, Memorias, tom. I, pag. 803, la ingeniosa Memoria de M. Fourier, titulada *Recherches sur les sciences et le gouvernement de l'Egypte*.

un clima *donde la circunferencia del planeta está siempre tan cargada de vapores. que en las noches hermosas las estrellas nunca se ven a unos pocos grados sobre el horizonte en la segunda y tercera magnitud, y que el sol no se ve en su salida y salida. Su lecho, está totalmente distorsionado* (1)[272].

Sostienen que si no se hubiera reconocido de otro modo la duración del año, podría haberse equivocado en uno y dos días[273]. No dudan, pues, de que esta duración de trescientos sesenta y cinco días y cuarto es la del año tropical, mal determinada por la observación de la umbra, o por la del punto en que salía el sol cada día, e identificada por la ignorancia con el año heliaco de Sirio; de modo que habría sido pura casualidad haber fijado con tanta exactitud la duración de este último para la época en cuestión.[274]

Tal vez, también, se juzgará que los hombres capaces de observaciones tan exactas, y que las habían continuado durante tanto tiempo, no habrían dado a

---

[272] Nota de la edición 1881: Se trata de Nouet, astrónomo de la expedición a Egipto, quien se expresa así. [En 1740 nacía en Pompey el sabio, Nicolas-Antoine Nouet que realizó la travesía a Egipto a bordo del navío "L'Aquilon". En ese momento tenía 58 años. Astrónomo, ingeniero principal y geógrafo, será uno de los miembros importantes en la expedición a Egipto de Bonaparte. Formó parte del "Institut d'Égypte" en la sección de matemáticas y será Presidente del Institut el 8 de septiembre de 1800. Nota del traductor]

[273] Nota de la edición 1830: Estas son las expresiones del difunto Nouet, astrónomo de la expedición egipcia. Vea Volney, Nuevas investigaciones sobre historia antigua, tom. III.

[274] Nota de la edición 1830: (2) Delambre *Abrégé d'Astronomie*, pag. y en su nota sobre los paranatellons, *Histoire de l'Astronomie du Moyen Âge*, pag. lij. Delambre. Informe sobre el Memorándum de los de Paravey en la esfera, en el tom. VIII de los nuevos *Annales des Voyages*.

Sirio la importancia suficiente para adorarlo, porque habrían visto que la relación de su nacimiento con el año tropical y con la inundación del Nilo era sólo temporal, y tenía lugar sólo en cierta latitud. De hecho, según los cálculos de M. Ideler, en el año 2782 a.C., Sirio apareció en el Alto Egipto el segundo día después del solsticio; en el decimotercero; y en el año 139 d.C., el vigésimo sexto (1).[275]

Hoy en día, se eleva heliacamente solo más de un mes después del solsticio. Los egipcios, por lo tanto, hubieran preferido encontrar la época que trajera de vuelta la coincidencia del comienzo de su año sagrado con el del verdadero año tropical; Y entonces habrían reconocido que su gran período debe haber sido mil quinientos ocho años sagrados, y no mil cuatrocientos sesenta y uno[276]. Ahora bien, ciertamente no hay rastro de este período de mil quinientos ocho años en la antigüedad.

En general, ¿podemos defendernos de la idea de que, si los egipcios hubieran tenido una serie tan larga de observaciones, y observaciones exactas, su discípulo Eudoxo[277], que estudió trece años entre ellos, habría llevado a Grecia una astronomía más perfecta, y cartas menos toscas de los cielos, más coherentes en sus diversas partes[278]?

---

[275] Nota de la edición 1830: (i) Ideler, loc. cit, pag. 38.

[276] Nota de la edición 1830: (i) Vea Laplace *Système du Monde*,, troisième édition, pag. Y el *Annuaire* de 1818

[277] Nota de la edición 1881: Hijo del orador Esquino, fue a la vez astrónomo y geómetra, médico y legislador; es conocido sobre todo como astrónomo y vivió hacia el 325 antes de Cristo.

[278] Nota de la edición 1830: (2) Vea, sur *la grossièreté des déterminations de la sphère* de Eudoxo, M. Delambre, en el primer

¿Cómo es posible que los griegos sólo conocieran la precesión a través de las obras de Hiparco[279], si hubiera sido registrada en los registros de los egipcios y escrita en caracteres tan conspicuos en los techos de sus templos?

¿Cómo, finalmente, Ptolomeo[280], que escribía en Egipto, no se hubiera dignado hacer uso de ninguna de las observaciones de los egipcios[281]?

Además, Herodoto, que vivió tanto tiempo con ellos, no hace mención de las seis horas que añadían al año sagrado, ni del gran período sotíaco[282] que resultó de ellas; por el contrario, dice positivamente que como los egipcios hacen su año trescientos sesenta y cinco

---

volumen de son *Histoire de l'Astronomie ancienne* pag. 120 et suivantes.

[279] Nota de la edición 1881 Hiparco fue un astrónomo de Nicea, en Bitinia, hacia 128 antes de la era cristiana; fue el primero que realizó cálculos sobre los eclipses.

[280] Nota de la edición 1881 Claudio Tolomeo fue el astrónomo y geógrafo más ilustre de la antigüedad; escribió a Canope sus famosos *Sistemas del mundo,* que, hasta Tycho Brahe, fue el texto más seguido.

[281]Nota de la edición 1830:

[282] [El ciclo sotíaco (de *Sotis,* el nombre griego de la diosa egipcia Sopdet, personificación de la estrella Sirio) es un periodo de aproximadamente 1460 años provocado por la traslación anual de la observación del orto heliaco de Sirio. En el Antiguo Egipto los sacerdotes-astrónomos observaban todos los años la primera aparición en el horizonte de Sirio pues para ellos señalaba el comienzo de la época de las inundaciones. Idealmente dicho acontecimiento debería coincidir con el comienzo del año egipcio, pero como en el calendario egipcio todos los años sumaban 365 días, sin intercalar días adicionales para compensar la diferencia con el año sidéreo, cada cuatro años el orto de Sirio se desplazaba un día en el calendario, volviendo a coincidir con el año nuevo teórico solo tras unos 1460 años, es decir cuatro años por cada uno de los 365 días del año. NOTA del traductor]

días, las estaciones vuelven al mismo punto. de modo que en su tiempo nadie parece haber sospechado la necesidad de este cuarto de día[283].

Tales[284], que había visitado a los sacerdotes de Egipto menos de un siglo antes que Herodoto, también dio a conocer a sus compatriotas sólo un año de trescientos sesenta y cinco días sólo (5);[285] y si reflexionamos que las colonias que salieron de Egipto catorce o mil quinientos años antes de Cristo, los judíos, los atemios, todos trajeron el año lunar, tal vez podamos juzgar que el año de trescientos sesenta y cinco días no existía todavía en Egipto en aquellas edades remotas.

No ignoro el hecho de que Macrobio[286] atribuye a los egipcios un año solar de trescientos sesenta y cinco días y cuarto; pero este autor relativamente reciente, que vino mucho después del establecimiento del año fijo de Alejandría, puede haber confundido las épocas.

Diodoro y[287] Estrabón dan este año sólo a los tebanos; no dicen que fuera de uso general, y ellos mismos no vinieron hasta mucho tiempo después de Herodoto. Así, el año sothiaco, el gran año, debe haber

---

[283] Nota de la edición 1830: (1) Vea el *Discours préliminaire de l'Histoire de l'Astronomie du moyen âge,* par M. Delambre, pag. VIII y siguientes.

[284] Nota de la edición 1881 Thales de Mileto fue el primero de los siete sabios de Grecia; murió hacia 548 antes de la era cristiana; estudió durante muchos años en Egipto bajo la dirección de los sacerdotes de Memphis.

[285] Nota de la edición 1830: (2) Euterpe, capítulo IV. (3) Diog. Laert. libro 1, in Thalet.

[286] Nota de la edición 1881 Filósofo platónico, en 422 después de Cristo. (1) Saturnal., lib. i, cap. xv.

[287] Nota de la edición 1881 Diodoro de Sicilia escribió sobre Julio César y sobre Augusto.

sido una invención bastante reciente, ya que resulta de la comparación del año civil con el llamado año heliaco de Sirio; y por esta razón sólo se habla de ella en obras de los siglos II y III d.C.[288], y que sólo el Syncellus, en el la novena, parece citar a Manetón como quien la mencionó.

A pesar de nuestras creencias, tomamos las mismas ideas de la ciencia astronómica de los caldeos. Que un pueblo que habitaba vastas llanuras, bajo un cielo que siempre estaba despejado, se sintiera inclinado a observar el curso de las estrellas, incluso desde el momento en que aún eran nómadas, y cuando sólo las estrellas podían dirigir sus cursos durante la noche, era lo que era natural pensar; Pero, ¿desde cuándo fueron astrónomos y hasta dónde llevaron la astronomía? Esa es la cuestión.

Se dice que Calístenes[289] envió a Aristóteles observaciones hechas por ellos, que se remontan a dos mil doscientos años antes de Cristo. Pero este hecho sólo lo relata Simplicio[290], según Porfirio, y seiscientos años después de Aristóteles. El propio Aristóteles no

---

[288] Nota de la edición 1830: (3) Vea, sobre la probable novedad de este período, la excelente disertación de M. Biot, en sus Investigaciones sobre varios puntos de la astronomía egipcia, pag. L48 y ss.

[289] Nota de la edición 1881: Discípulo y sobrino de Aristóteles, vivió 365 años antes de Jesucristo. Estudió mucho la astronomía de los Caldeos en Babilonia, y se sirvió después de la torre de Babel, como observador.

[290] Nota de la edición 1830: Vea M. Dalambre, Historia de la Astronomía tom. I, pag. Véase también su análisis de Gémins. Ibid., pag. 211. Compáralo con las Memorias de M. Ideler, sobre la astronomía de los caldeos, en el cuarto tomo de Ptolomeo de M. Halma, pág. 166.

dijo nada al respecto; Ningún astrónomo real ha escrito sobre ello.

Ptolomeo reporta y emplea diez observaciones de eclipses que son verdaderamente hechas por los caldeos, pero se remontan sólo a Nabonasar (setecientos veintiún años antes de Cristo); son toscos; El tiempo se expresa sólo en horas y medias horas, y la sombra sólo en la mitad o en cuartos de diámetro.

Sin embargo, como tenían ciertas fechas, los caldeos deben haber tenido algún conocimiento de la verdadera duración del año, y algún medio para medir el tiempo. Parecen haber conocido el período de dieciocho años que pone los eclipses de luna en el mismo orden, y que la mera inspección de sus registros les daría rápidamente, pero es seguro que no podían explicar ni predecir los eclipses de sol.

Es porque no escuchó un pasaje de Josefo, que Cassini, y según él Bailly, han pretendido encontrar en él un período luni-solar de seiscientos años que habría sido conocido por los primeros patriarcas[291].

Así, pues, hay muchas razones para creer que esta gran reputación de los caldeos les fue otorgada en tiempos recientes por los indignos sucesores que, bajo el mismo nombre, vendieron horóscopos y predicciones por todo el imperio romano, y que, para obtener más crédito, atribuyeron a sus rudos antepasados el honor de los descubrimientos de los griegos.

En cuanto a los indios, todo el mundo sabe que Bailly, creyendo que la época que sirve de punto de partida a algunas de sus tablas astronómicas había sido

---

[291] Nota de la edición 1830: Vea Bailly, *Histoire de l'Astronomie ancienne,* y M. Delambre, En su trabajo sobre el mismo tema, tom VI pag. 345

realmente observada, quiso sacar de ella una prueba de la alta antigüedad de la ciencia en este pueblo, o por lo menos en la nación que les habría legado sus conocimientos; pero todo el sistema, penosamente concebido, se desmorona por sí mismo. Ahora que se ha probado que esta época fue adoptada después del hecho sobre cálculos hechos retrógradamente, y cuyo resultado era falso[292].

Mr. Bentley ha admitido que las tablas de Tirvalour, a las que se refiere principalmente la afirmación de Bailly, deben haber sido calculadas alrededor del año 1281 d.C. (hace quinientos cuarenta años), y que el Surya-Siddhanta, que los Brahamanes consideran como su tratado científico más antiguo sobre astronomía, y que afirman haber sido revelado durante más de veinte millones de años, no puede haber sido compuesto hasta hace unos setecientos sesenta años[293].

Los solsticios y equinoccios indicados en los Puranas, y calculados de acuerdo con las posiciones que parecían ser asignadas a ellos por los signos del zodíaco indio, como se creía que se les conocía, parecían ser de enorme antigüedad. Un estudio más exacto de estos signos, ha demostrado últimamente a M. de Paravey que no son más que solsticios de mil doscientos años antes de Cristo. Este autor admite, al mismo tiempo, que

---

[292] Nota de la edición 1830: " -(i) Vea Laplace, *Exposé du Système du Monde*, pag. 330 y la *Mémoire* de M. Davis, sobre les Cálculos astronómicos de los indios, *Além. de Calcutta* tom.II, pag. 225 de la edición en 8°.

[293] Nota de la edición 1830: (2) Vea *Mémoires* de M. Bentley sobre la antigüedad de Surya-Siddhanta, *Mém. de Calcutta*, tom. vi, p. 540; y sobre los Sistemas Astronómicos de los Indios, ibid., tomo VII, pag. 165.

el lugar de estos solsticios está fijado tan toscamente, que no podemos responder por esta determinación hasta los últimos dos o tres siglos. Son las mismas que las de Eudoxo que las de Cheou-kong[294].

Es bien sabido que los indios no observan, y que no poseen ninguno de los instrumentos necesarios para ello. M. Delambre admite en verdad, con Bailly y Legentil, que tienen métodos de cálculo que, sin probar la antigüedad de su astronomía, muestran al menos su originalidad (i);[295] y, sin embargo, esta conclusión no puede extenderse a su esfera; porque, independientemente de sus veintisiete nacchatrones o casas lunares, que se parecen mucho a las de los árabes, tienen en el zodíaco las mismas doce constelaciones que los egipcios, caldeos y griegos (2);[296] y
si nos fiáramos de las afirmaciones de Mr. Wilford, sus constelaciones extra-zodiacales serían también las mismas que las de los griegos, y llevarían nombres que no son más que ligeras alteraciones de sus nombres griegos[297].

---

[294] Nota de la edición 1830: (1) Mémoires encore manuscrits de M. de Paravey, *sur la sphère de la Haute-Asie.*

[295] Nota de la edición 1830: (2) Vea el Tratado de Profundidad sobre la Astronomía de los Indios en la *Histoire de l'Astronomie ancienne* de M. Delambre, tom. I, pag. 400 a 556.

[296] Nota de la edición 1830: (3) Vea *le Mémoire* de sir Will. Johnes sobre *l'antiquité du zodiaque indien Mém. de Calcuta*, tomo. II, pág. 38 a 289, en la traducción francesa, tom. II, pag. 332.

[297] Nota de la edición 1830: (4) Vea *le traité approfondi sur l'astronomie des Indiens* en *l'Histoire de l'Astronomie ancienne* de M. Delambre, tom. I, pag. 400 a 556.

[297] Nota de la edición 1830: (5) He aquí las palabras del Sr. Wilford, en sus *Memorias sobre los Testimonios de los Antiguos Libros Hindúes que Tocaban Egipto y el Nilo, Memorias de Calcuta*, tom, III, pag. 433, de la edición en 8º, habiendo pedido a mi Pandit, que

Es a Yao[298] a quien se atribuye la introducción de la astronomía en China, envió, dice el Chouking, a los astrónomos a los cuatro puntos cardinales de su imperio para examinar qué estrellas presidían las cuatro estaciones, y para regular lo que debía hacerse en cada época del año (i)[299], como si hubiera sido necesario dispersarse para tal operación. Unos doscientos años después, el Chouking habla de un eclipse de sol, pero con circunstancias ridículas, como en todas las fábulas de este tipo; porque un general y todo el ejército chino marchan contra dos astrónomos, porque no lo habían predicho bien; y se sabe que, más de dos mil años después, los astrónomos chinos no tenían forma de predecir con precisión los eclipses solares. En 1629 de nuestra era, durante su disputa con los jesuitas, ni siquiera sabían calcular las sombras[300].

---

es un erudito como astrónomo, que me señalara allí en el cielo hacia la Constelación de Andrómeda, me dijo inmediatamente "que había tenido cuidado de no mostrarle como un asterismo conocido por mí. Luego me trajo un libro muy raro y curioso, en sánscrito, en el que había un capítulo particular sobre los Upanacshatras o costelaciones extra zodiacales, con dibujos de Capéya, de Câsyapè sentada, sosteniendo una flor de loto en la mano, de Antarmada encadenada con el pez cerca de ella, y de Parasica sosteniendo la cabeza de un monstruo. Lo había matado, estaba chorreando sangre y con serpientes por pelo. ¿Quién no reconocería a Perseo, Cefeo y Casiopea? Pero no olvidemos que este Pandit del señor Wilford se ha vuelto muy sospechoso.

[298] Nota de la edición 1881: Emperador de China que reinó dicen 2.250 años antes de Jesucristo. Los chinos lo recuerdan como su fundador sin que esto se tenga aceptado de manera indiscutible. Nota de la edición 1830: Choukinb, pag. 6 y 7.

[299] Nota de la edición 1830: Chouking, pag. 66 et siguientes.

[300] Nota de la edición 1881: Es precisamente esta ignorancia de una ciencia de la que los chinos pasaban por versados lo que facilitó el establecimiento y la preponderancia de las misiones de

Los verdaderos eclipses, registrados por Confucio[301] en su crónica del reino de Lou, no comienzan hasta mil cuatrocientos años después de éste, en el año 776 a. de J.C., y apenas medio siglo antes que los de los caldeos de que habla Ptolomeo; tan cierto es que las naciones que escaparon a la destrucción al mismo tiempo también llegaron casi al mismo tiempo. cuando las circunstancias han sido similares, con el mismo grado de civilización. Ahora bien, uno pensaría que, por la identidad de los nombres de los astrónomos chinos bajo diferentes reinados (parecen, según los Chou-king, haber sido llamados todos Hi y Ho), que en ese período remoto su profesión era hereditaria en China, así como en la India, Egipto y Babilonia.

La única observación china más antigua, que no es en sí misma prueba de su falsedad, sería la de la sombra proyectada por Cheou-Kong acerca de la nada antes de Cristo; sin embargo, es por lo menos bastante tosca[302].

De este modo, nuestros lectores pueden juzgar que las inferencias extraídas de una alta perfección de la astronomía de los pueblos ancianos no son más

---

los jesuitas en China. Los observatorios que los jesuitas han creado en el Celeste Imperio, les valieron la protección del Emperador y la admiración de los sabios. Todavía se pueden admirar por los viajeros en Pekin una parte de los instrumentos que los jesuitas habían construido ellos mismos o traídos de Europa-

[301] Nota de la edición 1881: Confucio es el primero y el más valorado de los filósofos chinos. Se cree que vivió en 550 antes de Jesucristo. Su memoria es todavía objeto de una suerte de idolatría de una parte del pueblo chino.

[302] Nota de la edición 1830: Vea n la *Connaissance des Temps* de 1809, pag. 381, y en *l'Histoire dé l'Astronomie ancienne* de M. Delambre, tom. I, pag. 317. Se ha extraido de las *Mémoires* del P. Gaubil sobre las observaciones de los chinos.

concluyentes en favor de la excesiva antigüedad de estos pueblos que los testimonios que se han dado a sí mismos.

Pero si esta astronomía hubiera sido más perfecta, ¿qué probaría? ¿Alguien ha calculado el progreso que una ciencia debe hacer en el seno de naciones que no tienen, por decirlo así, otros datos de quien la serenidad del cielo, las necesidades de la vida pastoril o agraria y la superstición, hacían de las estrellas el objeto de la contemplación general, donde los colegios de los hombres más respetados se encargaban de llevar registros de los fenómenos interesantes y transmitir su memoria; donde la herencia de la profesión significaba que los niños se nutrían desde la cuna de los conocimientos adquiridos por sus padres? Que entre los muchos individuos cuya única ocupación era la astronomía se encontraban una o dos mentes geométricas, y todo lo que estos pueblos conocían podía ser descubierto en unos pocos siglos.

Recordemos que, desde los tiempos de los caldeos, la verdadera astronomía no ha tenido más que dos edades, la de la escuela de Alejandría, que duró cuatrocientos años, y la nuestra, que no duró tanto. Apenas la edad de lo que añadieron algo los árabes. Los otros siglos han sido nulos para ella. No transcurrieron trescientos años entre Copérnico y. el autor de Mecánica Celeste, y eso es lo que queremos. ¿Necesitaron los Indúes miles de años para llegar a sus teorías sin forma (I)?[303]

---

[303] Nota de la edición 1830: (1) El traductor inglés de este discurso cita el ejemplo del famoso James Ferguson; que era pastor. en su infancia, y que, mientras cuidaba los rebaños durante la noche, tuvo la idea de hacer una carta celeste para sí mismo, y la dibujó tal vez mejor que cualquier astrónomo caldeo. Algo muy similar se

Los monumentos astronómicos dejados por los antiguos no soportan las fechas excesivamente remotas que creíamos ver allí [304]

Así que usamos argumentos de otro tipo. Se ha afirmado que, independientemente de lo que hayan podido conocer, estos pueblos han dejado monumentos que, por el estado del cielo que representan, llevan una fecha cierta y una fecha remota; y los zodíacos tallados en dos templos del Alto Egipto parecieron, hace algunos años, proporcionar pruebas bastante demostrativas para esta afirmación.

Ofrecen las mismas figuras de las constelaciones zodiacales que usamos hoy en día, pero distribuidas de una manera particular. Se pensaba que esta distribución representaba el estado del cielo en el momento en que se diseñaron estos monumentos, y se pensó que sería posible concluir a partir de ellos la fecha de la construcción de los edificios que los contienen [305]

---

dice de Jamerey'Daval. Nota de la edición 1881 El traductor al inglés de este discurso cita a propósito de estas cosas el ejemplo del célebre Jamer Ferguson, que fue pastor en su infancia, y que guardando los hatos durante la noche, tuvo el mismo la idea de hacer un mapa celeste, y la dibujó él mismo mejor que ningún astrónomo de Caldea. Se cuenta también alguna cosa parecida de Jamerey Duval. (Cuvier)

[304] Nota de la edición 1830: 1830 en esta edición antigua se encuentra este apartado desde las páginas 249. Nota de la edición 1881: en la versión de este año desde la página 151.

[305] Nota de la edición 1830: (xAsí, en Dendera (antigua Tentyris), una ciudad debajo de Tebas, en el pórtico del gran templo, cuya entrada mira hacia el norte (*) (*) Véase la gran obra sobre Egipto, Amtitluités, tol. IV, pi. XX. , en el techo se ven los signos del zodíaco caminando en dos bandas, una de las cuales está a lo largo del lado

oriental y la otra en el lado opuesto, cada una de ellas está abespecieda por una figura de una mujer tan larga como ella, cuyos pies están hacia la entrada, su cabeza y brazos hacia la parte posterior del pórtico, por lo tanto, los pies están al norte y las cabezas al sur. El león está a la cabeza de la banda hacia el oeste; Va hacia el norte o a los pies de la figura de una mujer, y él mismo tiene los pies hacia la pared oriental. Le siguen Virgo, Libra, Escorpio, Sagitario y Capricornio, caminando en la misma línea. Este último se sitúa hacia la parte posterior del pórtico y cerca de las manos y la cabeza de la gran figura femenina. Los signos de la banda oriental comienzan en la extremidad donde terminan los de la otra banda, y por consiguiente van al fondo del pórtico o a los brazos de la gran figura. Tienen los pies hacia la pared lateral de lado, y la cabeza en dirección opuesta a los de la franja opuesta. Acuario camina primero seguido de Piscis, Belicr, Tauro, Géminis. El último de la serie es el cáncer, o más bien el escarabajo, pues es por este insecto que el cáncer de los griegos es reemplazado en los zodíacos de los griegos. Cgypte, es arrojado a un lado sobre las piernas de la gran figura. En el lugar que debería haber ocupado hay un globo terráqueo colocado en la parte superior de una pirámide compuesta de pequeños triángulos que representan una especie de rayos, y frente a la base de la cual hay una gran cabeza de mujer con dos pequeños cuernos. Un segundo escarabajo se coloca de lado y transversalmente en la primera banda, en el ángulo que forman los pies de la gran figura con el cuerpo, y delante del espacio por donde camina el león, que está un poco detrás. En el otro extremo de la misma banda, Capricornio está muy cerca del fondo o brazos de la gran figura, y en la banda de la izquierda Acuario está bastante lejos de ella, sin embargo, Capricornio no se repite como Cáncer. La división de este zodiaco, nada más entrar, con los pies girados hacia la pared lateral. está, por lo tanto, entre Leo y Cáncer; o si se piensa que la repetición del escarabajo marca una división del signo, tiene lugar. en el propio cáncer; Pero el de abajo está entre Capricornio y Acuario. En una de las salas interiores del mismo templo había un planisferio circular inscrito en un cuadrado, el mismo que fue traído a París por M. Lelorrain y que se puede ver en la Biblioteca del Rey. También hay signos del zodíaco entre muchas otras figuras que parecen representar constelaciones. (*) Véase la gran obra sobre Egipto,

Antigüedades, tol. M, Lámina XXI. ; El león responde a una de las diagonales del cuadrado; La Virgen, que le sigue, responde a una línea perpendicular que se dirige hacia el este; Los otros signos proceden en el orden conocido hasta Cáncer, que, en lugar de completar la cadena respondiendo al nivel de Leo, se coloca por encima de él, más cerca del centro del círculo, de modo que los signos están en una línea algo espiral. Este cáncer, o más bien este escarabajo, funciona en la dirección opuesta a los otros signos. Géminis responde al norte, Sagitario al sur y Piscis al este, pero no exactamente. En el lado oriental de este planisferio hay una gran figura de una mujer, con la cabeza apuntando hacia el sur y los pies hacia el norte como los del pórtico. O también podría plantear alguna duda en cuanto al punto en este segundo zodíaco en el que debería comenzar la serie de signos. Dependiendo de si tomamos una de las perpendiculares o una de las diagonales, o el lugar donde una parte de la serie pasa sobre la otra, se juzgará que está dividida en Leo, o entre Leo y Cáncer, o finalmente en Géminis. En Esne (antigua Latopolis), una ciudad por encima de Tebas, hay zodiacos en los techos de dos templos diferentes. La del gran templo, cuya entrada mira hacia el este, está en dos bandas contiguas y paralelas entre sí a lo largo del lado sur del techo. (*) Véase la gran obra sobre Egipto, vol. i, pl. LXxrx. / Las figuras de las mujeres que los abespecien no están en su longitud, sino en su anchura, de modo que está al otro lado cerca de la entrada o al este, la cabeza y los brazos al norte, y el. pies hacia la pared lateral o hacia el sur y que el otro está en la parte posterior del pórtico también a través y mirando al primero. La banda más próxima al eje del pórtico o del norte presenta primero, en el lado de la entrada o el este y vers.la cabeza de la figura de una mujer, el león colocado un poco atrás y caminando hacia atrás, con los pies en la pared lateral; Detrás del león, en el origen de la banda, hay dos leones más pequeños; frente a él está el escarabajo, y luego Géminis caminando en la misma dirección; Luego el toro y el carnero, y el pez, muy juntos, colocados transversalmente en el centro de la banda, el toro con la cabeza hacia la pared lateral, el carnero hacia el eje. Acuario está más lejos, y toma la misma dirección hacia el fondo que los tres primeros signos. En la banda más próxima a la pared lateral y al norte, vemos primero, pero a cierta distancia de la pared posterior o del oeste, al Capricornio, que camina en dirección opuesta a Acuario y se dirige hacia el este o la entrada del Muy cerca de él está Sagitario, que responde así a Piscis y Aries. También camina hacia la entrada; pero sus pies están vueltos hacia el eje y en dirección opuesta a los de Capricornio. A cierta distancia, al frente, y cerca el uno del otro, están el escorpión y una mujer que sostiene las escamas; Por último, un poco más adelante, pero todavía bastante lejos de la extremidad anterior u oriental, se encuentra la Virgen, a la que precede una esfinge. Virgo y la mujer que sostiene la balanza también tienen los pies hacia la pared, por lo que Sagitario es el único que se coloca boca abajo de los otros signos. Al norte de Esne hay un pequeño templo aislado, también dirigido hacia el este, y cuyo pórtico todavía tiene un zodíaco. (*) (*) Véase la gran obra sobre Egipto, Antigüedades, vol. i, lámina LXXTTII; Está en dos bandas laterales y extendidas, la que está a lo largo del lado sur comienza con el león, que camina hacia atrás o hacia el oeste, con los pies vueltos hacia la pared o hacia el sur, es precedido por el escarabajo, y este último por Géminis caminando en la misma dirección. El toro, en cambio, viene a su encuentro, hacia el este; Pero el carnero y el pez vuelven al fondo o al oeste. En la banda del lado norte, Acuario está cerca del fondo o del oeste, caminando hacia la entrada o el este, con los pies vueltos hacia la pared, precedido por Capricornio y Sagitario, que caminan en la misma dirección. pero es claro que la Virgen debía caminar a la cabeza de esta banda en el lado de la entrada. Entre las figuras accesorias de este pequeño zodíaco hay dos carneros alados colocados a lo ancho, uno entre Tauro y Géminis, el otro entre Escorpio y Sagitario, y cada uno casi en el centro de su banda, el segundo, sin embargo, un poco más adelante hacia la entrada. Al principio se pensó que en el gran zodíaco de bsne la división de la entrada es entre la virgen y el hijo, y la del fondo entre el piscis y el acuario. Pero M. Hamilton, M. de Jollois y M. Yilliers han creído ver en la esfinge que precede a la virgen una repetición del león análoga a la del cáncer en el gran zodíaco de Dendera; de modo que, según ellos, la división tendría lugar en el león. De hecho, sin esta explicación, solo habría cinco señales en un lado y siete en el otro. En cuanto al pequeño zodíaco del norte de Esne, no se sabe si allí se encontró algún emblema análogo a esta esfinge, porque esta parte está destruida (*) British Rcview,

Pero para llegar a la alta antigüedad que se suponía que se deducía de ellos, era necesario suponer, primero, que su división tenía una relación definida con un cierto estado de los cielos, dependiendo de la precesión de los equinoccios, que hace que los coluros (círculos de la esfera) hicieran[306] la circunnavegación del zodíaco en veintiséis mil años[307]; que indicaba, por ejemplo, la posición del punto solsticial; y segundo, que el estado del cielo representado era precisamente el que tenía lugar en el momento en que se construyó el monumento; dos supuestos que a su vez presuponían; como vemos, un gran número de otros.

De hecho, ¿suenan las figuras de estos zodíacos las constelaciones, los verdaderos grupos de estrellas que ahora llevan los mismos nombres, o simplemente lo que los astrónomos llaman signos, es decir, divisiones del zodíaco que parten de uno de los colores, cualquiera que sea el lugar que ocupe ese círculo de la esfera?

¿Es el punto en el que estos zodíacos se han dividido en dos bandas necesaria-mente el de un solsticio?

¿Es la división en el lado de la entrada necesariamente la del solsticio de verano? ¿Indica esta división, incluso en general, un fenómeno dependiente de la precesión de los equinoccios?

---

février 1817, pag. 130;vy la continuación en *la Lettre critique sur la Zodiacomanie*, pag. 33.

[306] Nota de la edición de 1881 Se denominan así a los grandes círculos que cortan el ecuador en ángulo recto y que pasan por los polos. Se encuentran necesariamente desplazados debido al fenómeno que causa la precesión de los equinoccios.

[307] Nota de la edición de 1881: El cálculo exacto rehecho es de 25.870 años.

¿No se referiría a alguna época en la que la rotación sería menor? por ejemplo, en la época del año tropical, cuando comenzaba uno u otro de los años sagrados de los egipcios, que, siendo más corto que el verdadero año tropical en casi seis horas, circunnavegaba el zodíaco en mil quinientos ocho años.

Finalmente, cualquiera que sea el significado que haya tenido, ¿se pretendía marcar con él el tiempo en que se talló el zodíaco, o el momento en que se construyó el templo? ¿No se nos ha ocurrido recordar un estado anterior de los cielos en algún período de interés para la religión, ya sea observándolo o mediante un cálculo retrógrado?

A partir de la mera formulación de tales cuestiones, uno debe percibir cuán complicadas eran, y cuán controvertida debe haber sido la solución adoptada, y no es probable que sirva como una prueba sólida para la solución de otro problema, como la antigüedad de la nación egipcia. Puede decirse, por lo tanto, que entre los que intentaron derivar una fecha de estos datos, surgieron tantas opiniones como autores.

El erudito astrónomo M. Burkhard, a partir de una primera ojeada, juzgó que en Dendera el solsticio está en el león, por consiguiente, de dos signos menos remotos que en la actualidad, y que el templo tiene por lo menos cuatro mil años de antigüedad[308].

Al mismo tiempo, dio siete mil a la de Esne, aunque no está claro cómo pretendía poner estos números en armonía con lo que se sabe de la precesión de los equinoccios.

---

[308] Nota de la edición de 1830: (1) *Description des pyramides de Gizé*, por M. Grobert, pag. 17.

El difunto Lalande, viendo que el cáncer se repetía en las dos bandas, imaginó que el solsticio pasaba en medio de esta constelación; pero como esto era lo que ocurría en la esfera de Eudoxo, llegó a la conclusión de que algún griego podría haber representado esta esfera en el techo de un templo egipcio, sin saber que representaba un estado de los cielos que hacía mucho tiempo que había dejado de existir[309]. Esto fue, como puede verse, una consecuencia completamente contraria a la del Sr. Burkhard.

Dupuis, el primero, creyó necesario buscar pruebas de la idea, adoptada en cierto modo con confianza, de que se trataba del solsticio; los vio, en el caso del gran zodíaco de Dendera, en ese globo en la cima de la pirámide, y en varios emblemas colocados cerca de diferentes signos, y que a veces, según autores antiguos, como Plutarco, Horus-Apolo o Clemente de Alejandría, y a veces, según sus propias conjeturas, deben haber representado fenómenos que habrían sido realmente los de las estaciones asignadas a cada signo.

Además, sostenía que este estado del cielo da la fecha del monumento, y que había en Dendera el original, y no una copia de la esfera de Eudoxo, lo que le llevó a mil cuatrocientos sesenta y ocho años antes de Cristo, al reinado de Sesostris.

Sin embargo, este número de diecinueve barcas colocadas debajo de cada banda le dio la idea de que el solsticio bien podría haber estado en el decimonoveno

---

[309]Nota de la edición de 1830: *Connaissance des temps pour l'an XIV.*

grado del signo, lo que haría doscientos ochenta y ocho más[310].

Habiendo observado Mr. Hamilton que[311] en Dendera el escarabajo del lado ascendente es más pequeño que el del otro lado, un autor inglés ha[312] llegado a la conclusión de que el solsticio puede haber estado más cerca de su punto actual que la mitad del cáncer, lo que podría llevarnos de vuelta a mil o mil doscientos años antes de Cristo.

El difunto Nouet, juzgando que este globo, estos rayos y esta cabeza o cabeza de Isis representan la salida helíaca de Sirio, cree que fingieron que habían querido marcar una época del período sotíaco, pero que habían querido marcarla por el lugar ocupado por el solsticio; ahora bien, en el penúltimo de estos períodos, el que transcurrió del 2782 al 1322 a. de J.C., el solsticio pasó de los treinta grados cuarenta y ocho minutos de la constelación de Leo a los trece grados treinta y cuatro minutos de Cáncer.

En medio de este período, por lo tanto, estaba a veintitrés grados treinta y cuatro minutos de Cáncer; la salida helíaca de Sirio se produjo unos días después del solsticio; esto es más o menos lo que ha sido indicado, según M. Nouet, por la repetición del escarabajo, y por la imagen de Sirio en los rayos del sol colocados al principio en el lado derecho. A partir de este punto de vista, concluye que este templo es de dos mil cincuenta

---

[310] Nota de la edición de 1830: (2) *Observations sur le zodiaque de Dendera*, en la *Revue philosophique et littéraire*, año 1806, segundo trimestre, pág 257 y siguientes.

[311] Nota de la edición de 1830:(2) *Ægyptiaca,* pag. 212.

[312] Nota de la edición de 1830: (3) Vea en *British Review* de février 1817, pag. 36 y siguientes el artículo VI sobre el origen de la antigüedad del zodiaco.

y dos años antes de Cristo, y el de Esne cuatro mil seis antes de Cristo (i).[313]

Todos estos cálculos, incluso si admitiéramos que la división marca el solsticio, serían susceptibles de muchas modificaciones; y, en primer lugar, parece que sus autores han supuesto que las constelaciones tienen todos treinta grados de longitud como los signos, y no han reflexionado que están lejos de estar lejos de ellos, al menos como ahora están dibujados, y como los griegos nos los han transmitido, para que sean así iguales entre sí.

En realidad, el solsticio, que ahora está debajo de las primeras estrellas de la constelación de Géminis, no debe haber abandonado las primeras estrellas de la constelación de Cáncer hasta cuarenta y cinco años después de Cristo. No abandonó la constelación de Leo hasta hace mil doscientos sesenta años (1)[314]

---

[313] Nota de la edición de 1830: (1) Vea la *mémoire de Nouet dans les recherches nouvelles* sur *l'Histoire ancienne de Volney,* tomo III, pag. 328 a 336.

[314] Nota de la edición de 1830: (i) Mi famoso y erudito colega, M. Delambre, ha tenido la amabilidad de darme la siguiente nota, que aclara la observación anterior. Véase la tabla adjunta. CONSTRUCCIÓN Y USO DE LA MESA. Las longitudes de las estrellas para 1800 fueron tomadas de las tablas de Berlín. Son las de Lacaille o las de Bradley, ou deFlamsteed. 1881 Larga cita: Mi célebre y sabio colega M. Delambre, ha tenido a bien entregarme la nota siguiente que aclara y resalta aquí. Ver la tabla anexa: CONSTRUCCIÓN Y USO DE LA TABLA XXXXXXXXXXXXX (1) Vea le mémoire de Nouet dans les recherches cuentos sobre la Historia Antigua de Volney, tomo m, páginas 328-336. (TABLA DE LA EXTENSIÓN DE LAS CONSTELACIONES ZODIACALES TAL COMO ESTÁN DIBUJADAS EN NUESTROS GLOBOS, Y DEL TIEMPO QUE LOS COLURES DEBEN HABER TARDADO EN EL PAHCOURIN. TORO.

También se trataría de saber cuándo cesó la constelación en la que entró el sol después del solsticio, a la cabeza de los signos descendentes, y si esto tuvo lugar tan pronto como el solsticio hubo retrocedido lo suficiente como para tocar la constelación precedente.

Así, los señores Jollois y Devilliers, a cuyo ardor sostenido debemos el conocimiento exacto de estos famosos monumentos, pensando siempre que la división hacia la entrada del vestíbulo es el solsticio, y juzgando que la Virgen debe haber permanecido como la primera de las constelaciones descendentes mientras el solsticio no hubiera retrocedido al menos hasta la mitad de la constelación de Leo; como hemos dicho, que Leo está dividido en el gran zodíaco de Esne no fecha este zodíaco hasta dos mil seiscientos diez años antes de Cristo[315].

Mr. Hamilton, que fue el primero en señalar esta división del signo del león en el zodíaco de Esne, reduce la lejanía del período en que ocurrió el solsticio a mil cuatrocientos años antes de Cristo.

Un gran número de otros sistemas aparecieron sobre el mismo tema. Mr. Rhode, por ejemplo, propuso dos: el primero de los cuales colocaba el zodíaco del pórtico de Dendera en quinientos noventa y un años antes de Cristo, según el segundo, ascendía a mil doscientos noventa[316]. M. Latreille fijó la época del zodíaco en seiscientos setenta años antes de Cristo; el del planisferio a quinientos cincuenta; el del zodíaco del

---

[315] Nota de la edición de 1830: (1) Vea *le grand ouvrage sur l'Egypte, Antiquités, Mémoires*, tom. VI, pag. 486
[316] Nota de la edición de 1830: Rhode. *Essai sur l'âge du zodiaque et l'origine des constellations*, en alemán. 1809 Breslau, in-40, p. 78.

gran templo de Esrie, a dos mil quinientos cincuenta; la de la pequeña a mil setecientos sesenta.

Pero había una dificultad inherente en todas las fechas que procedían de la doble suposición de que la división marca el solsticio, y que la posición del solsticio marca la época del monumento; es la consecuencia inevitable de que el zodíaco de Esne debería haber tenido por lo menos dos mil, y tal vez tres mil años[317], más que el de Dendera. una consecuencia que evidentemente arruinó la suposición; porque ningún hombre, con un poco de conocimiento de la historia de las artes, podrá creer que dos edificios tan similares en arquitectura hayan estado tan separados por el tiempo.

El sentido de esta imposibilidad, unido siempre a la creencia de que esta división de los zodíacos indica una fecha, dio lugar a otra conjetura, que los constructores habrían marcado la de los años sagrados de los egipcios en los que se erigió el monumento. Como estos años duraban sólo trescientos sesenta y cinco días, si el sol al principio de uno ocupaba el principio de una constelación, pasaban casi seis horas antes de que volviera a ella al principio del año siguiente, y después de ciento veintiún años debe haber sido sólo al principio del signo precedente.

---

[317] Nota de la edición de 1830: (2) De acuerdo con las tablas de la nota anterior, el solsticio

Quedaban tres mil cuatrocientos setenta y cuatro, o al menos tres mil trescientos siete años, en la constelación de Virgo, que ocupa un espacio mayor en el zodíaco, y dos mil seiscientos diecisiete en la de Leo. Nota para la edición de 1881 De acuerdo con las tablas de esta nota, el solsticio queda a 3.464 o al menos a 3.370 años en la constelación de Virgo, aquella que ocupa un gran lugar en el zodíaco, 2.617 en la constelación del León (Cuvier)

ANEXO

Mi famoso y erudito colega, M. Delambre, ha tenido la amabilidad de darme la siguiente nota, que aclara la observación anterior. Véase la tabla adjunta.

CONSTITUCIÓN Y USO DE LA TABLA.

Las longitudes de las estrellas para 1800 fueron tomadas de las tablas de Berlín. Son de Lacaille, o de Bradley, o Flamsteed. Tomamos la primera y la última de cada constelación y algunas de las estrellas intermedias más brillantes. La tercera columna muestra el año en el que la longitud de la estrella fue o, es decir, el año en que la estrella estuvo en el período equinoccial de primavera.

La última columna indica el año en que la estrella estuvo en el colure solsticial, ya sea en invierno o en verano. Para Aries, Tauro y Géminis, se eligió el solsticio de invierno. Para las otras constelaciones, elegimos el solsticio de verano, para no hundirnos demasiado en la antigüedad y no acercarnos demasiado a los tiempos modernos. Al resto le será muy fácil encontrar el solsticio opuesto, añadiendo el medio período de doce mil novecientos sesenta años. La misma regla se usará para encontrar el momento en que la estrella ha estado o estará en el equinoccio de otoño. El signo indica los años anteriores a nuestra era; el signo + el año de nuestra era; Finalmente la última línea, en una fila. de cada signo, bajo el nombre de duración, da la extensión de la constelación en grados, y el tiempo que emplea el equinoccio o solsticio en atravesar la constelación de un extremo a otro. Se ha asumido la precesión de cincuenta segundos por año, como viene dada por la comparación del catálogo de Hiparco con los catálogos modernos. De este modo, teníamos la conveniencia de los números redondos, y toda la exactitud de los cuales podemos responder. El período total es, pues, de veinticinco mil novecientos veinte años; el medio período, doce mil novecientos sesenta años; El Barrio, de seis mil cuatrocientos ochenta Años; el duodécimo, o una señal, de dos mil ciento sesenta años. Es de observar que las constelaciones dejan huecos entre ellas, y que a veces se invaden unas a otras. Así, entra en la última estrella del escorpio. y el primero de Sagitario, hay un intervalo de seis grados y dos tercios. Por el contrario, el último de Capricornio está catorce grados más adelante en longitud. que el primero de Acuario. Así, incluso independientemente de la desigualdad del movimiento del sol, las constelaciones darían una medida muy desigual y muy errónea del año y sus meses. Los letreros de treinta grados proporcionan uno más conveniente y menos defectuoso. Pero los signos no son más que una concepción geométrica; no pueden distinguirse ni observarse; Están continuamente cambiando de lugar retrógrado del punto equinoccial. Siempre ha sido posible determinar aproximadamente los equinoccios y los equinoccios, y a la larga ha sido posible observar que el espectáculo del cielo durante la noche ya no era exactamente lo mismo que había sido antiguamente en los tiempos de los equinoccios y solsticios. Pero nunca ha sido posible observar con Exactamente, la salida heliaca de una estrella, uno siempre debe equivocarse por unos pocos días. Como resultado, a menudo hablamos de ello sin tener una determinación en la que confiar. Antes de Hiparco, no vemos nada en los libros o tradiciones que pueda ser sometido a cálculo; Y eso es lo que ha multiplicado tanto los sistemas. Discutimos sin llevarnos bien. Los que no son astrónomos pueden formarse ideas tan hermosas de la ciencia de los caldeos, egipcios, etc., etc., como quieran; No habrá ningún inconveniente real. A estos pueblos se les puede atribuir el espíritu y el conocimiento de los modernos; pero no se les puede pedir nada prestado, porque o no han tenido nada o no han dejado nada. Los astrónomos nunca obtendrán la más mínima utilidad de los antiguos. Dejemos a los doctos sus vanas conjeturas, y confesemos nuestra absoluta ignorancia de cosas de poca utilidad en sí mismas, y de las que no queda monumento. Los límites de las constelaciones varían según los autores consultados. Vemos que estos límites se extienden o se estrechan cuando pasamos de Hiparco a Tycho, de Tycho a Hcvcliusj de Hevetius, Bradley o Piazzi. Como he dicho en otro lugar, las constelaciones no sirven para nada, excepto a lo sumo para reconocer más fácilmente las estrellas; en lugar de que las estrellas en particular den puntos fijos con los que podemos relacionar los movimientos, ya sea de los coléricos o de los planetas. La astronomía solo comenzó en la época en que Hiparco hizo el primer catálogo de estrellas, midió la revolución del sol, la de la luna y sus principales desigualdades. El resto sólo ofrece oscuridad, incertitudes.et errores groseros. Sería una pérdida de tiempo usar el que desenredar este caos. He dicho, con algunas excepciones, todo lo que pienso sobre este tema. No he pretendido convertir a nadie, no me importa si se adoptan mis opiniones; pero si comparamos mis razones con los sueños de Newton, Herschell, Bailly y tantos otros, no es imposible que, con el transcurso del tiempo, nos disgustemos de estas quimeras más o menos brillantes. He tratado de determinar la extensión de las constelaciones a partir de los catastrofismos del falso Eratóstenes. Esto es realmente imposible. Sería aún peor si se consultara a Higino y especialmente a Firmico. Esto, por otra parte, es lo que he extraído de Eratóstenes.

CONSTELLATIONS.	JURÉE	
Bélier.	1747 ans.	(*) Ératosthène ne fait qu'une constellation du Scorpion et des Serres. Il indique le commencement des Serres sans en marquer la fin; et comme il donne mille huit cent vingt-trois ans au Scorpion proprement dit, il resterait mille quatre-vint-neuf ans pour les Serres en supposant qu'il n'y eût aucun espace vide entre les deux constellations.
aureau.	1826	
Gémeaux	1636	
Cancer.	1204	
Lion	2617	
Vierge.	8307	
Serres.	1089 (*)	
Scorpion	1823	
Sagittaire	2138	
Capricorne.	1416	
Verseau	1196	
Poissons	2936	

En cuanto a los caldeos, los egipcios, los chinos y los indios, no debemos pensar en ellos. No hay absolutamente nada que ganar con ello. Mi profesión de fe a este respecto está en el discurso preliminar de mi Historia de la Astronomía de la Edad Media, páginas XVI y XVII. Véase también la nota añadida al Informe sobre las Memorias de M. de Paravey, tomo vm de los Nouvelles Annales des Voyages, y reproducida por M. de Paravey en su resumen de sus Memorias sobre el origen de la esfera, páginas 24 y 31 a 36. Véase también el Análisis de las obras matemáticas de la Academia en 1820, páginas 78 y 7g.
DELAMBRE.

———————————— FIN DEL ANEXO ————————————

-

Parece bastante natural que los constructores de un templo quisieran indicar aproximadamente en qué período del gran año, del año sothiaco, había sido erigido, y la indicación de la señal con la que comenzaba entonces el año sagrado era un medio suficientemente bueno para ello; Se entendería así que entre el templo de Esne y el de Dendera transcurrieron de ciento veinte a ciento cincuenta años.

Pero, desde este punto de vista, quedaba por determinar en cuál dc los grandes años habrían tenido lugar estas construcciones, si la que terminó en 138 d.C., o la que terminó en 1322 a.C., o alguna otra.

El difunto Visconti, el primer autor de esta hipótesis, tomando el año sagrado, cuyo comienzo correspondía al signo del león, y juzgando, por la semejanza de los signos, que habían sido representados en un tiempo en que las opiniones de los griegos no eran ajenas a Egipto, sólo pudo elegir el final del último gran año, o el espacio que transcurrió entre el año 12 y el año 138 d.C.[318] lo cual le pareció concordar con la inscripción griega, que aún no conocía bien, pero en la que había oído que se mencionaba como un César.

El señor Testa, buscando la fecha del monumento en otra línea de pensamiento, llegó a suponer que si la Virgen se le aparece a Esne a la cabeza del zodíaco, es porque estaba destinada a representar la era de Accio, tal como había sido establecida para Egipto por un decreto del Senado, citado por Dión Casio[319], y que

---

[318] Nota de la edición de 1830: *Traduction d'Hérodote*, par Larcher, tom. V, pag. 570.

[319] Nota de la edición de 1881: Cassius: historiador latino que vivió hacia el año 230 después de Jesucristo y que ocupó diversos altos cargos bajo varios emperadores.

comenzaba en el mes de septiembre. el día en que tuvo lugar la toma de Alejandría por Augusto (i).[320]

El señor de Paravey consideraba estos zodíacos desde un nuevo punto de vista, que podía abarcar tanto la revolución de los equinoccios como la del gran año. Suponiendo que el planisferio circular de Denderah debía estar orientado, y que el eje de norte a sur es la línea de los solsticios, vio el solsticio de verano en el segundo Géminis, el solsticio de invierno en la grupa de Sagitario; La línea de los equinoccios habría pasado por Piscis y Virgo, lo que le dio la fecha al siglo I d.C.

Según este punto de vista, la división del zodíaco del pórtico ya no podía referirse a los colores, y la marca del solsticio tenía que buscarse en otra parte. M. de Paravey, habiendo notado que entre todos los signos hay figuras de mujeres que llevan una estrella en la cabeza y que caminan en la misma dirección, y observando que el que viene después de Géminis solo se vuelve en la dirección opuesta a los demás, juzgó que indica la conversión del sol o del trópico, y que este zodíaco concuerda así con el planisferio.

Aplicando la idea de orientación al pequeño zodíaco de Esne, encontraríamos en él los solsticios entre Géminis y Tauro, y entre Escorpio y Sagitario; incluso estarían marcados por el cambio de dirección de Tauro, y por carneros alados colocados transversalmente en estos dos lugares.

En el gran zodíaco de la misma ciudad, las marcas serían la posición a través del toro y la inversión de Sagitario; entonces sólo habría una porción de la

---

[320] Nota de la edición de 1830: (1) Vea la *dissertation de l'abbé Dominique Testa Sopra due zodiaci novellamente scoperte nell' Egitto.* año, 1802, pág. 34.

constelación entre las fechas de Esne y las de Dendera, un espacio todavía muy largo para edificios tan similares.

Una operación del difunto M. Delambre sobre el planisferio circular pareció confirmar estas conjeturas, lo que favoreció su novedad; pues colocando las estrellas en la proyección de Hiparco, según la teoría de este astrónomo, y según las posiciones que les había dado en su catálogo, aumentando todas las longitudes para que el solsticio pudiera pasar por el segundo de Géminis, casi reprodujo este planisferio; y "esta semejanza", dice, "habría sido aún mayor si hubiera adoptado las longitudes tal como están en el catálogo de Ptolomeo, para el año 123 de nuestra era. Por el contrario, retrocediendo veinticinco o veintiséis siglos, las ascensiones y declinaciones rectas cambiarán considerablemente, y la proyección habrá asumido una forma completamente diferente.[321] "Todos nuestros cálculos", añadió este gran astrónomo, "nos llevan a la conclusión de que las esculturas son posteriores a la época de Alejandro.

En verdad, habiendo sido traído el planisferio circular a París por el cuidado de los señores Saunier y Lelorrain, M. Biot, en una obra[322] fundada en medidas precisas y cálculos llenos de sagacidad, ha establecido que representa, según una proyección geométrica exacta, el estado de los cielos tal como tuvo lugar

---

[321] Nota de la edición de 1830: (1) Delambre. Note à la suite du rapport sur J. Mede M. de Paravey. Ce rapport est imprimé dans les nouvelles Annales des Voyages, tom. VIII.

[322] Nota de la edición de 1830: (2) Vea *l'ouvrage de M. Biot, intitulé Recherches sur plusieurs points de l'astronomie égyptienne appîiaux monuments astronomiques' trouvés en Egypte*. Tomo VI, pág. 23.

setecientos años antes de Cristo; pero ha tenido cuidado de no concluir de esto que fue esculpido en ese tiempo.

De hecho, todos estos esfuerzos de la mente y de la ciencia, en lo que concierne a la época de los monumentos, se han vuelto superfluos desde entonces, terminando con lo cual, por supuesto, habrían comenzado, si la prevención no hubiera cegado a los primeros observadores, se han dado a sí mismos el peine de copiar y restaurar las inscripciones griegas grabadas en estos monumentos, y sobre todo desde que el señor Champollion ha logrado descifrar las que se expresan en los hieroglifos.

Ahora es cierto, y las inscripciones griegas concuerdan en probarlo, con las inscripciones hieroglíficas, que es cierto, decimos, que los templos en los que se tallaban los zodíacos fueron construidos bajo el dominio de los emperadores Romanos. El pórtico del templo de Dendera, según la inscripción griega de su nombre, está dedicado a la salvación de Tiberio (1).[323]

En el planisferio del mismo templo leemos el título de autócrato en caracteres jeroglíficos (2)[324] y es probable que se refiera a Nerón. El pequeño templo de Esne, cuyo origen se sitúa a más tardar entre dos mil setecientos o tres mil años antes de Cristo, tiene una columna tallada y pintada en el décimo año de Antonino, ciento cuarenta y siete años después de

---

[323] Nota de la edición de 1830: (i) Letronne. *Recherches pour servir l'histoire de l'Egypte pendant la domination des. Grecs et des Romains,* pag. 180.
[324] Nota de la edición de 1830: (2) *Idem,* pag. XXXVIII

Cristo, y está pintada y tallada en el mismo estilo que el zodíaco que está al lado (1)[325]

Hay más, y hay pruebas de que esta división del zodíaco en tal o cual signo no tiene relación con la precesión de los equinoccios, ni con el desplazamiento del solsticio. Un ataúd de momia, traído recientemente de Tebas por M. Caillaud, y que contiene, según la inscripción griega muy legible, el cuerpo de un joven que murió en el año diecinueve de Trajano, ciento dieciséis años después dc Cristo[326], presenta un zodíaco dividido en el mismo punto que los de Dendera (i)[327], y todo parece indicar que esta división marca alguna carta astrológica relativa a este individuo. lo que probablemente deba concluirse se aplican también a la división de los zodíacos de los templos; marca la carta astrológica del momento de su erección, o la del príncipe por cuya salvación fueron votados, o algún otro instante similar en relación con el cual la posición del sol habrá parecido importante notar.

De este modo, las conclusiones que se habían sacado de algunos monumentos mal explicados, en contra de la novedad de los continentes y de las naciones, se han desvanecido para siempre, y habríamos prescindido de la necesidad de tratarlos con tanto detalle si no fueran tan recientes y no hubieran

---

[325] Nota de la edición de 1830: *Egypte pendant la domination des Grecs et des Romains,* pag. 456 y 457

[326] Nota de la edición de 1830: (2) Letronne. *Observations critiques et archéologiques sur l'objet des représentations zodiacales qui nous restent de l'antiquité, à l'occasion d'un zodiaque égyptien peint dans une caisse de momie qui porte, une inscription grecque du temps de Trajan.* Paris, en 8°, 1824, pag. 30.

[327] Nota de la edición de 1830: (1) *Idem,* pag. 48 y 49.

causado suficiente impresión para conservar su influencia en las opiniones de unas pocas personas.

El zodíaco está lejos de contener en sí mismo una fecha cierta y excesivamente remota[328]

Pero hay escritores que han afirmado que el zodiaco lleva en sí mismo la fecha de su invención, por la razón de que los nombres y figuras dados a sus constelaciones son una indicación de la posición de los colectores cuando fue inventado; y esta fecha, según muchos, es tan obvia y tan remota, que es completamente indiferente si las representaciones que poseemos de este círculo son más o menos Viejo.

No observan que este tipo de argumento se complica por tres supuestos igualmente inciertos: el país en el que se admite que se inventó el zodíaco, el significado que se cree que se dio a las constelaciones que lo ocupan, y la posición en que estaban los colores en relación con cada constelación, cuando se le atribuyó este significado. De acuerdo con otras alegorías, o como se admite que estas alegorías se referían a la constelación de la cual el sol ocupaba los primeros grados, o a aquella en medio de la cual estaba ocupado, o a aquella en la que empezaba a entrar, es decir, de la cual ocupaba los últimos escalones, o, finalmente, a la que estaba enfrente, que se levantaba al atardecer; o, según que la invención de estas alegorías se sitúe en otro clima, también debe cambiarse la fecha del zodíaco. Las posibles variaciones

---

[328] Nota de la edición de 1830: No encontramos en la página 280 del texto. Nota de la edición 1881: no encontramos en la página 167 del texto

a este respecto pueden abarcar hasta la mitad de la revolución de la fija, es decir, trece mil años o más.

Así, Pluche[329], generalizando algunas indicaciones de los antiguos, pensaba que el carnero anuncia el comienzo de la salida del sol y el equinoccio de primavera; que Cáncer anuncia su retrogradación en el solsticio de verano; que la balanza, signo de igualdad, marca el equinoccio de otoño[330]; y que Capricornio, animal trepador, indica el solsticio de invierno, después del cual el sol vuelve a nosotros. De esta manera, al colocar a los inventores del zodíaco en un clima templado, tendríamos lluvias bajo Acuario, nacimientos de corderos y cabritos bajo Géminis, celos violentos bajo Leo, cosechas bajo Virgo, caza bajo Sagitario, etc., y los emblemas serían tolerablemente adecuados.

Colocando entonces los colores al principio de las constelaciones, o al menos el equinoccio de las primeras estrellas de Aries, no llegaríamos en primera instancia hasta trescientos ochenta y nueve años antes de Cristo, una época que es evidentemente demasiado moderna, y que nos obligaría a retroceder todo un período equinoccial, o veintiséis mil años.

Pues bien, si suponemos que el equinoccio pasó por el centro de la constelación, llegaremos a mil o mil doscientos. años más o menos, mil seiscientos o mil setecientos años antes de Cristo; y esta es la época que muchos hombres famosos han creído realmente que es

---

[329] Nota de la edición de 1881 Pluche, sabio francés y vulgarizador de las ciencias físicas, de 1688 a 1749.
[330] Nota de la edición de 1830: (1) Varro, *de Ling. lat.,* lib. 6, Signa, quod aliquid significent, ut libra xquinoctium Macrobio, *Sat.,* lib. I, cap. XXI Capricornus ab infernis partibus ad superas solem reducens capne naturam videtur imitari.

la de la invención del zodíaco, del cual, por otros motivos más bien ligeros, han hecho honor a Quirón[331].

Pero Dupuis[332], que necesitaba, por el origen que pretendía atribuir a todos los cultos, que la astronomía, y especialmente las figuras del zodíaco, precedieran de alguna manera a todas las demás instituciones humanas, buscó otro clima para encontrar otras explicaciones a los emblemas y deducir de ellos otra época. Si, tomando todavía la balanza por un signo equinoccial, pero suponiendo que está en el equinoccio de primavera, creemos que el zodíaco fue inventado en Egipto, todavía encontraremos explicaciones bastante plausibles para el clima de ese país[333].

Capricornio, animal con cola de pez, marcará el comienzo de la elevación del Nilo en el solsticio de verano; Acuario y Piscis, el progreso y disminución de la inundación; el toro, el arado, la virgen la cosecha; y los marcarán en los momentos en que efectivamente se llevan a cabo estas operaciones: según esta hipótesis, el zodíaco tendrá quince mil años de antigüedad[334] por un supuesto sol. en el primer grado de cada signo, más de dieciséis mil para el medio, y sólo cuatro mil, suponiendo que la influencia se diera al signo opuesto al cual era el sol[335]. Es a quince mil años a los que Dupuis

---

[331] Nota de la edición de 1881: Centauro, hijo de Saturno y que personifica el Sagitario en los signos del zodíaco.

[332] Nota de la edición de 1881: Dupuis, sabio francés de final del siglo XVIII.

[333] Nota de la edición de 1830: (1) Varro, *de Ling. lat.*, lib. 6, Signa, quod aliquid significent, ut libra xquinoctium Macrobio, *Sat.*, lib. I, cap. XXI. Capricornus ab infernis partibus ad superas solem reducens capne naturam videtur imitari.

[334] Nota de la edición de 1830: (2) *Idem*, tomo III, pag. 267.

[335] Nota de la edición de 1830: (3) Dupuis sugiere por su parte esta segunda hipótesis, *ibid.*, pag. 340.

se ha apegado, y es en esta fecha que ha fundado todo el sistema de su famosa obra[336].

Sin embargo, no faltan personas que, aun admitiendo que el zodíaco fue inventado en Egipto, han ideado alegorías aplicables a épocas posteriores. Así, según Mr. Hamilton, la virgen representa la tierra de Egipto cuando aún no está impregnada por la inundación del león, la estación en que esta tierra está más entregada a las bestias salvajes, etc. (2)[337]

Esta gran antigüedad de quince mil años llevaría a la absurda consecuencia de que los egipcios, esos hombres que representaban todo por medio de emblemas, y que tenían que dar gran importancia a la conformidad de estos emblemas con las ideas que iban a pintar, habrían conservado los signos del zodíaco miles de años después de que ya no correspondieran en modo alguno a su significado primitivo.

El difunto Remi Raige trató de apoyar la opinión de Dupuis con un argumento completamente nuevo (1).[338] Habiendo observado que los nombres egipcios de los meses, explicándolos en las lenguas orientales, pueden hallarse significados más o menos análogos a las figuras de los signos del zodíaco; Encontrando en Ptolomeo que eprfi, que significa Capricornio, comienza el 20 de junio y, por consiguiente, viene

---

[336] Nota de la edición de 1881: Memoria original sobre las Constelaciones y sobre las explicaciones de la fábula por la astronomía.

[337] Nota de la edición de 1830: (2) *Egypciaca* pag. 215.

[338] Nota de la edición de 1830: (i) Vea, *dans le grand ouvrage sur l'Egypte, Antiquités, Mémoires,tom. i, le Mémoire de M. Remi Raige surle zodiaque nominal et primitif des anciens Égyptiens.* Vea también el cuadro de los meses griegos, romanos y alejaudrinos en Ptolomeo de M. Halma tom. III.

inmediatamente después del solsticio de verano, concluye que originalmente Capricornio mismo estaba en el *solsticio de verano,* y así sucesivamente a partir de los otros signos como Dupuis había pretendido.

Pero independientemente de todo lo que hay de peligroso en estas etimologías, Raige no se dio cuenta de que había transcurrido cinco años por pura casualidad. Después de la batalla de Accio, en el año 25 a.C., al establecerse el año fijo de Alejandría, se encontró que el primer día de Thoth correspondía al 29 de agosto de Juliano, y ha correspondido a él desde entonces. Fue sólo a partir de este tiempo que los meses egipcios comenzaron en días fijos del año juliano, pero sólo en Alejandría; e incluso Ptolomeo continuó empleando en su almagesto el año del antiguo Egipto con sus meses vagos[339].

¿Por qué no se han de dar en algún momento los nombres de los signos a los meses, o a los signos los nombres de los meses, tan arbitrariamente como los indios han dado a sus meses doce nombres escogidos entre los de sus veintisiete casas lunares, según motivos que es imposible adivinar en la actualidad[340]?

El absurdo de conservar durante quince mil años las constelaciones de figuras y nombres simbólicos, que ya no tendrían ninguna relación con su posición, habría

---

[339] Nota de la edición de 1830: (t) Vea *les Recherches historiques sur les observations astronomiques des anciens,* par M. Ideler, en las que M. Halma insinúa que la traducción en el tercer tomo de Ptolomeo; y sobre todo, la *Mémoire* de Fréret sobre la opinión de Lanauze, relativa al establecimiento del año en Alejandría; en las *Mémoires de l'Académie des belles-lettres,* tome X, cap VI, pag. 308.

[340] Nota de la edición de 1830: (t) Vea la *Mémoire* de sir Will. Jones sobre la antigüedad del zodiaco indio. *Mém. de Calcutta,* tom. 11.

sido mucho más sensato si hubiera llegado a conservar durante meses los mismos nombres que estaban incesantemente en boca de la gente, y cuya incorrección se habría percibido a cada momento.

¿Y qué sería de todos estos sistemas, si las figuras y los nombres de las constelaciones zodiacales les hubieran sido dadas sin ninguna conexión con el curso del sol? Al igual que su desigualdad, la extensión de muchos de ellos fuera del zodíaco, sus conexiones abiertas con constelaciones vecinas parecen demostrarlo (2).[341]

¿Qué hubiera sucedido si, como dice expresamente Macrobio[342], cada signo tuviera que ser un emblema del sol, considerado en alguno de sus efectos o fenómenos generales, y sin tener en cuenta los meses en que pasa, ya sea en el signo o en su opuesto?

Finalmente, ¿qué habría sido si se hubieran dado nombres de una manera abstracta a las divisiones del espacio o del tiempo, como los astrónomos los dan ahora a lo que llaman signos, y se hubieran aplicado a las constelaciones o grupos de estrellas solo en un cierto período por casualidad, de modo que no se pudiera inferir nada de su significado[343] ?

---

[341] Nota de la edición de 1830: (t) Vea le Mémoire de sir Will. Jones sur l'antiquité du zodiaque indien, *Mém. de Calcutta*, tom. 11.

[342] Nota de la edición de 1830: (1) Saturnal., libro 1, cap. 21, hacia el final. Nec solus leo, sed siâna quoque univcrsa zodiaci ad naturam solis jurc referuntur, etc. Esta no es la explicación de la constelación de Leo, y de Capricornio y recurre a algún fenómeno relativo a las estaciones: el cáncer mismo se explica desde un punto de vista general, y relativo a la oblicuidad del curso del sol.

[343] Nota de la edición de 1830: (2) Vea la *Mémoire* de M. de Guignes sobre los zodiacos de los Orientales (*Académie des belles-lettres*, tom. XL)

Esto es, sin duda, todo lo que es necesario para disgustar a una mente bien formada para buscar en la astronomía pruebas de la antigüedad de las naciones; pero. Si estas supuestas pruebas fueran tan ciertas como vagas y carentes de resultado, ¿qué podría inferirse de ellas contra la gran catástrofe de la que tenemos documentos mucho más demostrativos? Sólo habría que admitir, con algunos modernos, que la astronomía estaba entre los conocimientos conservados por los hombres que se salvaron de esta catástrofe.

Exageraciones relativas a determinadas explotaciones mineras

La antigüedad de algunas de las minas también ha sido muy exagerada. Un autor muy reciente ha afirmado que las minas de la isla de Elba, a juzgar por sus despojos, deben Haber sido explotadas durante más de cuarenta mil años; pero otro autor, que también ha examinado estas minas con cuidado, reduce este intervalo a poco más de cinco mil (i)[344] y aun suponiendo que los antiguos explotaran cada año sólo una cuarta parte de lo que ahora explota fon.

Pero, ¿qué razón hay para creer que los romanos, por ejemplo, hicieran tan poco uso de estas minas, que consumían tanto hierro en sus ejércitos? Además, si estas minas hubieran estado en funcionamiento hace sólo cuatro mil años, ¿cómo podría haber sido tan poco conocido el hierro en la alta antigüedad?

---

[344] Nota de la edición de 1830: (1) Vea M. de Fortia d'Urban, *Histoire de la Chine avant le déluge;* d'Obygès, pag. 33.

Conclusión general relativa al tiempo de la última revolución.

Creo, pues, con los señores de Luc y Dolomieu, que si algo se observa en la geología es que la superficie de nuestro globo ha sido víctima de una gran y repentina revolución, cuya fecha no puede remontarse mucho más atrás, en cinco o seis mil años; que esta revolución ha hundido y destruido los países antes habitados por los hombres y las especies de animales que ahora son las más conocidas; que, por el contrario, secó el fondo del último mar y formó los países ahora habitados que es a partir de esta revolución que el pequeño número de individuos que se han salvado de ella están muy extendidas y se propagan en tierras recién secas, por lo que Es sólo desde entonces que nuestras sociedades han reanudado una marcha progresiva, que han formado establecimientos, erigido monumentos, recogido hechos naturales, y sistemas científicos combinados.

Pero estos países, ahora habitados, y que la última revolución ha secado, ya habían sido habitados antes, si no por hombres, al menos por animales terrestres; En consecuencia, al menos, una revolución anterior los había puesto bajo el agua; y, a juzgar por los diferentes órdenes de animales cuyos restos se encuentran allí, tal vez habían sufrido hasta dos o tres irrupciones del mar[345].

---

[345] Nota de la edición de 1881 Muchos autores autorizados defienden la existencia de hasta cinco o seis revoluciones generales.

Ideas para futuras investigaciones en geología.

Son estas alternativas las que ahora me parecen el problema geológico más importante que hay que resolver, o más bien que hay que definir, que hay que circunscribir bien, para poder resolverlo enteramente; Habría que descubrir la causa de estos acontecimientos, una empresa de naturaleza completamente diferente.

Una vez más, vemos con bastante claridad lo que está sucediendo en la superficie de los continentes en su estado actual; Hemos comprendido bastante bien el curso uniforme y la sucesión regular de los terrenos primitivos, pero el estudio de las tierras secundarias está apenas esbozado; esa maravillosa serie de zoófitos y moluscos marinos desconocidos, seguidos de reptiles y peces de agua dulce igualmente desconocidos, reemplazados a su vez por otros zoófitos y moluscos más estrechamente afines a los de nuestros días; estos animales terrestres, y estos moluscos, y otros animales de agua dulce, aún desconocidos, que después Vienen ha tomado el lugar, solo para ser ahuyentado de nuevo, pero por moluscos y otros animales similares a los de nuestros mares; Las relaciones de estos diversos seres con las plantas cuyos derrubios acompañan a los suyos, las relaciones de estos dos reinos con los capas minerales que los ocultan, la mayor o menor uniformidad de uno y otro en las diferentes cuencas, es un orden de fenómenos que ahora me parece imperiosamente llamado la atención de los filósofos.

Interesante por la variedad de los productos de las revoluciones parciales o generales de esta época, y por la abundancia de las diversas especies que aparecen alternativamente en el escenario, este estudio es interesante. no tiene la aridez de la de los suelos primigenios, y no tira: como ella; casi necesariamente en los supuestos; Los hechos son tan apresurados, tan curiosos, tan obvios, que bastan, por decirlo así, para la imaginación más ardiente; y las conclusiones que traen de vez en cuando, cualquiera que sea la reserva que traigan de tiempo en tiempo, cualquiera que sea la reserva que el observador pueda poner en ellas, sin tener nada vago en ellas, tampoco son arbitrarias; Finalmente; Es en estos acontecimientos más cercanos a nosotros donde podemos esperar encontrar algún rastro de los acontecimientos anteriores y sus causas, si es que todavía es lícito, después de tantos intentos, lisonjearnos con tal esperanza.

Estas ideas me han perseguido, casi podría decir que me han atormentado, mientras he estado investigando los huesos fósiles, cuya colección he puesto últimamente a disposición del público, investigaciones que abarcan sólo una parte tan pequeña de estos fenómenos de la penúltima edad de la tierra, y que, sin embargo, están íntimamente relacionados con todos los demás. Era casi imposible que no surgiera de ella el deseo de estudiar la generalidad de estos fenómenos, al menos en un espacio limitado a nuestro alrededor.

Mi excelente amigo el señor Brongniart, a quien otros estudios dieron el mismo deseo, tuvo la amabilidad de asociarme con él, y fue así como pusimos los primeros cimientos de nuestro trabajo en los alrededores de París; Pero esta obra, aunque todavía lleva mi nombre, se ha convertido casi enteramente en la de mi amigo, por el infinito cuidado que ha prestado, desde la concepción de nuestro primer plan y desde nuestros viajes, hasta el examen minucioso de los objetos y la escritura del todo.

Lo he colocado, con el consentimiento del señor Brongniart, en la segunda parte de mis Investigaciones, en la que trato de los huesos de nuestra vecindad. Aunque aparentemente relativo a un país bastante limitado, da muchos resultados aplicables a toda la geología, y en este sentido puede considerarse como parte integrante de la presente, al mismo tiempo, es sin duda uno de los adornos más bellos de mi libro[346].

Muestra la historia de los cambios más recientes que han tenido lugar en una cuenca particular, y nos lleva a la creta, cuya extensión en el globo es infinitamente mayor que la de los materiales de la cuenca de París. La creta, que se creía tan moderna, está tan alejada en los siglos de la penúltima edad; forma una especie de límite entre las parcelas más recientes; a los que podemos reservar el nombre de *suelos terciarios*, y los llamados *suelos secundarios*, que se depositaron antes de la caliza, pero después de los suelos primitivos y de transición.

Las recientes observaciones de varios geólogos que han seguido nuestros puntos de vista, tales como los señores Buckland[347], Webster, Çonstant-Preyost, y

---

[346] Nota de la edición de 1830: (1) Hay ejemplares de separatas del libro *Dcscription géologique des environs de Paris*; \a\v MM. G. Cuvier et Al. Brongniart. Deuxième édition. Paris, 1822. In-4°-

[347] [William Buckland (12 de marzo de 1784 en Axminster, Devonshire - 14 de agosto de 1856) fue un prominente naturalista, geólogo y paleontólogo inglés que publicó la primera descripción completa de un dinosaurio. SEQUEIROS, L. (2020) Razón y fe en la Geología del siglo XIX: *Vindiciae Geologiae* de William Buckland cumple 200 años. *Razón y Fe*, 2020, t. 282, nº 1446, pp. 93-103 SEQUEIROS, L. (2020) Razón y fe en la Geología del siglo XIX: en el segundo centenario de

los del propio Sr. Brongniart[348]; han probado que estos suelos, posteriores a la caliza, se han reproducido en

---

Vinditiae Geologiae (1820) de William Buckland *Razón y Fe, 2020*, t. 282, nº 1446, pp. 93-103, SEQUEIROS, L. (2020) Razón y fe en la Geología del siglo XIX: en el segundo centenario de *Vinditiae Geologiae* (1820) de William Buckland *Razón y Fe, 2020*, t. 282, nº 1446, pp. 93-103, SEQUEIROS, L. (2021) "Ciencia y filosofía en el debate geológico del siglo XIX: Vinditiae (1820) de W. Buckland https://elbuho.revistasaafi.es/numero-22   Favorable al *creacionismo antiguo de la Tierra* y a la teoría del Diluvio Universal, fue convencido de la realidad de las glaciaciones de Louis Agassiz. En 1818 Buckland fue elegido miembro de la *Royal Society*. Ese mismo año fue persuadido por el p ríncipe regente para asumir una nueva cátedra, esta vez de Geología, dictando la lección inaugural el 15 de mayo de 1819. La lección fue publicada en 1820 con el título de *Vindiciæ Geologiæ, or the Connexion of Geology with Religion explained*, en que justificaba la nueva ciencia de la geología y la conciliación de las pruebas geológicas con los relatos bíblicos de la Creación y del Diluvio de Noé. En un momento en que otros se oponían ya que eran influidos por la teoría del uniformismo de James Hutton, Buckland desarrolló su hipótesis de que la palabra "principio" en el Génesis significa un tiempo indefinido entre el origen de la tierra y la creación de sus actuales habitantes, en el que se han producido una larga serie de extinciones y de sucesivas creaciones de nuevos tipos de plantas y animales. Así, su teoría catastrofista incorporaba el creacionismo desde antiguo de la Tierra. NOTA del traductor]
[348] [Cuvier trabajó con Brogniart y lo cita con frecuencia. Alexandre Brongniart (París, 10 de febrero de 1770-París, 7 de octubre de 1847) fue un químico, botánico, mineralogista, y zoólogo francés, que colaboró con Georges Cuvier. Era hijo del arquitecto Alexandre Théodore Brongniart y padre del botánico Adolphe Théodore Brongniart. Nacido en París, fue director de Manufacture nationale de Sèvres, de 1800 a 1847. Se interesa mucho en ciencias naturales, participando en la fundación en 1788, de la "Sociedad Filomática de París". Se tituló en ingeniería de minas en 1794, profesor de historia natural en la Escuela Central de Cuatro Naciones en 1796, y sucede, en la cátedra de mineralogía en el Museo Nacional de Historia Natural de

muchas otras cuencas además de la de París, aunque con algunas variaciones; de modo que ha sido posible determinar un orden de sucesión, varias etapas de las cuales se extienden a casi todos los países que se han observado.

Resumen de las observaciones sobre la sucesión de terrenos

Las capas más superficiales, esos bancos de limo y arenas arcillosas mezclados con guijarros rodados de países lejanos, y llenos de huesos de animales terrestres, en su mayor parte desconocidos o por lo menos extranjeros, parecen haber cubierto todas las llanuras, llenado los fondos de todas las cavernas, obstruido todas las hendiduras de las rocas que han llegado a su alcance.

Descrito con particular cuidado por Mr. Buckland, bajo el nombre de diluvio. Muy diferentes de esas otras

---

Francia en París, a René Just Haüy (1743-1822).Hizo extensos estudios de los trilobites y pionero en sus contribuciones a la estratigrafía desarrollando marcadores por fósiles para datar las capas. Brongniart fue fundador del "Museo Nacional de Cerámicas de Francia" ("Le musée national de Céramique"). En 1832 fue elegido presidente de la Sociedad geológica de Francia, elección que renovó en 1840. La bustamita o buchstamita es un mineral de la clase de los inosilicatos. Fue descubierto por primera vez en la Mina de Franklin, en el condado de Sussex de Nueva Jersey y fue descrita en 1826 por Alexandre Brongniart, que lo nombró en memoria del botánico y mineralogista mexicano Miguel Bustamante y Septiem (1790–1844)1.Introdujo una nueva clasificación de reptiles y escribió varios tratados de mineralogía y de artes de las cerámicas. También hizo un estudio extenso de trilobites y desarrolló los marcadores fósiles para fechar las capas. Nota del traductor]

capas, igualmente sueltos, depositados constantemente por torrentes y ríos, que no contienen más que los huesos de los animales del país, y que Mr. Buckland designa con el nombre de aluvión, constituyen hoy, a los ojos de todos los geólogos, la prueba más sensible de la inmensa inundación que fue el último de los desastres del globo[349].

Entre este diluvio y la creta están los suelos alternativamente llenos de los productos del agua dulce y salada, que marcan las irrupciones y retrocesos del mar, a los cuales, desde la deposición de la creta, ha estado sujeta esta parte del globo; primero, margas y piedras de molino, o pedernales cavernosos, llenos de conchas de agua dulce similares a las de nuestros pantanos y estanques; debajo de ellos margas, areniscas, calizas, cuyas conchas son marinas, ostras, etc.

Más profundamente en las tierras de agua dulce de un período anterior, y específicamente aquellos famosos yeseros de las cercanías de París, que tanta facilidad han dado para adornar los edificios de esa gran ciudad, y donde hemos descubierto toda clase de animales terrestres de los que no se había visto rastro en ninguna otra parte.

Descansan en esos bancos no menos notables de la piedra caliza de que está construida nuestra capital, en cuyo tejido más o menos apretado la paciencia y la sagacidad de los señores Sres. Defrance, Deshayes y otros fervientes coleccionistas han recogido ya más de

---

[349] Nota de la edición de 1830: (1) Vea la gran obra de M. le professeur Buckland, titulada *Reliquiae diluvianae*. Londres, 1823, pag. 185 y siguientes; y el artículo de M. Brongniart, en el volumen 14 del *Dictionnaire des sciences naturelles*.

ochocientas especies de conchas, todas ellas transportadas por el mar, pero en su mayor parte desconocidas en los mares de hoy.

También contienen, casi por lo general, solo huesos de peces, cetáceos y otros mamíferos marinos. A lo sumo, en sus capas más cercanos al yeso, hay huesos similares a los de este último suelo.

Debajo de esta piedra caliza marina todavía hay un suelo de agua dulce, formado por arcilla, en el que se interponen grandes capas de lignito o carbón de origen más reciente que el carbón. Entre las conchas que son constantemente de agua dulce, también hay huesos; pero, sorprendentemente, huesos de reptiles y no de mamíferos.

Cocodrilos y tortugas lo llenan, y las especies perdidas de mamíferos que oculta el yeso no se ven allí; aún no existían en el país, cuando allí se formaron estas arcillas y lignitos. Esta tierra de agua. dulce, el más antiguo que hemos reconocido con certeza en nuestra vecindad, y que soporta toda la tierra que es sostenida y abrazada por todas partes por creta, una formación inmensa en su espesor y extensión, que se muestra en países muy distantes, como Pomerania y Polonia; pero que, en nuestra vecindad, reina con una especie de continuidad en Berri, en Champaña, en Picardía, en la Alta Normandía y en una parte de Inglaterra, y forma así un gran círculo o círculo.

Más bien, es una gran cuenca en la que está contenida la tierra de la que acabamos de hablar, pero cuyos bordes también están cubiertos en lugares donde estaban menos elevados.

De hecho, no fue sólo en nuestra llanura donde se depositaron este tipo de tierras. En otros países donde la superficie de la creta les proporcionaba cavidades similares, incluso en aquellos donde no había creta, y donde sólo los suelos más antiguos se ofrecían como soporte, las circunstancias a menudo conducían a yacimientos más o menos parecidos a los nuestros, y que contienen los mismos cuerpos organizados[350].

Nuestras parcelas de conchas de agua dulce de dos pisos se han visto en Inglaterra, España y hasta los confines de Polonia. Las conchas marinas, colocadas entre ellas, se encuentran a lo largo de los Apeninos. Algunos de los cuadrúpedos de nuestros yeseros, nuestro *paloeotherium*, por ejemplo, también han dejado sus huesos en los suelos de yeso de los Vêlai, y en las canteras de piedras llamadas melaza del sur de Francia.

De ahí las revoluciones parciales que tuvieron lugar en nuestra vecindad, entre la época de la y la de la gran inundación, durante la cual el mar se precipitó sobre nuestros municipios o se retiró de ellos, también tuvo lugar en una multitud de otros países. Fue una

---

[350] Nota de la edición de 1881: Los terrenos cretácicos ocupan una vasta superficie de nuestro suelo. En otro de tierras señaladas por Cuvier se les encuentra también en el Perigord, en el Laguedoc y en los Pirineos llegando a España y a Portugal. En la cuenca mediterránea de extensas superficies se continúan hasta el Jura, los Alpes suizos, el Tirol, Italia y llegan hasta Argelia. Una gran parte del norte de Europa, el sur de los Cárpatos, el valle del Don y en Rusia, hay extensiones muy grandes, desde Polonia a los Urales. En América del Norte, de New Jersey a Texas, sobre una extensión de 35 grados de latitud en América meridional, a todo lo largo de los Andes occidentales hasta el estrecho de Magallanes, los terrenos cretácicos forman la superficie del suelo. Se les encuentra también en la India y el Java. Y es probable que se les pueda encontrar también en una inmensa parte del continente Africano y Asiático cuando los nuevos estudios profundos de geología permitan conocer íntimamente estas regiones.

serie de tormentas y variaciones para el globo, probablemente bastante rápidas, ya que los depósitos que dejaron en ninguna parte muestran signos de su existencia espesor o mucha resistencia.

La creta ha sido producto de un mar más tranquilo y menos accidentado, contiene sólo productos marinos, entre los cuales, sin embargo, hay algunos animales vertebrados muy notables, pero todos de la clase de reptiles y peces; tortugas grandes, lagartos enormes y similares.

Los suelos anteriores a la caliza, y en cuyas hondonadas está depositada, como los suelos de nuestra vecindad lo están en el suyo propio, forman una gran parte de Alemania e Inglaterra, y los esfuerzos que han hecho últimamente los eruditos de estos dos países, de acuerdo con los nuestros, e inspirados por los mismos datos, uniéndose a los que antes intentó la escuela de Werner, pronto no dejará nada que desear para su conocimiento.

Sr. de Humboldt y Sr. de Bonnard, por Francia y Alemania, Sr. Buckland, Conybeare, La Bèche para Inglaterra, han dado las tablas más completas e instructivas (1)[351].

Debajo de la creta hay arenas verdes con sus capas inferiores en servir algunas sobras. Más profundas son las arenas ferruginosas; En muchos países, ambos están agrupados en bancos de arenisca,

---

[351] Nota de la edición de 1830: (i) Aquí está el que RI. De Humboldt ha tenido la amabilidad de enviarla para decorar mi obra, no sólo los suelos secundarios, sino toda la serie de capas, desde los más antiguos conocidos hasta los más modernos y superficiales. Es, en cierto modo, este es el último resumen de los esfuerzos de todos los geólogos. Consulte la tabla a continuación.

en los que también se pueden ver lignitos, ámbar y restos de reptiles.

Abajo viene la gran masa de capas que componen la cadena del Jura y la de las montañas que la continúan en Suabia y Franconia, las principales crestas de los Apeninos y multitud de bancos de Francia e Inglaterra.

Son esquistos calcáreos ricos en peces y crustáceos, inmensos bancos de oolitos o de una caliza granulosa, caliza margosa y pirítica gris porque están caracterizados por ammonites, por ostras con valvas curvas, llamadas grifos, y por reptiles, pero cada vez más singulares en sus formas y caracteres.

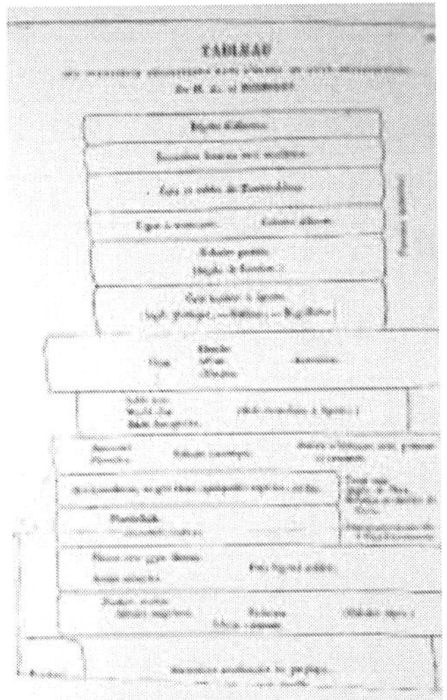

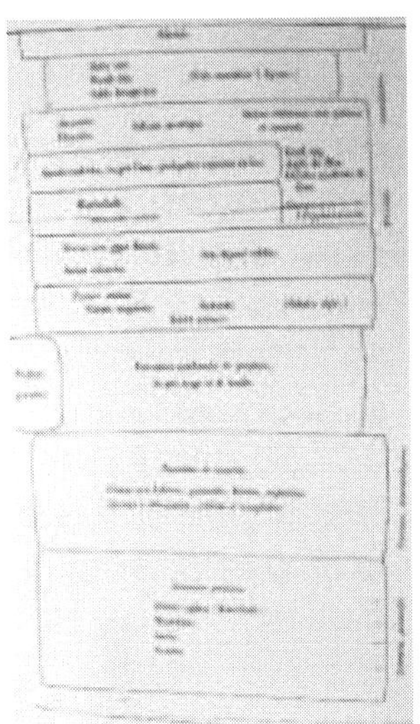

Grandes capas de arena y arenisca, que a menudo ofrecen huellas vegetales, sostienen todas estas orillas del Jura, y se apoyan sobre una piedra caliza a la que las innumerables conchas y zoófitos con que está llena han hecho que Werner dé el nombre, demasiado general, de caliza de concha[352], y que otros capas de arenisca, del tipo que se llama arenisca abigarrada, Están separadas de una caliza aún más antigua, que se ha llamado caliza alpina no menos impropia, porque compone los Altos Alpes del Tirol, pero que, de hecho, se manifiesta en nuestras provincias orientales y en todo el sur de Alemania.

Es en esta piedra caliza llamada concha donde se depositan grandes montones de yeso y ricas capas de sal, y es debajo de ella donde se ven las delgadas capas de esquisto de cobre tan ricas en peces, entre las que también hay reptiles de agua dulce. El esquisto cobrizo nace sobre una arenisca roja, a cuya edad pertenecen esos famosos montones de carbones de tierra o carbón, el recurso de la época actual, y los restos de las primeras riquezas vegetales que han adornado la faz del globo. Los troncos de los helechos cuyas huellas han conservado nos dicen lo suficiente cuán diferentes eran estos bosques antiguos de los nuestros[353].

Caemos entonces rápidamente en esos terrenos de transición donde la primera naturaleza, la vida quieta y puramente mineral, parecía todavía estar

---

[352] Nota de la edición de 1881: Más conocido como Trías conchífero.

[353] Nota de la edición de 1830: (1) Para completar este cuadro, por la historia de las sucesiones vegetales que han acompañado a las sucesiones animales en el globo en diferentes períodos, es necesario consultar el trabajo de M. Adolphe Brongniart sobre plantas fósiles.

luchando por el imperio con la naturaleza organizadora de las calizas negras, los esquistos que sólo ofrecen crustáceos y conchas de géneros ya extintos, se alternan con los restos de los suelos primitivos, y nos anuncian que estamos llegando a estas formaciones antiquísimas que se nos ha dado a conocer. a estos antiguos cimientos de la actual envoltura del globo, a los primitivos mármoles y esquistos, a los gneises y finalmente a los granitos.

Tal es la enumeración precisa de las masas sucesivas con que la naturaleza ha envuelto este globo; La geología lo obtuvo combinando las luces de la mineralogía con las proporcionadas por las ciencias de la organización; Este nuevo e interesante orden de hechos sólo ha sido adquirido por ella porque ha preferido las riquezas positivas dadas por la observación a los sistemas fantásticos, a las conjeturas contradictorias sobre el primer origen de los globos y sobre todos aquellos fenómenos que, sin tener ninguna semejanza con los de nuestra física actual, no podrían encontrarse en ellos. Para su explicación, ni materiales ni piedras de toque.

Hace unos años, la mayoría de los geólogos podían compararse con historiadores que sólo se habrían interesado por la historia de Francia por lo que sucedió en la Galia antes de Julio César; Pero a los historiadores también les ayuda en la composición de sus novelas el conocimiento de los acontecimientos posteriores; y los geólogos de que hablo descuidaron precisamente los hechos posteriores, que eran los únicos que podían reflejar alguna luz sobre la noche de los tiempos pasados.

Para concluir este discurso, sólo me resta presentar el resultado de mis propias investigaciones, o, en otras palabras, el resumen de mi gran obra: enumeraré los animales que he descubierto en orden. Inversa de la que acabo de seguir para la enumeración de los terrenos. Al sumergirme en la secuencia de capas, volví a la secuencia del tiempo; Tomaré ahora los terrenos más antiguos, y daré a conocer los animales que contienen; y, pasando de época en época, indican las que aparecen sucesivamente a medida que nos acercamos al tiempo presente.

Enumeración de animales fósiles reconocidos por el autor

Hemos visto que los zoófitos, los moluscos y ciertos crustáceos comienzan a aparecer ya en las tierras de transición; tal vez incluso haya huesos y esqueletos de [354]peces; Pero aún está muy lejos de ser descubierto tan pronto como los restos de animales que viven en tierra firme y respiran el aire de la naturaleza.

Los grandes lechos de carbón y los troncos de palmeras y helechos, de los que conservan las huellas, aunque ya presuponen tierra seca y vegetación aérea, no muestran todavía los huesos de cuadrúpedos, ni siquiera de cuadrúpedos ovíparos.

Es sólo un poco más arriba, en el esquisto bituminoso de cobre, donde se ve el primer rastro de él[355]; Y, lo que es muy notable, los primeros

---

[354] Nota de la edición de 1881: Se encuentran peces de la primera etapa de los terrenos de transición, inmediatamente después de los terrenos primitivos.
[355] Nota de la edición de 1881: Es un error: algunas tespecies se encuentran ya en el terreno carbonífero.

cuadrúpedos son reptiles de la familia de los lagartos, muy parecidos a los grandes varanos que ahora viven en la zona tórrida. Se han encontrado varios especímenes en las minas de Turingia, entre [356] innumerables peces de un género ahora desconocido, pero que, por su relación con los géneros de nuestros días, parece haber vivido en agua dulce. Es bien sabido que los monilores también son animales de agua dulce.

Un poco más arriba se encuentra la llamada caliza alpina, y sobre ella esa caliza de concha rica en entronques y encrinitas (piezas articuladas de los crinoideos), que forma la base de gran parte de Alemania y Lorena.

Ofreció los huesos de una tortuga marina muy grande, cuyos caparazones podrían haber sido de seis a ocho pies de largo, y los de otro cuadrúpedo ovíparo de la familia de los lagartos, de gran tamaño y con un hocico muy puntiagudo[357].

Continuando el ascenso a través de areniscas, que ofrecen solo huellas vegetales de grandes plantas arondináceas, bambúes, palmeras y otras monocotiledóneas, llegamos a las diferentes capas de esta caliza, que ha sido llamada caliza del Jura, porque forma el núcleo principal de esta cadena.

Aquí es donde la clase de los reptiles adquiere todo su desarrollo y despliega diversas formas y tamaños gigantescos.

La parte media, compuesta de oolitos y Lias, o calizas grises con grifos, ha recibido en depósito los

---

[356] Nota de la edición de 1830: (I) Vea mis *Recherches sur les ossements fossiles*, tom. v, deuxième partie, pag. 300
[357] Nota de la edición de 1830: (i) Vea mis *Recherches sûr les ossements fossiles*, tom. v, deuxième partie, pages 355 et 525.

restos de dos de los géneros más extraordinarios de todos, que unía los caracteres de la clase de los cuadrúpedos ovíparos con órganos de movimiento similares a los de los cetáceos.

El *ictiosaurio* (1),[358] descubierto por Sir Everard Home, tiene la cabeza de un lagarto, pero extendida en un hocico cónico, armado con dientes cónicos y puntiagudos; ojos enormes, cuya esclerótica está reforzada por un marco de piezas óseas; una columna vertebral compuesta de vértebras planas como damas, y cóncavas a ambos lados como las de los peces; costillas delgadas; esternón y huesos del hombro similares a los de los lagartos y ornitorrincos una pelvis pequeña y débil, y cuatro miembros, cuyo húmero y fémur son cortos y robustos, y los otros huesos, aplanados y muy juntos, como pavimentos, componen, envueltos en la piel, aletas de una sola pieza, casi sin inflexiones, análogas, en una palabra, tanto en el uso como en la organización, a las de los cetáceos. Estos reptiles vivían en el mar; en tierra no, y a lo sumo, sólo podían arrastrarse a la manera de las focas, pero respiraban el aire libre[359].

Se han encontrado restos de cuatro especies:

El más común (*Ichthyosaurus communis*) tiene dientes cónicos musgosos, a veces de más de veinte pies de largo.

---

[358] Nota de la edición de 1830: (i) Vea mis *Recherches* tom. v, deuxième partie, pag. 447. Nota de la edición de 1881: La palabra Ichthyosaurus significa pez-lagarto (del griego ijzys y sauros)

[359] Nota de la edición de 1881: El ichthyosaurus respiraba aire libre y no a través del agua, tal como lo hacen los peces. Debía, al igual que los cetáceos, volver a la superficie del agua para respirar. La talla variaba según las especies, entre uno y diez metros.

El segundo (*I. platyodon*), al menos igual de grande, tiene dientes comprimidos, que nacen de una raíz redonda e hinchada.

El tercero (*I. tenuirostris*) tiene dientes delgados y puntiagudos y un hocico delgado y alargado.

El cuarto (*I. intermedius*) ocupa el medio, para los dientes, entre el precedente y el común. Los dos últimos no son ni la mitad del tamaño de los dos primeros (i)[360]

El *plesiosaurio,*[361] descubierto por Mr. Conybere, debió de parecer aún más monstruoso que el *ictiosaurio.* También tenía las extremidades, pero ya un poco más largas y flexibles; su hombro y pelvis eran más robustos; Las vértebras ya tomaban las formas y articulaciones de las de los lagartos; Pero lo que lo distinguía de todos los cuadrúpedos ovíparos y vivíparos era un cuello delgado tan largo como su cuerpo, compuesto de treinta y tantas vértebras, un número superior a la del cuello de todos los demás animales, elevándose sobre el tronco como un cuerpo de una serpiente, y terminando en una cabeza muy pequeña en la que se observan todos los caracteres esenciales del de los lagartos[362].

Si algo pudiera justificar estas hidras y esos otros monstruos cuyos monumentos

---

[360] Nota de la edición de 1830: (i) Vea mis *Recherches,* tom. vr deuxième partie, pag. 456.

[361] Nota de la edición de 1881: Significa: Vecino del lagarto.

[362] Nota de la edición de 1881: El plesiosaurio podría compararse con una gran serpiente mezclada con las características de una tortuga. Cada especie alcanzaría los nueve o diez metros de longitud. Por el vigor de su aspecto, parece que podría nadar con velocidad y vigorosamente; aumentó considerablemente la mandíbula y debía ser uno de los tiranos de los mares de esa época.

de la Edad Media han repetido tantas veces las figuras, que sería incuestionablemente este Plesiosaurus.[363]

Ya se conocen cinco especies, la más extendida de las cuales (*P. dolichodeirus*) mide más de veinte pies de largo.

Un segundo (*P. recentior*) que se encuentra en capas más modernas tiene vértebras más planas.

Un tercero (*P. carinatus*) muestra una cresta en la parte inferior de sus vértebras.

Un cuarto y un quinto (P. pentagomis y *P. trigonus*) los tienen con cinco y tres aristas (r).[364]

Estos dos géneros están muy extendidos por todo el Lias; y fueron descubiertos en Inglaterra, donde esta piedra está desnuda en largos acantilados, pero se encontraron en Francia y Alemania.

Con ellos vivían dos especies de cocodrilos, cuyos huesos también están depositados en el Lias, ammonites, terebratulas y otras conchas de este antiguo mar. Tenemos algunos: huesos en nuestros acantilados de Honor, donde. Se han encontrado los restos de los que he dado los caracteres (i).[365]

Una de estas especies, el gavial de pico largo, tenía un hocico más largo y una cabeza más estrecha que el gavial, o cocodrilo de pico largo del Ganges; El cuerpo de sus vértebras era convexo anteriormente, mientras que, en nuestros cocodrilos de hoy, es convexo posteriormente. Se ha encontrado tanto en el Lias de Franconia como en las de Francia.

---

[363] Nota de la edición de 1830: (t) Vea mis *Recherches sur les ossements fossiles*, tom. v, deuxième partie, pag 415 y siguientes.
[364] Nota de la edición de 1830: (i) Vea mes *Recherches sur les ossements fossiles*, tom. v, deuxième partie, pag 485 et 486.,
[365] Nota de la edición de 1830: Vea, mis. *Recherches sur les ossements fossiles*, tom. v,. deuxième partie, pag. 143.

Una segunda especie, el gavial de pico corto, tenía un hocico de longitud moderada, menos afilado que el gavial del Ganges más que nuestro gavial de San Lago. Sus vértebras eran ligeramente cóncavas en ambos extremos.

Pero estos cocodrilos no son los únicos que se han recogido de los cardúmenes de estas calizas secundarias.

Las finas canteras de oolitos de Caen han dado uno muy notable, cuyo hocico, tan largo y puntiagudo que el del gavial de pico largo, es seguido por una cabeza más dilatada posteriormente, con fosa temporal más ancha; Era, por sus escamas pétreas y ahuecadas con hoyuelos redondos, el mejor acoespeciedo de todos los cocodrilos[366]. Sus dientes de la mandíbula inferior son alternativamente más largos y más cortos.

Hay otro en el oolito inglés, pero que sólo se conoce por unas pocas porciones de su cráneo, que no son suficientes para dar una idea completa de él.[367]

Otro género de reptiles que es muy notable, y cuyos restos, ya existentes en el momento de la concreción del Lias, abundan principalmente en el oolito y en las arenas superiores, es el *megalosaurio*, tan justamente llamado; porque, con las formas de los lagartos, y particularmente de los monitores, de los cuales también tiene dientes agudos y aserrados, era de un tamaño tan enorme que, suponiendo que tuviera las proporciones de los monitores, Debía de pasar los

---

[366] Nota de la edición de 1881: Megasaurus significa gran lago. Vea, mis *Recherches sur les ossements fossiles*, tom. v. deuxième partie, pag. 127

[367] (2) Nosotros aceptamos el más amplio conocimiento de las investigaciones de de M. Conybeare. Nota de la edición de 1881: Se cree que era anfibio.

setenta pies de largo, era un lagarto tan grande como una ballena (R).[368]

Mr. Bucklând lo descubrió en Inglaterra; pero también los tenemos en Francia, y se han encontrado en Alemania huesos, si no de la misma especie, al menos de una especie que no puede ser referida a otro género. Es a M. de Soemmerring a quien debemos la primera descripción de ella. Los descubrió en capas por encima del oolito, en esos esquistos calcáreos de Franconia, famosos desde hace mucho tiempo por los numerosos fósiles que proporcionaron a los gabinetes de los curiosos, y que están a punto de llegar a serlo más por los servicios prestados a las artes y las ciencias por su uso en litografía.

Los cocodrilos siguen apareciendo en estas lutitas, y siempre cocodrilos de hocico largo. M. de Soemmerring ha descrito una (C . *priscus*) en la que todo el esqueleto de un pequeño individuo se conserva casi como podría estar en nuestros gabinetes (i).[369] Es uno de los que más se asemeja al gavial actual del Ganges; sin embargo, la parte sínfisis de su mandíbula inferior es más corta; sus dientes inferiores son alterna y regularmente más largos y más cortos; Tiene diez vértebras más en la cola.

Pero animales mucho más notables que estos mismos esquistos ocultan son los lagartos voladores que he llamado Pterodáctilos[370]. Son reptiles con colas muy cortas, cuellos muy largos, hocicos muy largos y

---

[368] Nota de la edición de 1830: Vea, mis *Recherches sur les ossements fossiles*, tom. v. deuxième partie, pag.343.
[369] Nota de la edición de 1830: Vea, mis *Recherches sur les ossements fossiles*, tom. v. deuxième partie, pag.120.
[370] Nota de la edición de 1881: Del griego, alas, dedos; parece ser que el animal tenía un ala en uno de sus dedos.

dientes afilados, llevados sobre patas altas, y cuya extremidad anterior tiene un dedo excesivamente alargado, que probablemente llevaba una membrana adecuada para sostenerlos en el aire, acompañados de otros cuatro dedos de tamaño ordinario terminados en uñas ganchudas. Uno de estos extraños animales, que parecería espantoso si se viera hoy, podría haber sido del tamaño de un tordo[371], el otro del tamaño [372]de un murciélago común[373], pero parece por algunos fragmentos que había especies más grandes, y Mr. Buckland ha descubierto recientemente otras nuevas[374].

Un poco por encima del esquisto calcáreo, se encuentra la caliza casi homogénea de las crestas del Jura. También contiene huesos, pero también reptiles; cocodrilos y tortugas de agua dulce, de los que es especialmente abundante en las cercanías de Solothurn. Fueron buscados con gran cuidado por el Sr. Hugi; y, a partir de los fragmentos que ya ha recogido, es fácil reconocer un número considerable de especies de tortugas de agua dulce, o emides[375], que sólo los

---

[371] Nota de la edición de 1830: Vea, mis *Recherches sur les ossements fossiles*, tom. v. deuxième partie, pag.358 ss

[372] Nota de la edición de 1830: Vea, mis *Recherches sur les ossements fossiles*, tom. v. deuxième partie, pag.376 ss

[373] Nota de la edición de 1830: (3) *Ibidem* pag. 380

[374] Nota de la edición de 1881: Tenía unos ojos enormes, lo que le permitía probablemente ver durante la noche. Tenía además de como reptil, los huesos cavernosos de las aves, y tenía en el extremo de la cabeza una placa como los pelícanos. Los descubrimientos posteriores de Cuvier han mostrado restos de pterodáctilos en los que la talla era superior a la de los grandes Buitres.

[375] [Los emídidos (Emydidae) son una familia de tortugas acuáticas y semiacuáticas carnívoras que contiene más de 80

descubrimientos futuros pueden determinar, pero varias de las cuales ya se distinguen en tamaño y forma de todas las emides conocidas[376].

Es entre estos innumerables cuadrúpedos ovíparos de todos los tamaños y formas, en medio de estos cocodrilos, tortugas, reptiles voladores, inmensos megalosaurios y monstruosos plesiosaurios, que se dice que aparecieron por primera vez algunos pequeños mamiferos y especialmente a la familia de los Didelfis[377] o Insectívoros.

Varios geólogos han sospechado, sin embargo, que las piedras que los incrustan se deben a alguna recomposición local posterior a la época de la formación primitiva de los bancos. Sea como fuere, durante mucho tiempo encontramos que la clase de los reptiles dominaba exclusivamente.

Las arenas ferruginosas colocadas sobre la creta en Inglaterra contienen en abundancia cocodrilos, tortugas, megalosaurios y, sobre todo, un reptil que todavía tenía un carácter muy peculiar, el de desgastar sus dientes como nuestros mamiferos herbívoros.

Es a Mr. Mantell, de Lewes, en Sussex, a quien debemos el descubrimiento de este último animal, así

---

especies, entre las que destacan la tortuga pintada (*Chrysemys picta*), las especies del género *Trachemys*, el galápago europeo (*Emys orbicularis*) y el género *Terrapene* de las tortugas de caja americanas. NOTA del traductor]

[376] Nota de la edición de 1830: Vea, mis *Recherches sur les ossements fossiles*, tom. v. deuxième partie, pag.225

[377] Nota de la edición de 1881: Género de marsupial Sarigues, animales con una bolsa en el vientre

como de los otros grandes reptiles de estas arenas inferiores a la creta[378]. Lo llamó iguanodonte[379].

En la creta misma sólo hay reptiles; Hay restos de tortugas y cocodrilos. Las famosas canteras de toba de la montaña de San Pedro, cerca de Maëstricht, que pertenecen a la formación de creta, han producido, además de tortugas marinas muy grandes y un número infinito de conchas y zoófitos marinos, un género de lagartos no menos gigantescos que el megalosaurio, que se ha hecho famoso por las investigaciones de Camper y por las figuras que Faujas ha dado de sus huesos. en su historia de esta montaña.

Media veinticinco pies de largo y más; sus grandes mandíbulas estaban armadas con dientes cónicos muy fuertes, algo arqueados y levantados por una cresta, y también tenía algunos de estos dientes en el paladar. Tenía más de ciento treinta vértebras en la columna vertebral, convexas por delante, cóncavas por detrás. Su cola era alta y plana, y formaba un amplio remo vertical (i)[380]. Mr. Conybeare ha propuesto últimamente llamarlo *Mosasaurus*[381].

---

[378] Nota de la edición de 1830: Vea, mis *Recherches sur les ossements fossiles*, tom. v. deuxième partie, pag 232 y 350.

[379] Nota de la edición de 1881: Era el más colosal de todos los saurios. Algunos naturalistas le atribuyen una talla de 26 metros de longitud. Tenía problemas de oxigenación. Este monstruo portaba, como la iguana actual, un cuerno óseo sobre la nariz y poseía la misma dentadura que ellas. De esta circunstancia viene su nombre (dientes de iguana). Puede hacerse una idea de la talla si se sabe que el hueso de su muslo tenía un metro y medio de longitud y superaba el grosor del equivalente de los elefantes.

[380]Nota de la edición de 1830: Vea, mis *Recherches sur les ossements fossiles*, tom. v. deuxième partie, pag.310 ss.

[381] Nota de la edición de 1881: Algunos naturalistas lo llaman todavía el cocodrilo de Maëstricht.

Las arcillas y lignitos que cubren la parte superior de la creta hasta ahora solo me han ofrecido cocodrilos (2).[382] Tengo todas las razones para creer que los lignitos que han producido en Suiza los huesos de castor y tortugas del género llamado trionyx, y que es como el cocodrilo peculiar de los ríos de los países cálidos[383], pertenecen a una época más reciente. Sólo en la gruesa piedra caliza que descansa sobre estas arcillas empecé a encontrar huesos de mamíferos; Todos ellos pertenecen a mamíferos marinos, delfines desconocidos, manatíes y morsas.

Entre los delfines, hay uno cuyo hocico, más alargado que en ninguna especie conocida, tenía la mandíbula inferior sínfisis en buena parte de su longitud, casi como en un gavial. Fue encontrado cerca de Dax por el difunto presidente de Borda (2).[384]

Otro de los Faluns[385] del departamento de Orne, también tenía un hocico largo, pero de forma un poco diferente.

---

[382] Nota de la edición de 1830: Vea, mis *Recherches sur les ossements fossiles*, tom. v. deuxième partie, pag. 163.

[383]Nota de la edición de 1830: (1) Muy recientemente, M. Graves ha enviado al Muséum d'histoire naturelle un gran caparazón de tortuga trionyx, encontrada en las tien¡rras negram de los alrededores de Beauvais

[384] Nota de la edición de 1830: Vea, mis *Recherches sur les ossements fossiles*, tom. v. deuxième partie, pag. 347.

[385] [Al visitante se le despiertan los sentidos cuando descubre la razón de ser de estas majestuosas cuevas de entre 15 y 20 m de altura, excavadas en el siglo XVIII para extraer el famoso *falun* de las canteras de Perrières. Esta piedra caliza mezclada con fósiles marinos, formada mucho antes de que el hombre apareciera en la tierra, se utilizó principalmente en la construcción de viviendas. NOTA del traductor]

Todo el género de los manatíes habita ahora en los mares de la zona tórrida, y el de las morsas, de las que sólo se conoce una especie viva, está confinado al mar glacial. Sin embargo, encontramos huesos de estos dos géneros unidos en las capas de caliza gruesa del centro de Francia; Y esta unión de especies, las más parecidas de las cuales se encuentran ahora en zonas opuestas, se repetirá más de una vez.

Nuestros manatíes fósiles se diferencian de los manatíes conocidos por una cabeza más alargada y conformada(i)[386] Sus costillas, muy reconocibles por su grosor redondeado y la densidad de su tejido, no son infrecuentes en nuestras diferentes provincias. En cuanto a la morsa fósil, todavía sólo hay pequeños fragmentos insuficientes para caracterizar la especie (2)[387]

Sólo en las capas que han sucedido a la piedra caliza gruesa, o a lo sumo en los que podrían haberse formado al mismo tiempo que ella, pero en los lagos de agua dulce, la clase de los mamíferos terrestres comienza a manifestarse en cierta abundancia.

Lo considero como perteneciente a la misma época, y como si hubiera vivido juntos, pero tal vez en diferentes puntos, los animales cuyos huesos están enterrados en la melaza y antiguas capas de grava del sur de Francia en yeso mezclado con piedra caliza, como los de las cercanías de París y Aix, y en los bancos de marga de agua dulce cubiertos de bancos marinos de Alsacia, Orleans y Berry.

---

[386] Nota de la edición de 1830: Vea, mis *Recherches sur les ossements fossiles*, tom. v. deuxième partie, pag. 317.
[387] Nota de la edición de 1830: Vea, mis *Recherches sur les ossements fossiles*, tom. v. deuxième partie, pag. 234 y 521.

Esta población animal tiene un carácter muy notable en la abundancia y variedad de ciertos géneros de paquidermos, que faltan por completo entre los cuadrúpedos de nuestros días, y cuyos caracteres son más o menos similares a los tapires, rinocerontes y camellos.

Estos géneros, cuyo descubrimiento se debe a mí, son los *paloeoterios*, los *lophiodontos*, los *anoplotherios*, los *antracotherium*, los *cheropotamus*, los adapis.

Los *paloeotlherium* se parecían a los tapires en la forma general, en la de la cabeza, especialmente en la brevedad de los huesos de la nariz, lo que anuncia que tenían, como los tapires, una pequeña probóscide; finalmente por los seis dientes incisivos y los dos caninos de cada mandíbula; pero se parecían al rinoceronte en sus dientes masticables, los superiores de los cuales eran cuadrados, con crestas salientes configuradas de diversas maneras, y los inferiores en forma de medias lunas dobles, y en sus pies, los cuatro divididos en tres dedos, mientras que en los tapires los de adelante tienen cuatro.

Es uno de los géneros más extendidos y el más numeroso en especies en los suelos de esta edad.

Nuestros yeseros de las cercanías de París están repletos de ellos, y hay huesos de siete clases. El primero (P. magnum), tan alto como un caballo; otros tres del tamaño de un cerdo, pero uno (P. mediano) con patas largas y estrechas; uno (P. crassum) con pies más anchos; uno (P. lalum) con pies aún más anchos y especialmente más cortos; la quinta especie (P. cicrtum), aproximadamente del tamaño de una oveja, es mucho más baja y tiene los pies aún más anchos y cortos en proporción a la anterior; un sexto (P. menos) es aproximadamente del tamaño de un cordero, y tiene pies delgados con dedos laterales más cortos que los otros; finalmente hay uno (P. minimum) que no es más grande que una liebre, también tiene el. pies delgados (i)[388].

Paloeotherium también se han encontrado en otras partes de Francia, en Puy en Vélay, en lechos de margas de yeso, una especie (P. velaunum) (2)[389] muy similar a P. medium, pero que difiere en algunos detalles de su mandíbula inferior; en las cercanías de Orleans, en capas de piedra margosa, una especie (P. aurelianense) (i)[390] que se distingue de los otros por tener el ángulo retráctil de su media luna dividido en un doble punto, y por algunas diferencias en las colinas de los molares superiores; cerca de Issel, en una capa de grava o melaza, a lo largo de las laderas de la Montagne-Noire, una especie (P. isselanurn) (2), [391]que tiene el mismo carácter que la de Orleans, y cuyo tamaño es menor; pero es especialmente en las molasas del departamento de la Dordoña donde se ha encontrado el paleorio no menos abundantemente que en nuestros yeseros de París.

El señor Le Duc Decaze ha descubierto, en las canteras de una sola parte, huesos de tres especies que parecen ser diferentes de todas las de nuestra

---

[388] Nota de la edición de 1830: Vea, mis *Recherches sur les ossements fossiles*, tom. v. deuxième partie, pag. 505.
[389] Nota de la edición de 1830: Vea, mis *Recherches sur les ossements fossiles*, tom. v. deuxième partie, pag. 505.
[390] Nota de la edición de 1830: Vea, mis *Recherches sur les ossements fossiles*, tom. v. deuxième partie, pag. 498-499
[391] Nota de la edición de 1830: Vea, mis *Recherches sur les ossements fossiles*, tom. v. deuxième partie, pag. 258

vecindad[392]. Los lophiodons están aún más estrechamente relacionados con los tapires que con los paloeotheriums, ya que sus mandíbulas inferiores tienen colinas transversales como las de los tapires.

Se diferencian, sin embargo, de estos últimos, porque los delanteros son más simples, el último de todos tiene tres colinas, y los superiores son romboidales, y se levantan con crestas muy similares a las de los rinocerontes.

Todavía se desconoce la forma de sus hocicos y el número de sus dedos. Descubrí hasta doce especies, todas de Francia, enterradas en piedras de marga formadas en agua dulce, y llenas de limneas y planorbis que son conchas de estanques y pantanos

El más grande se encuentra cerca de Orleans en la misma cantera que los paloeotherium, está cerca del rinoceronte.

Hay otro más pequeño en el mismo lugar; un tercero está en Montpellier; un cuarto cerca de Laon; dos cerca de Buchsweiler, en Alsacia; cinco cerca de Argenton, en Berri; y uno de los tres está cerca de Issel, donde hay dos más. También hay uno grande cerca de Gannat[393].

Estas especies diferían entre sí en el tamaño, que en el más pequeño apenas debía igualar al de un cordero de tres meses, y en detalles en la forma de sus

---

[392] Nota de la edición de 1830: Vea, mis *Recherches sur les ossements fossiles*, tom. v. deuxième partie, pag. 505. Nota de la edición de 1881: El *paleotherium* y muchas de las especies siguientes vivían en abundancia sobre los bordes pantanosos del gran lago que hoy constituye la cuenca de París.
[393] Nota de la edición de 1830: Vea, mis *Recherches sur les ossements fossiles*, II, 177-218; III, 394; IV, 498.

dientes, que sería demasiado largo y demasiado minucioso para exponerlos aquí.

Se trata principalmente de huesos de lophiodon que se han encontrado cerca de París en las capas superiores de la piedra caliza gruesa.

Hasta ahora, el anoplotherium[394] sólo se ha encontrado en yeseros de las cercanías de París, y en algunos lugares en la piedra caliza gruesa del mismo cantón. Tienen dos caracteres que no se observan en ningún otro animal; pies de dos dedos cuyos metacarpianos y metatarsianos permanecen distintos y no se fusionan en cañones como los de los rumiantes, y dientes en serie continua y no interrumpidos por ninguna laguna.

Sólo el hombre tiene sus dientes así continuados entre sí sin intervalos vacíos; Los de Anoplotherium constan de seis incisivos en cada mandíbula, un canino y siete molares a cada lado, tanto superiores como inferiores sus caninos son cortos y similares a los incisivos externos.

Los tres primeros molares están comprimidos; las otras cuatro son, en la mandíbula superior, cuadradas, con crestas transversales y un pequeño cono entre ellas; y la mandíbula inferior es de doble media luna, pero sin collar en la base. El último tiene tres medias lunas. Su cabeza es de forma oblonga, y no indica que el hocico haya terminado ni en un tronco ni en una excavadora.

Este género extraordinario, que no puede compararse con nada en la naturaleza viva, subdivide en tres subgéneros el Anoplotherium propiamente dicho, del cual los molares anteriores son todavía

---

[394] Nota de la edición de 1881: del griego: Sin defensas animales. Su estructura indica, en efecto, un animal totalmente inofensivo.

bastante gruesos, y de los cuales los molares posteriores inferiores tienen sus medias lunas con una cresta simple; los xifodones, cuyos molares anteriores son delgados y agudos, y de los cuales los molares posteriores inferiores tienen frente a la concavidad de cada una de sus medias lunas un punto que también asume la forma de una media luna a medida que se desgastan, de modo que entonces las medias lunas son dobles, como en los rumiantes; los *dicobunos*[395], cuyas medias lunas exteriores son puntiagudas al principio, y que por lo tanto tienen puntas en sus molares posteriores inferiores dispuestos en pares.

El anoplotherium más común en nuestros yeseros (An. commune) es un animal tan alto como un jabalí, pero mucho más alargado, y que lleva una cola muy larga y muy grande, de modo que en general tiene aproximadamente las proporciones de la nutria, pero más grande. Es probable que nadara bien y frecuentara lagos, en cuyo fondo sus huesos estaban incrustados por el yeso depositado allí. Tenemos uno un poco más pequeño, pero por lo demás bastante similar (An. secundarium).[396]

Hasta ahora sólo conocemos un xifodon, pero uno muy notable, el que yo llamo como *An. gracile*. Es esbelta y ligera como la gacela más bonita.

Hay un dicóbulo del tamaño de una liebre, al que llamo An. Leporinum. Además de sus caracteres subgenéricos, se diferencia de los anoplotherios y

---

[395] Nota de la edición de 1881: Estructuras dentarias de los rinocerontes.

[396] Nota de la edición de 1881: Debía tener las orejas cortas y el pelo liso como el de la nutria. Se cree que tenía la piel medio lisa parecida a la de los hipopótamos; pero la longitud y la disposición de los miembros no es hasta el momento más que una suposición.

xifodones por tener dos dedos pequeños y delgados en cada pie junto a los dos dedos gordos.

No sabemos si estos dedos laterales existen en los otros *dichobunos*, que son pequeños y apenas superan al conejillo de indias (i).[397]

El género Antracotherium es aproximadamente intermedio entre Paleotherium, Anoplotherium y cerdos. Lo llamé así, porque dos de estas especies se encontraron en los lignitos de Cadihona, cerca de Savona. El primero era similar al rinoceronte en tamaño; el segundo fue mucho menor. También se pueden encontrar en Alsacia y Vélay. Sus masticaciones están emparentadas con las de los anoplotherium; pero tienen caninos que sobresalen (2).[398]

El género *Cheropotame* proviene de nuestros yeseros, donde acompaña al Paloeotherium y al Anoplotherium, pero donde es mucho más raro. Sus molares posteriores son cuadrados en la parte superior, rectangulares en la parte inferior, y tienen cuatro fuertes eminencias cónicas rodeadas de eminencias más pequeñas. Los anteriores son conos cortos, ligeramente comprimidos, de dos raíces. Sus caninos son pequeños. Todavía no se conocen sus incisivos ni sus pies. Solo tengo una especie del tamaño de un cerdo siamés (i).[399]

---

[397] Nota de la edición de 1830: Vea, mis *Recherches sur les ossements fossiles*, IV, 250-394.

[398] Nota de la edición de 1830: Vea, mis *Recherches sur les ossements fossiles*, III, 398, 404; IV, 501; V (2) 506.

[399] Nota de la edición de 1830: Vea, mis *Recherches sur les ossements fossiles*, III, 260.Nota de la edición de 1881: Los ejemplares que se han reconstruido más recientemente indican que se puede asimilar a un gran pecari.

El género *Adapis* también tiene una sola especie, como máximo del tamaño de un conejo del que proviene también de nuestros yeseros, y tenía que estar estrechamente unido al anoplotherium (2).[400]

Así, hay cerca de cuarenta especies de paquidermos de géneros enteramente extintos, y en tamaños y formas a los que el reino animal actual no ofrece más que tres tapires y un daman.

Este gran número de paquidermos es tanto más notable cuanto que los rumiantes
tan numerosos en los géneros de ciervos y gacelas, y
que llegan a tan grandes en tamaño en los bueyes,
jirafas y camellos, apenas se ven en los terrenos de que
ahora estamos hablando.

No he visto el menor resto de ella en nuestros yeseros, y todo lo que ha llegado hasta mí consiste en unos pocos fragmentos de un ciervo del tamaño de un corzo, pero de otra especie, recogidos en los paleoterios de Orleans[401], y en uno o dos pequeños trozos de Suiza, y tal vez de origen equívoco.

Pero esto no significaba que nuestros paquidermos fueran los únicos habitantes de los países donde vivían. En nuestros yeseros, por lo menos, encontramos con ellos carnívoros, roedores, varias clases de aves, cocodrilos y tortugas; y estos dos últimos géneros también los acompañan en las molasas y margas del centro y sur de Francia.

---

[400] Nota de la edición de 1830: Vea, mis *Recherches sur les ossements fossiles*, III, 265. Nota de la edición de 1881: Se parece a un erizo y parece ser la transición entre este animal y un anoplotherium.
[401] Nota de la edición de 1830: Vea, mis *Recherches sur les ossements fossiles*, IV, 103.

A la cabeza de los carnívoros coloco un murciélago recientemente descubierto en Montmartre, y del género *Vespertilions* mismo.[402] La existencia de este género en un período tan remoto es tanto más sorprendente cuanto que ni en este campo, ni en los que le sucedieron, he visto ningún otro rastro de quirópteros o cuadrumanos. Ningún hueso, ningún diente de mono o maki se me presentó en mi larga búsqueda.

Montmartre también ha producido los huesos de un zorro diferente del nuestro, que también contiene chacales, isatis y las diferentes especies de zorros que conocemos en América (2);[403] las de un carnívoro estrechamente emparentadas con mapaches y coatíes, pero más grandes que las conocidas (i)[404]; las de una especie particular de gineta (2)[405] y de otros dos o tres carnívoros que son imposibles de determinar, por falta de porciones suficientemente completas de ellos.

Lo que es aún más notable es que hay esqueletos de un pequeño sarigue, emparentado con el marmose, pero diferente, y por consiguiente de un animal cuyo

---

[402] Nota de la edición de 1830: (i) Yo debo su conocimiento a M. el conde de Bournon, y como yo no lo he descrito en mi gran obra de *Recherches*, presento una figura en la lámina II, figuras 1 y 2. Nota de la edición de 1881: Cuvier quiere hablar aquí de un enorme carnívoro al que luego se llamó *Machairodus,* es decir, de dientes en forma de puñal. Este formidable felino sobrepasaba la talla de un gran toro.

[403] Nota de la edición de 1830: Vea, mis *Recherches sur les ossements fossiles,* III, 267.

[404] Nota de la edición de 1830: Vea, mis *Recherches sur les ossements fossiles,* III, 269

[405] Nota de la edición de 1830: Vea, mis *Recherches sur les ossements fossiles,* III, 272

género está ahora confinado al Nuevo Mundo[406], y el de una especie mucho más grande de la misma familia, un tilacino, un género que sólo se ha encontrado vivo en Nueva Holanda[407]. También se han recogido esqueletos de dos pequeños roedores del género lirón (i)[408] y una cabeza del género ardilla (2).[409]

Nuestros yeseros son más fértiles en huesos de aves que cualquiera de los otros bancos anterior y posterior, y contienen esqueletos enteros y partes de por lo menos diez especies de todos los órdenes[410].

Los cocodrilos de la edad de que estamos hablando son similares a nuestros cocodrilos comunes en la forma de la cabeza, mientras que en las orillas de la era del Jura sólo vemos especies parecidas a los gaviales.

Había una especie de ellos en Argenton, notables por sus dientes comprimidos, afilados y aserrados, como los de ciertos monitores[411]. También podemos ver algunos restos de ella en nuestros yeseros (5).[412]

---

[406] Nota de la edición de 1830: Vea, mis *Recherches sur les ossements fossiles*, III, 284.

[407] Nota de la edición de 1830: (4) Yo daré la descripción de sus restos en el volumen de suplementos de mis *Recherches sur les os fossiles*, que aparecerá dentro de algún tiempo.

[408] Nota de la edición de 1830: Vea, mis *Recherches sur les ossements fossiles*, III, 297 y 300.

[409] Nota de la edición de 1830: Vea, mis *Recherches sur les ossements fossiles*, V(2) 506.

[410] Nota de la edición de 1830: Vea, mis *Recherches sur les ossements fossiles*, III, 304 ss.

[411] Nota de la edición de 1830: Vea, mis *Recherches sur les ossements fossiles*, V (2) 166

[412] Nota de la edición de 1830: Vea, mis *Recherches sur les ossements fossiles*, III, 355; V(2) 166

Las tortugas de esta edad son todas de agua dulce; algunas pertenecen al subgénero de los Emydes, y hay algunas, ya sea en Montmartre (I),[413] o especialmente en la melaza de la Dordoña (2)[414] más grandes que todas las que se sabe que están vivas; las otras son triónix o de pecho blando (3).[415] Este género, que se distingue fácilmente por la superficie vermiculada de los huesos de su caparazón, y que ahora sólo existe en los ríos de los países cálidos, como el Nilo, el Ganges y el Orinoco, era muy abundante en los suelos habitados por los paloeotheriums. Hay una infinidad de derrubios en Montmartre (4),[416] y en la melaza de la Dordoña y otros depósitos de grava del sur de Francia (5).[417]

Los lagos de agua dulce alrededor de los cuales vivían estos diversos animales, y que recibían sus huesos, alimentaban, además de tortugas y cocodrilos, algunos peces y mariscos. Todos los que se han recogido son tan extraños a nuestro clima, y aun tan desconocidos en las aguas actuales, como el

---

[413] Nota de la edición de 1830: Vea, mis *Recherches sur les ossements fossiles*, III, 333.

[414] Nota de la edición de 1830: Vea, mis *Recherches sur les ossements fossiles*, V(2) 232.

[415] Nota de la edición de 1830: Vea, mis *Recherches sur les ossements fossiles*, III, 329; V(2) 222.
Nota de la edición de 1881: El caparazón de estas tortugas alcanzaban casi los 50 centímetros de longitud.

[416] Nota de la edición de 1830: Vea, mis *Recherches sur les ossements fossiles*, V(2) 223 y 227.

[417] Nota de la edición de 1830: (5) M. Graves me ha comunicado que el caparazón de tortuga muy bien conservado pertenecía a una gran *trionyx* de las tierras negras de Beàuvais.

paloeotherium y otros cuadrúpedos de sus contemporáneos.[418]

Algunos de los peces incluso pertenecen a géneros desconocidos.

Por lo tanto, no puede haber duda de que esta población, que podría llamarse de mediana edad, esta primera gran producción de mamíferos, ha sido completamente destruida; y, en efecto, dondequiera que se descubren los restos, hay grandes depósitos de formación marina por encima de ellos, de modo que el mar ha invadido los países habitados por estas especies, y se ha posado sobre ellos durante un tiempo considerable.

¿Eran considerables en extensión los países inundados por ella en ese momento? Esto es lo que el estudio de estos antiguos bancos formados en sus lagos aún no nos permite decidir.

Traigo de vuelta a nuestros yeseros y a los de Aix, varias canteras de margas y melaza, al menos las del sur de Francia. Creo que puedo incluir también las porciones de la melaza de Suiza, y de los lignitos de Liguria y Alsacia, donde se encuentran cuadrúpedos de las familias que acabo de dar a conocer; pero no sé si alguno de estos animales ha llegado todavía a otros países. Los huesos fósiles de Alemania, Inglaterra e Italia, que conozco, son más antiguos o más nuevos que aquellos de los que acabamos de hablar, y pertenecen a las antiguas especies de reptiles de los suelos jurásicos y de los esquistos de cobre, o a los depósitos de la última inundación universal, a los suelos diluviales.

---

[418] Nota de la edición de 1830: Vea, mis *Recherches sur les ossements fossiles*, III, 338.

Por lo tanto, es lícito creer, hasta que se demuestre lo contrario, que en la época en que vivieron estos numerosos paquidermos[419], el globo les ofreció sólo un pequeño número de llanuras para habitar, lo suficientemente fértiles como para que se multiplicaran, y que tal vez estas llanuras eran regiones insulares, separadas por espacios considerables de las cordilleras más altas. donde no vemos que nuestros animales hayan dejado rastros.

Gracias a las investigaciones de M. Adolphe Brongniart, también conocemos la naturaleza de las plantas que cubrían estas pocas tierras. En las mismas capas de nuestro paleoterio, recogemos los troncos de las palmeras, y muchos otros de estas hermosas plantas, cuyos géneros crecen sólo en los países cálidos; Palmeras, cocodrilos, triónix, se encuentran siempre en mayor o menor número donde se encuentran nuestros antiguos paquidermos[420].

Pero el mar, que había cubierto estas tierras y destruido sus animales, dejó grandes depósitos que todavía forman la base de nuestras grandes llanuras a poca profundidad; Luego se retiró de nuevo y cedió inmensas áreas a una nueva población, a aquella cuyos derrubios llenan las capas arenosas y limosos de todos los países conocidos.

Es a esta pacífica deposición del mar a la que creo referirme algunos cetáceos muy parecidos a los de nuestros días: un delfín estrechamente emparentado

---

[419] Nota edición 1830: Vea, mis *Recherches sur les ossements fossiles*, III, 351 ss

[420] Nota de la edición de 1881: Los períodos eoceno y mioceno son aquellos que se caracterizan por animales que muestran que hubo, en efecto, una flora excesivamente abundante, hoy desaparecida.

con nuestra orca[421], y una ballena[422] muy parecida a nuestras ballenas, ambos desenterrados en Lombardía por M. Cortesi; una gran cabeza de ballena encontrada dentro de las murallas del mismo París (3).[423] y descrito por Lamanon y Daubenton; y un género enteramente nuevo, que he descubierto, y al que he llamado *Ziphius*, y que ya consta de tres especies. Está estrechamente relacionado con los cachalotes y los hiperodontes (4).[424]

En la población que llena nuestros capas sueltas y superficiales, y que ha vivido en el yacimiento de que acabamos de hablar, ya no hay ni *palaeotherium*, ni *anoplotherium*, ni ninguno de estos géneros singulares. Los paquidermos, sin embargo, seguían dominando, pero gigantescos paquidermos, elefantes, rinocerontes, hipopótamos, acompañados de innumerables caballos y varios grandes rumiantes. Carnívoros del tamaño del león, del tigre, de la hiena, desolaban este Nuevo Reino Animal. En general, su carácter, incluso en el extremo norte y en las orillas del mar glacial de hoy, se parecía al que sólo la zona tórrida nos ofrece ahora, y, sin embargo, ninguna especie era absolutamente igual.

Entre estos animales se encontraba el elefante, llamado mammoutla por los rusos (*Elephas primigenius*. Blumembach), membrillo y dieciocho pies de altura, cubierto de una lana gruesa y rojiza, y pelos largos, rígidos y negros que formaban una melena por la

---

[421] Nota de la edición de 1830: Vea, mis *Recherches sur les ossements fossiles*, V(1) 309

[422] Nota de la edición de 1830: Vea, mis *Recherches sur les ossements fossiles*, V(1) 309

[423] Nota de la edición de 1830: Vea, mis *Recherches sur les ossements fossiles*, V(1) 393

[424] Nota de la edición de 1830: Vea, mis *Recherches sur les ossements fossiles*, V(1) 352 y 357

espalda, sus enormes colmillos estaban implantados en celdas más largas que las de los elefantes en la actualidad; pero en todo caso se parecía al elefante indio (i).[425]

Dejó miles de sus cadáveres, desde España hasta las costas de Siberia, y se encuentran en toda América del Norte; de modo que se extendió a ambos lados del océano, si es que el océano existió en su tiempo en el lugar donde está ahora.

Todo el mundo sabe que sus colmillos están todavía tan bien conservados en los países fríos, que se usan para los mismos fines que el marfil fresco; Y, como hemos observado anteriormente, se han encontrado individuos con su carne, piel y cabello, que habían permanecido congelados desde la última catástrofe del globo. Los tártaros
y los chinos han imaginado que se trata de un animal que vive bajo tierra, y perece tan pronto como ve la luz del día.

Después de él, y casi igual a él, vino también en los países que forman los dos continentes actuales, el mastodonte de dientes estrechos, semejante al elefante, armado como él con enormes colmillos, pero colmillos cubiertos de esmalte, más abajo en las patas, y cuyos mordiscos, pezones y cubiertos de un esmalte grueso y ondulante, proporcionaron durante mucho tiempo lo que se llamó turquesa occidental[426].

Sus derrubios, bastante comunes en la Europa templada, no lo son tanto hacia el norte; pero se

---

[425] Nota de la edición de 1830: Vea, mis *Recherches sur les ossements fossiles*, I, 175-195; I, 335; III, 371 y 405; IV, 491.
[426] Nota de la edición de 1830: Vea, mis *Recherches sur les ossements fossiles*, I, 250-265; 335; IV, 493. Nota de la edición de 1881 Todavía hoy se fabrican bonitos objetos de fantasía.

encuentran en las montañas de América del Sur con dos especies estrechamente relacionadas.

La América del Norte posee en inmenso número los restos del gran mastodonte, una especie más grande que la anterior, tan alta en proporción como el elefante, con colmillos no menos enormes, y que sus masticadores, erizados de púas, le han hecho tomar durante mucho tiempo por un animal carnívoro[427].

Sus huesos eran de gran grosor y fuerza; se afirma que incluso sus pezuñas y estómago, aún conservados y reconocibles, y se afirma que el estómago estaba lleno de ramas de árboles aplastadas. Los salvajes creen que esta especie fue destruida por los dioses, para que no destruyera a la especie humana.

Con estos enormes paquidermos vivían los dos géneros algo inferiores de rinocerontes e hipopótamos.

El hipopótamo de aquella época era bastante común en los países que ahora forman Francia, Alemania, Inglaterra; era especialmente común en Italia. Su semejanza con las especies actuales de África era tal, que es necesaria una comparación cuidadosa para comprender sus distinciones.[428]

---

[427] Nota de la edición de 1830: Vea, mis *Recherches sur les ossements fossiles*, I,206-249; III, 376. Nota de la edición de 1881 Tenía cuatro defensas: dos de ellas casi derechas, enormes, situadas en la mandíbula superior. Las otras dos, más cortas, alojadas en la parte de delante del maxilar.

[428] Nota de la edición de 1830: Vea mis *Recherches sur les ossements fossiles*, tom, 1, pag. 304 à 322; tom. II, pag. 380; tomo. iv, pag. 56. Acabo de recibir de Sicilia, por medio de M. el condede Ralli -Menton, los huesos de un hipopótamo un poco más pequeño de lo ordinario, encontrado en abundancia dentro de una caverna en las proximidades de Palermo.

Había también, en ese momento, una pequeña especie de hipopótamo del tamaño de un jabalí, con la que ahora no se puede comparar nada.

Los grandes rinocerontes eran al menos tres, todos bicornes.

La especie más extendida en Alemania e Inglaterra (mi *Rhinoceros tichorhinus*), que, como el elefante, se encuentra cerca de las costas del mar glacial, donde también ha dejado individuos enteros, tenía la cabeza alargada, los huesos de la nariz muy robustos, sostenidos por una partición de las fosas nasales óseas[429] y no meramente cartilaginosas, y carecía de incisivos[430].

Otra especie más rara, de países más templados (*Rhinoceros incisivus*) (2), [431]tenía incisivos como nuestros actuales rinocerontes de las Indias Orientales, y se parecía principalmente a la de Sumatra (3);[432] sus caracteres distintivos dependían de formas algo diferentes de su cabeza.

El tercero (*Rhinoceros ïeptorhinus*) carecía de incisivos, como el primero y como el rinoceronte de El Cabo en la actualidad; pero se distinguía por un hocico más afilado y extremidades delgadas (r).[433] Es principalmente en Italia donde se entierran sus huesos,

---

[429] Nota de la edición de 1881 De ahí el nombre de rinoceronte con narinas septadas.

[430] Nota de la edición de 1830: Vea mis *Recherches sur les ossements fossiles*, II(1) 64; IV, 496

[431]Nota de la edición de 1830: : Vea mis *Recherches sur les ossements fossiles*, II(1) 89; III, 390.

[432] Nota de la edición de 1830: : Vea mis *Recherches sur les ossements fossiles*, V(2) 501.

[433] Nota de la edición de 1830: : Vea mis *Recherches sur les ossements fossiles*, II (1) 71

en las mismas capas que los de elefantes, mastodontes
e hipopótamos.

Luego hay una cuarta especie (*Rhinoceros
minutus*) con dientes incisivos, como la segunda, pero
mucho más pequeña en tamaño, y apenas más grande
que el cerdo (2).[434] Era raro, sin duda, porque los restos
sólo se han recogido en unos pocos lugares de Francia.

A estos cuatro géneros de grandes paquidermos
se añadió uno de igual tamaño, cuyas mandíbulas se
parecían a las del tapir, pero cuya mandíbula inferior
tenía dos enormes colmillos, casi iguales a los de un
elefante. Los que han complementado el conocimiento
de este animal con este último carácter, le han impuesto
el nombre de *dinotherium*. Era por lo menos el doble
hipopótamo para la longitud (t)[435]

Los maxilares se pueden encontrar en varios
sitios en Francia y Alemania; y casi
acompañando siempre a los de rinoceronte, de
mastodontes o elefantes.

También se unió a él, pero aparece en un número
muy pequeño de lugares, un gran paquidermo del que

---

[434] Nota de la edición de 1830: : Vea mis *Recherches sur les
ossements fossiles*, II (1) 89.

[435] Nota de la edición de 1830: Vea mis *Recherches sur les
ossements fossiles*,.tom. II, première partie,.pag. 165. Es muy
novedoso que la mandíbula inferior de este animal estaba curvada,
y portando aún sus defensas, con una magnífica conservación de
los huesos. Y procede de Eppelsheim, en el antiguo Palatinado. Vea
le Memoria publicada por M. Kaup en *Isis*, en 1829, pág 409. Ya
hablaré de ella en detalle en mi suplemento.. Nota de la edición de
1881: El dinoterio, después de haber sido identificado por los
sabios en diversos géneros, ha terminado por ser considerado
como un proboscidio. Tenía una mandíbula inferior terminada por
dos enormes defensas inclinadas hacia el suelo, del modo como lo
tienen las morsas, y el tapir. Tenía una talla de 4 metros.

solo se conoce la mandíbula inferior, y cuyos dientes eran de doble media luna y formas onduladas. M. Fischer, que lo descubrió entre los huesos de Siberia, lo ha llamado *Elasmotherium*[436]

El género del caballo también existía en esa época (i).[437] Sus dientes acompañan por millares a los que acabamos de nombrar en casi todos sus depósitos; pero no es posible decir si era o no una de las especies que ahora existen, porque los esqueletos de estas especies son tan parecidos que no se pueden distinguir de fragmentos aislados.

Los rumiantes eran infinitamente más numerosos que en la época del *paleorio*; su proporción numérica debe haber diferido poco de lo que es en la actualidad; pero se ha comprobado que son diferentes para varias especies.

Esto puede decirse, sobre todo, con gran certeza de un ciervo de mayor tamaño incluso que el alce, que es común en las margas y pantanos de Irlanda e Inglaterra, y del que también se han desenterrado restos en Francia, Alemania e Italia en los mismos lechos que contienen huesos de elefante y su cornamenta. agrandadas y ramificadas, tienen hasta doce y catorce pies de punto a punto siguiendo las curvaturas (i)[438]

La distinción no es tan clara en los huesos de ciervos y bueyes, que se han recogido en ciertas cavernas y en las grietas de ciertas rocas; a veces se

---

[436] Nota de la edición de 1830: Vea mis *Recherches sur les ossements fossiles* II (1) 95.

[437] Nota de la edición de 1830: Vea mis *Recherches sur les ossements fossiles*, II (1) 109.

[438] Nota de la edición de 1830: Vea mis *Recherches sur les ossements fossiles*, IV, 70. Nota de la edición de 1881: El Museo Prehistórico de San Germán posee un ejemplar magnífico.

encuentran allí, y especialmente en las cavernas de Inglaterra, acompañados de huesos de elefantes, rinocerontes, hipopótamos y los de una hiena, que también se encuentra en varios lechos sueltos con estos mismos paquidermos; por consiguiente, son de la misma edad; pero el hecho es que no dejan de ser Es difícil decir en qué se diferencian de los bueyes y ciervos de hoy en día (2).[439]

Las hendiduras de las rocas de Gibraltar, Cette, Niza, Uliveto, cerca de Pisa y otros lugares de las costas del Mediterráneo, están rellenas de un duro cemento rojo que envuelve fragmentos de roca y conchas de agua dulce con muchos huesos de cuadrúpedos, la mayoría de ellos fracturados, y se han llamado brechas óseas.

Los huesos que los rellenan ofrecen a veces caracteres suficientes para demostrar que proceden de animales desconocidos al menos en Europa. Hay, por ejemplo, cuatro especies de ciervos, tres de los cuales tienen caracteres en los dientes que sólo se observan en los ciervos del archipiélago indio.

Hay un quinto cerca de Verona, cuya cornamenta supera en volumen a la del ciervo canadiense (i).[440] Los señores Jobert y Croiset han descubierto muchas otras especies nuevas de ciervos en las montañas de Perrier o Boulade, cerca de Issoire, en Auvernia[441].

---

[439] Nota de la edición de 1830: Dejo para otro volumen el estudio de estas formas.

[440] Nota de la edición de 1830: Vea mis *Recherches sur les ossements fossiles*, IV, 168-235.

[441] Nota de la edición de 1830: Ver mis *Recherches sur les ossements fossiles*, y procede del departemento du Puy-de-Dôme (Clermont, 1829)

Hay también en algunos lugares, con los huesos de rinocerontes y otros cuadrúpedos de la época, los de un ciervo tan semejante al reno, que sería muy difícil asignarle caracteres distintivos, lo cual es tanto más extraordinario cuanto que los renos están ahora confinados a los climas más helados del norte, mientras que todo el género de los rinocerontes pertenece a la zona tórrida[442].

Hay en los capas de que estamos hablando los restos de una especie muy parecida al gamo, pero un tercio mayor [443], e innumerables cantidades de astas muy similares a las de los ciervos de nuestros días[444], así como huesos muy parecidos a los de los uros[445] y a los del buey doméstico[446], dos especies muy distintas, que los naturalistas que nos han precedido habían confundido inapropiadamente.

Sin embargo, las cabezas enteras, similares a las de estos dos animales, así como a las del buey almizclero

---

[442] Nota de la edición de 1830: Vea mis *Recherches sur les ossements fossiles*, IV, 89; Nota de la edición de 1881: Este animal ha sido reconocido por los señores Cantley y Falconer y fue denominado como *Sivatherium*, del nombre de Siva, ídolo de los Indios. El *Sivatherium* tenía cuatro cuernos, dos de los cuales se dirigían hacia adelante y otros dos hacia el suelo. El par superior se asemejaban a los cuernos del elefante; los cuernos inferiores parecían los del reno. Tenía la talla del elefante y llevaba sobre el cuello un colchón espeso de pelos, como el género de los bisontes.

[443] Nota de la edición de 1830: Vea mis *Recherches sur les ossements fossiles*, IV, 94

[444] Nota de la edición de 1830: Vea mis *Recherches sur les ossements fossiles*, IV, 98.

[445] Nota de la edición de 1830: Vea mis *Recherches sur les ossements fossiles*, IV, 140; V(2) 509.

[446] Nota de la edición de 1830: Vea mis *Recherches sur les ossements fossiles*, IV, 150; V(2) 510.

canadiense[447], que a menudo han sido extraídas de la tierra, no provienen de posiciones suficientemente bien comprobadas para permitirnos estar seguros de que estas especies fueron contemporáneas de los grandes paquidermos que acabamos de mencionar.

Las brechas óseas de las orillas del Mediterráneo han dado lugar también a dos especies de *lagomys*(2),[448] animales cuyo género existe hoy en día sólo en Siberia: dos especies de conejos (3),[449] ratones de campo y ratas del tamaño de la rata de agua y la del ratón (4).[450] Las cavernas de Inglaterra también las han cedido (5).[451]

Las brechas óseas contienen incluso huesos de musarañas y pequeños lagartos (i).[452] Hay en algunas capas arenosas de la Toscana los dientes de un puercoespín[453], y en los de Rusia las cabezas de una especie de castor más grande que la nuestra, que M. Fischer ha llamado *trogontherium*[454].

---

[447] Nota de la edición de 1830: Vea mis *Recherches sur les ossements fossiles*, IV, 155

[448] Nota de la edición de 1830: Vea mis *Recherches sur les ossements fossiles*, IV, 199-204.

[449] Nota de la edición de 1830: Vea mis *Recherches sur les ossements fossiles*, IV. 174; 177; 196; V(1) 55.

[450] Nota de la edición de 1830: Vea mis *Recherches sur les ossements fossiles*, IV, 178; 202; 206; V(1) 54

[451] Nota de la edición de 1830: Vea mis *Recherches sur les ossements fossiles*, V, (1) 55.

[452] Nota de la edición de 1830: Vea mis *Recherches sur les ossements fossiles*, IV, 216.

[453] Nota de la edición de 1830: Vea mis *Recherches sur les ossements fossiles*, V (2) 517

[454] Nota de la edición de 1830: Vea mis *Recherches sur les ossements fossiles*, V (1) 59

Pero es sobre todo en la clase de los desdentados donde estas especies de animales de la penúltima época asumen un tamaño mucho mayor que el de sus congéneres actuales, e incluso se elevan a un tamaño bastante gigantesco.

El *megaterio*[455] combina algunos de los caracteres genéricos de los armadillos con algunos de

---

[455] Nota de la edición de 1881: *Megatherium* significa "gran animal" o "animal de gran tamaño". Se denominó así a un animal que Cuvier reconstruyó a partir de un esqueleto procedente del antiguo Paraguay. Se encontró en un yacimiento muy rico en el antiguo Paraguay. Es un desdentado gigantesco. Su talla y dimensiones superan la imaginación. Tiene tres metros de alto y cuatro de largo. Las patas terminan en unos pies de más de un metro armados con uñas de 33 cm de largo. [El perezoso gigante que fascinó al mundo https://www.mncn.csic.es/es/comunicacion/blog/el-perezoso-gigante-que-fascino-al-mundo Los restos fósiles de este enorme cuadrúpedo del Pleistoceno fueron descubiertos en 1787 por el fraile dominico Manuel de Torres en las barrancas del río Luján, cerca de Buenos Aires. Los huesos se guardaron en el palacio bonaerense del marqués de Loreto, virrey de La Plata, y posteriormente fueron embalados en siete grandes cajones y enviados a España en mayo de 1788, junto con dibujos del esqueleto completo y de los diferentes huesos. El dibujante y taxidermista valenciano Juan Bautista Bru de Ramón (1740-1799) ocupa un destacado papel en la historia del megaterio. Bru fue nombrado pintor y disecador del Real Gabinete de Historia Natural en 1777, cargo que ocupó hasta su fallecimiento. Pero su trabajo no se limitó al de un mero técnico, sino que su inquietud le llevó a formarse como científico y naturalista, que conocía las publicaciones sobre historia natural aparecidas en castellano, latín y francés. Nada más llegar el esqueleto del megaterio al Real Gabinete, en septiembre de 1788, Bru se puso a trabajar con él. En 1793, el valenciano ya había realizado un minucioso estudio anatómico, había montado el esqueleto y lo había instalado sobre un enorme pedestal en la sala de petrificaciones del Real Gabinete. También había elaborado una monografía sobre el tema con una

detallada descripción y 22 dibujos, uno del esqueleto montado y el resto de los huesos sueltos, realizados en cinco láminas de gran tamaño que serían calcografiadas por Manuel Navarro, un prestigioso grabador de la época. Sin embargo, la primicia del descubrimiento de un animal tan singular la dieron otros. Ocurrió que la monografía de Bru, por motivos que se desconocen, no llegó a editarse entonces, aunque su preparación estaba muy avanzada. Eso permitió que el francés Phillipe-Rose Roume, un representante del gobierno francés que había visto el esqueleto del animal durante una visita al Real Gabinete en 1795, consiguiera un juego de pruebas de las planchas con los dibujos de Bru, que envió junto con una nota explicativa al *Institut de France*. Esta institución encargó a Cuvier (1769-1832), profesor del *Muséum National d'Histoire Naturelle* de Paris, un informe sobre el fósil que sería publicado en 1796 en la revista *Magasin encyclopedique*. Fue entonces, cuando el ingeniero y naturalista catalán Joseph Garriga, molesto por el hecho de que fueran extranjeros los primeros que dieran la noticia de la existencia del esqueleto, convenció a Bru para que le vendiese el texto y los dibujos que había realizado. Con ese material publicó un folleto en 1796, que también incluía la traducción del artículo de Cuvier. En este artículo el zoólogo francés asignaba al fósil el nombre de *Megatherium americanum* y señalaba la afinidad del megaterio con los perezosos y otros desdentados, a los que situaba en la misma familia. Cuvier tenía razón, *M. americanum* pertenece al superorden Xenarthra, un grupo de mamíferos sudamericanos con muchas más formas fósiles que actuales que incluye a los perezosos, osos hormigueros y armadillos. La descripción del megaterio constituye un hito en la historia de la anatomía comparada en la que Cuvier fue un pionero. Gracias a esta disciplina, el anatomista galo clarificó sus relaciones filogenéticas y dedujo que era un perezoso terrestre gigante y que sus parientes vivos más cercanos eran los perezosos arborícolas. Con un tamaño semejante al de los elefantes actuales, el megaterio podía medir hasta 6 metros y pesar cerca de 5 toneladas. Formaba parte de la megafauna americana que se extinguió al final del Pleistoceno, hace entre 8.000 y 10.000 años. Eran animales herbívoros con pocas piezas dentales que podían erguirse sobre sus patas traseras y así alcanzar las hojas de los árboles. Llegados a este punto hay

los de los perezosos, y en tamaño iguala a los rinocerontes más grandes. Sus uñas deben haber sido de una longitud y fuerza monstruosas, y todo su cuerpo

<hr>

que señalar que el megaterio que se exhibe en el MNCN no fue montado en la posición anatómica correcta, como aparece en otros museos, sin embargo, se ha respetado el montaje original por su valor histórico. Según parece, por la documentación que se conserva en el Archivo y que recoge fielmente una antigua archivera del MNCN, María Ángeles Calatayud, la cola se añadió después del montaje de Bru, ya que esos huesos faltaban en el envío original. Para corregir este error, Mariano de la Paz Graells, que posteriormente dirigiría el Museo, escribió en 1845 al británico Richard Owen (1804-1892) para pedirle información sobre cómo restaurar el megaterio, así como un dibujo de los huesos de la región coccígea de otro megaterio que existía en Londres. Owen, al que Darwin había cedido restos fósiles del megaterio que había encontrado durante su viaje en el Beagle, era un paleontólogo muy famoso y uno de los mejores conocedores de este mamífero fósil, hasta el punto que sus artículos sobre la anatomía del megaterio siguen siendo textos de referencia un siglo y medio después. Finalmente, Graells, que ya dirigía el Museo, adquirió en 1854 varios fósiles pertenecientes a la cola de un megaterio que le había remitido desde Buenos Aires Pedro de Angelis, uno de los primeros historiadores de la ciencia de Argentina. De ese modo se pudo montar el esqueleto completo, tal y como se exhibe actualmente. Calatayud Arinero, M. A. 2000. *Catálogo crítico de los documentos del Real Gabinete de Historia Natural (1787-1815)*. Monografías. Madrid: MNCN-CSIC. Cuvier, G. 1796. "Notice sur le squelette d'une très-grande espèce de quadrupède inconnue jusqu'à présent, trouvé au Paraguay, et déposé au cabinet d'histoire naturelle de Madrid". *Magasin Encyclopédique, ou Journal des Sciences, des Lettres et des Arts*, 7: 303-310. Pelayo, F. 1996. *Del Diluvio al Megaterio. Los orígenes de la paleontología en España*. Consejo Superior de Investigaciones Científicas, Madrid. NOTA del traductor]

es extremadamente fuerte. Sólo se ha desenterrado en las capas arenosas de América del Norte (i).[456]

El *megalonyx* era muy similar a él en tipo, pero era un poco menos; sus uñas eran más largas y afiladas. Se han encontrado algunos huesos y dedos enteros en algunas cavernas de Virginia y en una isla frente a la costa de Georgia (2)[457]

Estas dos enormes criaturas desdentadas no han rendido aún sus restos, excepto en América; pero Europa poseía uno que les rendía en fuerza. Sólo se conoce por una sola falange ungueal; Pero esta falange basta para asegurarnos que era muy parecida a un pangolín, pero a un pangolín de casi veinticuatro pies de largo. Vivía en los mismos municipios que los elefantes, los rinocerontes y el *deinotherium*, pues los huesos fueron encontrados con los suyos en un pozo de arena en el país de Darmstadt, no lejos del Rin.[458]

Las brechas óseas también contienen, pero muy raramente, huesos de carnívoros[459], que son mucho más numerosos en las cavernas, es decir, en cavidades más grandes y complicadas que las hendiduras o venas con brechas óseas.

El Jura tiene algunos de ellos especialmente famosos en su parte que se extiende hasta Alemania, donde durante siglos se han extraído y destruido cantidades increíbles de ellos, porque se les atribuyeron

---

[456]Nota de la edición de 1830: Vea mis *Recherches sur les ossements fossiles*, V (1) 174; V(2) 515

[457] Nota de la edición de 1830: Vea mis *Recherches sur les ossements fossiles* V (1) 160

[458] Nota de la edición de 1830: Ver mis *Recherches sur les ossements fossiles*, V (1) 193

[459]Nota de la edición de 1830: Vea mis *Recherches sur les ossements fossiles* IV 193

virtudes médicas peculiares, y sin embargo todavía hay algunos que asombran la imaginación: son principalmente los huesos de una especie muy grande de oso (*Ursus spelaeus*). caracterizada por una frente más redondeada que la de cualquiera de nuestros osos vivos (3)[460] con estos huesos se mezclan los de otras dos especies de osos (*Ursus arctoidens* y *Ursus priscus*); los de una hiena (*H. fossilis*) estrechamente relacionados con la hiena manchada de El Cabo, pero que difieren en algunos detalles de sus dientes y; las formas de su cabeza (2[461]); las de dos tigres o panteras (3), [462]las de un lobo (4),[463] las de un zorro (5),[464] las de un glotón (6),[465] las de comadrejas, ginetas y otros pequeños carnívoros (7).[466]

También aquí puede notarse esa singular combinación de animales, como los que viven ahora en climas tan distantes como El Cabo, la tierra de las hienas

---

[460] Nota de la edición de 1830: Vea mis *Recherches sur les ossements fossiles* IV 351

[461] Nota de la edición de 1830: Vea mis *Recherches sur les ossements fossiles* IV 356 357

[462] Nota de la edición de 1830: Vea mis *Recherches sur les ossements fossiles* IV 392 507

[463] Nota de la edición de 1830: Vea mis *Recherches sur les ossements fossiles* IV 452

[464] Nota de la edición de 1830: Vea mis *Recherches sur les ossements fossiles* IV 458

[465] Nota de la edición de 1830: Vea mis *Recherches sur les ossements fossiles* IV 467

[466] Nota de la edición de 1881: La contemporaneidad de estos animales con el hombre está hoy claramente probada, ya que las osamentas de estos diversos animales presentan las especies evidentes de la acción del hombre: tales son las estrías de los instrumentos cortantes, marcas de fuego e incluso puntas de flecha que atraviesan los huesos del cráneo de algunos animales.

compradas, y Laponia, la tierra de los glotones franceses.

Los osos son raros en capas sueltas. Se dice, sin embargo, que se han encontrado en Austria y Henao de las grandes especies de cuevas; y hay algunos en la Toscana de una especie peculiar, notable por sus caninos comprimidos (*Ursus cultridens*) (i)[467]

Las hienas se ven con más frecuencia que hemos encontrado, en Francia, con huesos de elefante y rinoceronte. Recientemente se ha descubierto en Inglaterra una caverna que contenía cantidades prodigiosas de ellos, en la que había algunos de todas las edades, cuyo suelo ofrecía incluso sus reconocibles excrementos.

Se dice que han vivido allí durante mucho tiempo, y que son ellos quienes han arrastrado los huesos de elefantes, rinocerontes, hipopótamos, caballos, bueyes, ciervos y otros animales y varios roedores que están allí con los suyos y llevan marcas sensibles de los dientes de la hiena. Pero, ¿cómo debía ser el suelo de Inglaterra cuando estos enormes animales eran presa de bestias feroces? Estas cavernas también contienen huesos de tigres, lobos y zorros, pero los de los osos son extremadamente raros.[468]

Sea como fuere, se verá que en la época de la que estamos revisando la población animal, la clase de los carnívoros era numerosa y poderosa. Tenía tres dientes caninos redondos, un diente canino comprimido y había un tigre grande o león, otro felino del tamaño de

---

[467] Nota de la edición de 1830: Ver mis *Recherches sur les ossements fossiles,* tomo IV, p. 378 y 507; tomo V, segunda parte, p. 516.
[468] Nota de la edición de 1830: Ver la excelente obra de Buckland, *Reliquae diluvianae.*

una pantera, dos hienas un lobo, un zorro, un zorro, una glotona, una marta o zorrillo una comadreja.

La clase de los roedores, compuesta generalmente de especies débiles y pequeñas, ha sido poco notada por los coleccionistas de fósiles; y, sin embargo, sus derrubios, en los capas y depósitos de que hablamos, también han producido especies desconocidas. Tal es, sobre todo, una especie de lagomys de las brechas óseas de Córcega y Cerdeña, algo parecida a la *lagomys alpinus* de las altas montañas de Siberia; tan cierto es que no siempre es en la zona tórrida donde debemos buscar animales similares a los de esta penúltima época.

Estos son los principales animales cuyos restos han sido recogidos en ese montón de tierra, arena y limo, en ese diluvio que cubre por todas partes nuestras grandes llanuras, que llena nuestras cavernas y que obstruye las hendiduras de muchas de ellas. Nuestras rocas formaron incuestionablemente la población de los continentes en la época de la gran catástrofe que destruyó sus especies y preparó el suelo en el que subsisten los animales de hoy.

Cualquiera que sea la semejanza que algunas de estas especies puedan tener con las de nuestros días, no se puede negar que toda la población era de un carácter muy diferente, y que la mayoría de las especies que la componían fueron aniquiladas.

Lo asombroso es que, entre todos estos mamíferos, la mayoría de los cuales tienen ahora sus congéneres, en los países cálidos no ha habido ni un solo cuadrumano, que no se haya recogido ni un solo hueso, ni un solo diente de mono, ni siquiera los huesos o dientes de monos de especies perdidas.

Tampoco hay hombre; todos los huesos de nuestra especie, que se han recogido con los que acabamos de hablar, fueron encontrados allí accidentalmente[469], y su número es infinitamente pequeño, lo que ciertamente no sería si los hombres se hubieran establecido entonces en los países habitados por estos animales.

¿Dónde, entonces, estaba la especie humana? ¿Existió en alguna parte esta última y más perfecta obra del Creador? ¿Le rodeaban los animales que ahora le acompañan en el globo terráqueo, y de los que no hay rastros entre estos fósiles?

¿Fueron engullidos los países donde vivía con ellos cuando los que habitaba y en el que una gran inundación había podido destruir esta población anterior, se han secado?

Esto es lo que el estudio de los fósiles no nos dice, y en este discurso no debemos volver a otras fuentes.

Lo cierto es que ahora nos encontramos, por lo menos, en medio de una cuarta sucesión de animales terrestres, y que después de la edad de los reptiles, después de la del *paloeotherium*, después de la de los mamuts, mastodontes y megaterios, ha llegado la edad en que la especie humana, ayudada por unos pocos

---

[469]Nota de la edición de 1830: Ver Buckland, *Reliquae diluvianae,* donde se refiere al esqueleto de una mujer, encontrada junto a restos de huesos de las cavernas de Pavyland: y también mis *Recherches,* tomo IV, p. 194, que trata sobre un fragmento de mandíbula encontrada en las brechas osifersas de Niza. Schlotheim recogió huesos humanos en unas canteras de Koestritz, o también hay huesos de rinocerontes, pero él mismo manifiesta sus dudas sobre la época en la que fueron depositados. Unos cuantos huesos humanos de ciertas cavernas que he tenido la ocasión de examinar, me ha parecido que se habían depositado después de los huesos de cuadrúpedos desconocidos.

animales domésticos, domina y fertiliza pacíficamente la tierra, y que sólo en los suelos formados desde entonces, en aluvión, en las turberas, en las concreciones recientes que se encuentran en forma fósil, huesos que pertenecen todos a animales conocidos y que ahora viven.

Tales son los esqueletos humanos de Guadalupe, incrustados en un travertino con conchas terrestres de la isla y fragmentos de conchas y madréporas del mar circundante, los huesos de bueyes, ciervos, corzos, castores, comunes en los pantanos, y todos los huesos de hombres y animales domésticos enterrados en los depósitos de los ríos, en los cementerios y en los antiguos campos de batalla.

Ninguno de estos restos pertenece ni al gran depósito de la última catástrofe, ni a los de épocas anteriores.

FIN DEL DISCURSO
SOBRE LAS REVOLUCIONES DE LA SUPERFICIE DEL
GLOBO
HEMOS EMITIDO LAS LÁMINAS

470